철학카페에서 문학읽기

철학 카페에서 문학 읽기

《파우스트》에서 《당신들의 천국》까지
철학, 세기의 문학을 읽다   김용규 지음

아내에게, 사랑, 감사와 함께

책머리에

카페라테?
혹은 에스프레소?

　카페란 무엇을 하는 데인가? 음료를 마시면서 쉬거나 간단한 식사를 하면서 사람들과 담소를 나누는 곳이다. 물론 그 짬에 크고 작은 거래를 하는 사람도 간혹 있겠지만, 대부분은 가벼운 정담이나 사소한 정보를 주고받으면서 때로 교양도 약간 넓히고 운이 좋으면 일상의 지혜도 조금 얻어가는 장소가 카페다. 그래서 강의실이나 사무실보다는 훨씬 편안하고 정겨우며 자주 들르고 싶은 곳이다. 이 책에 마련된 철학카페가 바로 그렇다.
　이 카페에서 나는 고전에 속하는 총 13편의 소설과 희곡들에 대해 독자들과 이야기를 나눌 것이다. 자연히 문학과 철학에 관한 이야기들이 주로 나온다. 하지만 우리들의 이야기는 강의실에서 하는 식이 아니고 어디까지나 카페에서 담소하는 그런 식이다. 그러다 보니 가소로운 심각성은 걸러졌고 법석을 떨 만한 선동적 구호도 배제되었다. 갑자기 이야기가 음악이나 미술 또는 영화로 넘어가기도 하고 때때로 즐겨 암송하는 시나 노래가 튀어나오기도 한다. 카페에서 나누는 담소는 한마디로 느슨하고 자유롭다.
　따라서 당신도 우선 편안한 의자에 앉아 가능하다면 차라도 한 잔 마셔가며 마치 오랜 친구와 담소를 나누는 듯한 기분으로 첫 장을 넘겨주길 바란다. 그러면 당신은 이 카페의 고객이 되는 것이며 제공되는 다양한 서비스를 받게 될 것이다. 그것은 최소한 여기에 다루어진 고전 작품들에 대한 약간의 정보와 그에 따른 교양 내지 지식을 기본으로 얻을 수 있다는 것을 의미한다. 그러나 당신이 이 카페에서 무엇을 더 주문하고 마실지는 순전히 당신의 선택에 달려 있다.

어떤 사람은 카페에 가면 우유를 타서 부드럽게 만든 카페라테를 마신다. 함께 먹을 맛있는 쿠키나 케이크도 주문한다. 하지만 어떤 사람은 구수하게 볶은 원두의 가루를 뜨거운 증기로 삽시간에 우려낸 에스프레소만을 즐긴다. 철학 카페도 카페인 만큼 당연히 브랜드 커피, 카푸치노, 카페라테뿐 아니라 에스프레소까지 준비해놓았다. 모두 풍부한 향과 독특한 맛을 지녔다. 작품에 대한 사소한 정보부터 교양이 될 만한 각종 주제들 그리고 그들에 대한 철학적 해석까지 다양하게 마련되어 있다는 말이다. 그러니 선택은 당신의 자유다.

하지만 정중하게 권한다면, 철학적 해석이라는 말에 눈길을 주길 바란다. 왜냐하면 이것이 철학카페가 자랑스럽게 준비한 '특별 메뉴'이기 때문이다. 해석은 작품의 배후에 숨어 있는 작가의 의도나 작품의 의미와 가치를 밝히는 작업이 아니다. 그것은 분석으로서, 비평가들이 작품을 평가하기 위해서 하는 일이다. 분석을 통해 얻어진 비평이라는 이름의 커피는 어느 문학 살롱에서든 제공하고 있다. 따라서 당신도 이미 그 쓸쓸함과 무미함을 간혹 맛보았을 것이다. 하지만 해석은 다르다. 해석은 여느 문학 살롱에서는 찾아볼 수 없는 아주 특별한 메뉴다.

1927년 출판된 하이데거의 《존재와 시간》 이후, 해석은 작품에 의해 전개되는 독자 자신의 새로운 '존재가능성'을 추구한다. 이는 작품 앞에서의 자기 이해를 의미하며, 작품으로부터 더 넓어진 자신을 얻는 것, 곧 작품을 통한 자기 발전 가능성을 뜻하기도 한다. 무슨 말인가? 예를 들어보자!

1879년 발표된 입센의 《인형의 집》은 자신을 단지 '한 남자의 아내'이자 '아이들의 어머니'로서만 인식하고 있던 당시 여성들에게 그렇게 사는 자신들이 마치 장식용 인형과 같다는 자기 이해를 던져주었다. 그리고 그들도 남성들과 마찬가지로 '하나의 인간'으로 살 수 있다는 새로운 존재가능성을 열어 보여주었다. 그럼으로써 일찍이 여성해방운동의 선구가 되었던 것이다.

《비블리오테라피》의 저자 조지프 골드(J. Gold)는 그의 저서에서 이처럼 문학작품들을 통해 자신의 새로운 존재가능성을 찾음으로써 치유를 얻은 사례들을 수없이 들고 있다. 예컨대, 부모에 대한 과중한 책임감 때문에 억지로 문학 공부를 하던 한 여성은 로렌스의 《채털리 부인의 사랑》을 읽고 "나는 코니 채털리의 자유로워지려는 용기, 자기가 하고 싶어하는 것을 하는 용기, 자신의 삶을 자기 마음대로 살겠다는 용기를 동경한다."라는 편지를 남긴 후, 그녀가 원하던 공군 비행기 조종훈련 프로그램에 참가하기 위해 캐나다로 떠났다는 것이다.

이러한 일들, 즉 작품을 통한 '자기 이해'와 '자아실현'은 비평가들이나 대학 교수 같은 전문가들이 하는 것처럼 작품을 분석함으로써 일어나는 것이 아니다. 오직 작품을 해석함으로써 일어난다. 본인이 의식하든 못하든, 독자가 작품에 의해 지시되는 존재가능성들을 단순히 가능성들로서 내버려두지 않고 그때마다 각자 자신이 처한 상황에 따라 그것을 자신의 것으로 만드는 실존적 작업을 통해 이루어지는 것이다. 나는 당신이 철학카페가 정성스레 준비한 해석이라는 이 매우 특별한 메뉴를 맛보길 원한다. 그럼으로써 당신의 삶을 새롭고 풍요롭게 하길 바란다.

작가란, 바이런 경(Lord Byron)의 표현을 빌리면, '별을 찾아 바람을 거슬러 항해하는 사람들'이다. 이들은 때로는 목숨까지 버려가며 폭풍의 바다를 항해하여 아무도 아직 가보지 않은 미지의 세계에서 우리들의 삶에 기쁨이 되고 위로가 되며 존재에의 용기를 주는 새로운 언어들을 싣고 돌아와 빛나는 별들로 우리에게 건네주곤 한다. 따라서 우리, 비평가가 아닌 독자로서 우리가 진정 해야 할 일은 그 별들을 보고 자신의 새로운 존재의 가능성을 찾는 일일 것이다. 별을 보고 항로를 찾았던 옛 선원들의 지혜를 배우는 것뿐이다. 동의하는가? 그럼 함께 해보자. 철학카페는 그 일을 기꺼이 돕고자 한다.

이 원고는 문화예술위원회 웹 사이트 '문장(www.teen.munjang.or.kr)'에 연재할 때부터 분에 넘치는 사랑을 받았다. 부족한 원고를 사랑해주신 분들께 감사한다. 정성껏 책으로 엮어주신 웅진지식하우스 이수미 대표님을 비롯한 편집부 여러분들이 특히 고맙다.

2006년 가을
철학카페 주인 김용규

| 차례

| 책머리에 | 카페라테 혹은 에스프레소?......................06

신은 누구를 구원하는가?..................13
괴테의 《파우스트》 1부 : '자기 체념'에 대하여

악마마저 이겨낸 남자..................33
괴테의 《파우스트》 2부 : '자기실현'에 대하여

질풍노도를 잠재우는 법..................53
헤르만 헤세의 《데미안》 : '성장'에 관하여

관계의 미학..................72
생텍쥐페리의 《어린 왕자》 : '만남'의 의미

사랑과 질투의 함수관계..................90
셰익스피어의 《오셀로》 : '질투'에 관하여

가족에 관한 냉혹한 진실..................116
프란츠 카프카의 《변신》 : '가정'의 의미

참을 수 없는 일상과의 결별..................138
사르트르의 《구토》 : '일상'에 대하여

텅 빈 무대의 대본 없는 배우, 인간 ················ 162
사뮈엘 베케트의 《고도를 기다리며》: '권태'의 의미

나는 반항한다, 고로 존재한다 ················ 183
알베르 카뮈의 《페스트》: '반항'의 의미

그 섬은 어디에 있을까? ················ 211
최인훈의 《광장》: '유토피아'에 대하여

당신들의 유토피아, 우리들의 디스토피아 ················ 233
이청준의 《당신들의 천국》: '디스토피아'에 대하여

불행해질 권리를 요구합니다 ················ 257
올더스 헉슬리의 《멋진 신세계》: '인간공학'에 관하여

빅브라더가 지켜보고 있다 ················ 280
조지 오웰의 《1984년》: '사회공학'에 관하여

나를 찾는 시간여행, 회상 ················ 309
마르셀 프루스트의 《잃어버린 시간을 찾아서》: '회상'의 의미

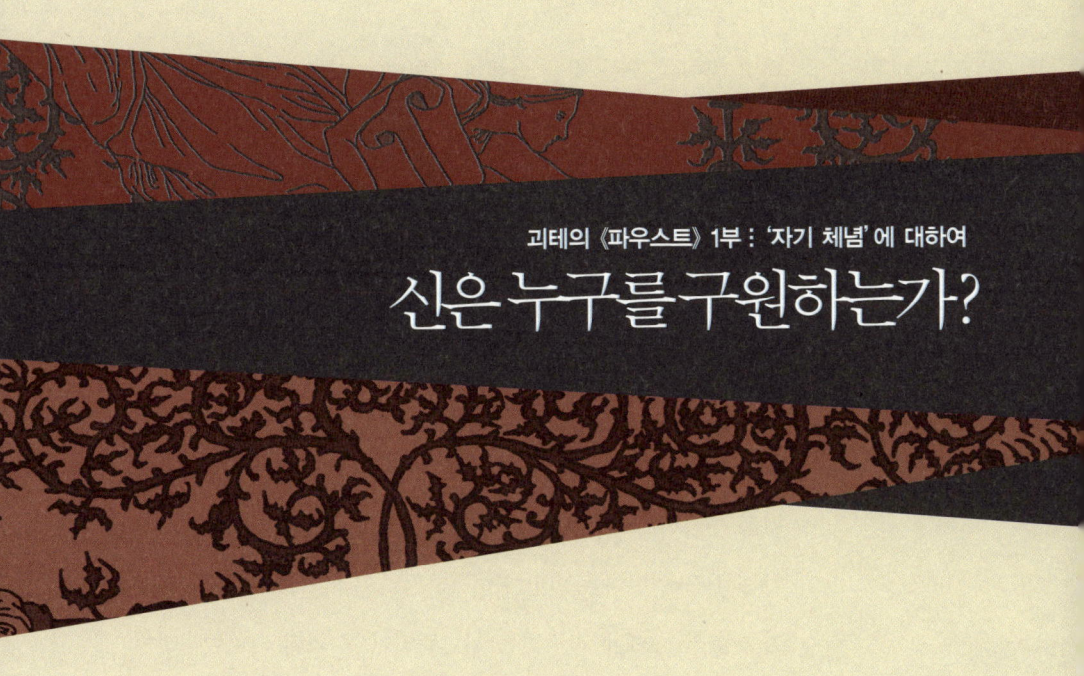

괴테의 《파우스트》 1부 : '자기 체념'에 대하여
신은 누구를 구원하는가?

메피스토펠레스는 당신도 유혹한다 :

　아세요? 평일 날 오래된 성당 안에는 어둠이 살고 있다는 걸. 제아무리 마음 들뜨게 하는 화창한 날이라도 성당 안에는 천 근 같은 무게로 어깨를 짓누르는 어둠이 도사리고 있지요. 그리고 거기엔 꿇어앉아 기도하는 사람들이 있습니다. 저만치에서, 켜 놓은 촛불들이 황홀히 타오르지만 그 무거운 어둠을 사르기에는 턱없이 부족하지요. 그래서인지 기도들은 쉬 끝나지 않습니다.
　저들은 도대체 무엇을 위해 기도하는 것일까요? 자기를 체념하고 자신의 모든 것을 신에게 맡기려는 걸까요? 아니면 자기를 실현하기 위해서 신의 도움을 구하려는 걸까요? 그리도 무겁던 욕망이라는 물통을 이제 비우려는 걸까요? 아니면 더욱 채우려는 걸까요? 세상을 향한 애달프고 고단한 길을 그만 접으려는 걸까요? 아니면 새 힘을 얻어 더 달려가려는 걸까요? 모를 일입니다.

분명한 것은 모든 기도는 구원을 겨냥하고 있다는 거지요. 기독교인들에게 구원이란 궁극적으로는 저 세상에서의 삶을 얻는 것을 뜻합니다. 하지만 그보다 먼저 이 세상에서 '새로운 삶의 가능성'을 얻는다는 의미가 더 크지요. 곧 자신의 '새로운 존재 가능성'을 신에게 허락받는다는 뜻입니다. 이런 의미에서라면 굳이 기독교인이 아니라 해도 사람에게는 필경 구원이 필요하지요.

살다가, 왠지 빛보다 어둠이 포근하게 느껴지는 날이면 명동성당에 가 앉아봅니다. 그런데 성당 안에는 어둠뿐 아니라 숱한 환영들이 함께 살고 있지요. 어둠과 환영으로 사람을 끌어들인다는 점에서 성당은 영화관과 닮았습니다. 그래서 마치 영화를 보듯 어둠 속에 망연히 앉아 있다 보면, 불현듯 나타나는 인물이 파우스트이지요. 그는 거만하고 이기적이며, 상당히 신비롭지만 결코 호감 가는 인물은 아닙니다. 게다가 메피스토펠레스라는 짓궂은 악마도 하나 데리고 다니지요. 그가 다가와 살며시 묻습니다. "체념할 것인가? 아니면 실현할 것인가?"

메피스토펠레스는 약 200년 전에 괴테(J. W. Goethe, 1749~

1832)에게도 같은 질문을 던졌답니다. 그래서 괴테는 《파우스트》를 썼지요. 괴테의 《파우스트》는 서구문학이 낳은 위대한 작품들 가운데 하나이며, 독일어로 쓰인 가장 중요한 작품으로 평가받습니다. 이 작품은 지금도 전 세계에 번역되어 책으로 출판되고, 연극으로 공연되며, 음악으로 작곡되고, 교과서로 읽히며, 다양한 해석서가 나오고, 수없이 인용되며, 심심치 않게 패러디되고 있지요.

음악을 예로 들어보면, 구노, 도니체티, 베를리오즈, 보이토, 부조니가 오페라로 만들었고, 베토벤, 슈베르트, 슈만, 멘델스존, 볼프, 무소륵스키가 가곡으로 창작했으며, 리스트는 피아노곡으로도 작곡했습니다. 뿐만 아니라, 리스트의 교향곡, 바그너의 서곡, 슈니트케의 칸타타 등에 소재로 쓰이고, 브람스의 〈알토 랩소디〉, 말러의 〈1000인 교향곡〉도 《파우스트》의 한 대목에서 가사를 따왔다지요.

그럼에도 이 위대한 작품에는 한 가지 도저히 떨쳐버릴 수 없는 의문이 시종 따라다닙니다. 자신의 욕망을 좇아 쾌락을 탐닉하다 살인까지 한 인간이 어떻게 구원받을 수 있는가 하는 것이지요. 《파우스트》를 보고 이런 물음을 갖게 되는 것 자체가 어쩌면 우리가 아직 메피스토펠레스의 달콤한 유혹으로부터 자유롭지 못하기 때문인지도 모릅니다. 그러면서도 한편으로는 구원 역시 간절히 기다리기 때문이겠지요. 이놈의 물통, 그만 비워야 하나? 그래도 채워야 하나? 이놈의 길, 그만 가야 하나? 그래도 가야 하나? 《파우스트》를 보시지요!

역사에서 신화로 :

16세기 초 독일에 널리 알려진 떠돌이 마법사 한 사람이 있었답니다. 그의 이름이 '게오르크 파우스트'였는데, 흔히 라틴어 이름인 '파우스투스'나 그냥 '파우스트 박사'로 불리었지요. 1480년경 뷔르템베르크 주(州)의 소도시 크니틀링겐에서 태어나 1540년경 같은 주의 소도시 슈타우펜에서 죽은 이 사내는 약 40년 동안 주술사, 점성술사, 마술사, 예언가로 독일 전역을 돌아다니며 살았답니다.

파우스트는 점성술사로 성공을 거두었고, 예언가로서도 재미를 보았지요. 남아 있는 자료에 의하면, '현자 파우스트 박사'는 밤베르크 주교에게 1520년 2월 12일 '별점 또는 운세'를 보아주고 당시로는 상당한 수수료인 10길더를 받았답니다. 또 1535년 6월 25일 밤에 재침례교파 점령자들로부터 '뮌스터 시를 되찾을 것'을 예언하여 맞히기도 했다지요. 하지만 그는 당시 신학자들, 예컨대 뷔르츠부르크의 수도원장인 요하네스 트리트하임(J. Tritheim) 같은 사람들로부터는 공공연한 공격을 받았습니다. 그가 죽은 자들의 혼과 소통하여 미래를 예언하는 흑마술(黑魔術)을 쓸 줄 안다고 호언장담했기 때문이었지요. 실제로 악마를 불러내는 마술을 시연한 적도 있다고 합니다. 하지만 그런 마술로 그가 신화적 인물이 된 것은 아니지요. 그것은 당시 마술사들의 단골 사기극이었다니 말입니다.

파우스트를 신화적인 인물로 만든 사람은 역설적이게도 종교개혁가 마르틴 루터(M. Luther, 1483~1546)였다고 합니다. 루터는 악마의 존재를 믿었고, 종종 자신의 불운을 악마의 소행으로 설명했다지요. 그는 누군가 위층에서 호두를 달그락거리는 바람에 잠을 설쳐도 그것이 악마의 짓거리라고 믿었답니다. 그래서 종교개혁을 하면서도 교황 그레고리 9세 때부터 내려오는 종교재판에서의 '마녀사냥'을 금하지 않았지요. 오히려 "마녀들에 대해 절대로 동정심을 품지 말아야 한다. 나는 이들을 모두 불태워버릴 것이다."라며 권장했답니다.

그런 루터가 게오르크 파우스트라는 떠돌이 마법사에 대해 알고 있었고 그를 악마와 연관시켜 험담을 했답니다. 그러자 루터파 신교도들을 중심으로 입담 좋은 사람들이 '파우스트와 악마의 계약' 그리고 '그의 끔찍한 최후'를 지어냈던 겁니다. 그럼으로써 실존 인물 파우스트는 본의 아니게 신화 속으로 떠밀려 들어가게 된 거지요. 어쨌든 이때부터 '파우스트의 비극'에 관한 이야기들이 민담이나 필사본으로 돌아다니기 시작했답니다.

그런데 세상일에는 행운도 불행도 혼자서 오지 않는 법이지요. 때맞추어 발달한 활판 인쇄술이 파우스트가 신화로 걸어 들어가는 것을 또한 도왔습니다. 1587년에 후대의 수많은 판본들을 배출한 주요 원전인 《파우스트서Faustbuch》가 출판업자인 요한 슈피스(J. Spies)에 의해 출간되었지요. 저자도 알려지지 않은 이 책은 당시로는 엄청난 성공을 거두어 그 후 2년 동안 16가지나 되는 독일어 판본들이 나왔답니다. 그리고 곧바로 영국으로 건너가 1592년에는 크리스토퍼 말로(C. Marlowe, 1564~1593)라는 걸출한 극작가에 의해 《파우스트 박사의 생과 사의 비극적 역사》라는 희곡으로 쓰였고, 1616년에는 연극으로도 놀라운 성과를 거두었다지요.

그런데 말로는 자신의 작품에 슈피스의 《파우스트서》에서는 볼 수 없는 새로운 해석들을 덧붙였습니다. 우선, 파우스트를 지식인으로

17

부각시킨 것이지요. 즉 슈피스의 《파우스트서》에서 강조된 파우스트와 악마의 계약을 '마법사와 악마의 계약'이 아니라, '지식인과 악마의 계약'으로 바꾼 겁니다. 여기에는 "아는 것이 힘이다."를 외치며 실용적 과학 지식을 강조한 프랜시스 베이컨(F. Bacon, 1561~1626)과 같은 당시 지식인에 대한 비판이 들어 있었지요. "그 은밀한 지식이 이처럼 무모한 재사(才士)들을 꾀어 / 천상의 권능이 허락하는 것보다 더 많은 것을 행하게 하나니."라는 식으로 말입니다.

뿐만 아니라 말로는 파우스트의 끔찍한 최후를 '육체의' 끔찍한 파멸에서 '영혼의' 끔찍한 파멸로 바꾸어놓습니다. 슈피스의 《파우스트서》에는 그의 최후가 다음과 같이 묘사되어 있다지요.

"악마가 파우스트를 밤새도록 이 벽 저 벽으로 후려쳐서 피가 흩뿌려지고 골수가 벽에 들러붙어 있는 것밖에 보지 못했다. 그의 눈알과 이 몇 개도 흩어져 있었다. (…) 마침내 제자들이 그의 시신을 말똥더미 위에서 발견했으나, 머리와 사지가 찢겨져 버려 끔찍한 몰골이었다."

그런데 이와는 달리 말로의 희곡에는 파우스트의 최후가 지옥에의 공포와 영혼의 영원한 파멸로 나타나 있습니다. 그는 이렇게 절규하지요.

"아, 저주받은 영혼에 끝이란 없어. / 왜 너는 영혼 없는 짐승으로 태어나지 않았더냐? / 왜 너의 영혼은 불멸이란 말이냐? / (…) / 모든 짐승들은 차라리 행복하도다. / 죽으면 그 영혼은 곧 스러지나니 / 허나 내 영혼은 여전히 살아

지옥에서 고통 받아야 하니 / 나를 낳은 부모여 저주받으라."

　괴테는 25살 때인 1774년에 최초 형태의 《파우스트Ur-Faust》를 완성했다고 합니다. 그러나 발표하지 않고 주변 친구들에게나 가끔 낭독하다가, 1788년에는 〈마녀의 부엌〉, 〈숲과 동굴〉 등을 더하고 〈라이프치히의 아우엘바흐 지하 술집〉을 수정하여 1790년에야 《단편 파우스트Faust: A Fragment》라는 제목으로 발표했지요. 그 후에도 개작과 수정을 계속하다가 1808년에 《파우스트》 1부를 발표했고, 1825년부터 2부를 본격적으로 쓰기 시작하여 82세인 1831년에야 마쳤답니다. 결국 괴테는 57년이라는 장구한 세월에 걸쳐 《파우스트》를 쓴 셈이지요.
　당대를 풍미하던 시인이자 석학답게 괴테는 이 작품 안에 백과사전적인 지식들을 담았을 뿐 아니라, 그 시대의 뛰어난 문학적 표현기법들을 총동원함으로써 더할 수 없이 아름다운 걸작을 만들었습니다. 《파우스트》에는 강렬한 힘과 서정이 넘치는 시들, 그리고 신학적, 역사적, 심리학적, 과학적 지식들이 쟁반에 소복이 놓인 과일들처럼 한데 담겨 있지요. 이런 지적, 문학적 요소들이 파우스트를 소재로 한 다른 작품들과 이 작품을 확실히 구분하게 합니다.
　하지만 괴테의 《파우스트》가 이전의 작품들과 결정적으로 갈라서게 되는 분기점은 전혀 다른 데에 있지요. 그것은 주인공이 마지막 순간에 구원을 받게 되어 있다는 겁니다. 괴테가 희곡이라는 형식을 빌려 왔을 뿐 아니라 파우스트를 지식인으로 해석한 것까지도 그대로 물려받은 말로의 작품에서조차 파우스트는 마지막에 지옥의 영원한 형벌을 받게 되는데 말입니다. 괴테는 파우스트를 악마와 결탁한 저주받은 영혼에서 신에게 구원받은 영혼으로, 살인까지 서슴지 않는 악당에서 인간의 한계에 맞서는 영웅으로 새롭게 탄생시킨 거지요. 그리고 바로 이 극적인 변신이 이 작품을 불멸의 고전에 올려놓는 든든한 기반이 되었던 겁니다.

심판받았다, 구원받았느니라 :

1부는 〈천상의 서곡〉으로 시작합니다. 하나님이 메피스토펠레스에게 파우스트를 아느냐 묻고, 이어 둘은 파우스트가 신의 뜻에 충실할 것인가 아닌가를 두고 내기를 하지요. 하나님은 메피스토펠레스에게 "그의 영혼을 타고난 근원에서 벗어나게 해보라 / 그리고 그것을 네 것으로 만들 수 있다면 데려가라. / 너와 함께 지옥으로."라고 장담합니다. 이 장면은 《구약성서》 가운데 〈욥기〉에 나오는 장면을 그대로 본떴지요.

다음에 첫 장면인 〈밤〉이 이어지는데, 파우스트가 평생을 학문에 바친 후회와 불만을 한탄스럽게 털어놓습니다.

"아, 나는 이제 철학도 / 법학도 의학도 / 그만두었더라면 좋으련만, 신학까지도 / 열심히 애써 마쳤다. / 그 결과로 이렇게 가엾은 바보가 되었구나. / (…) / 그 대신 나는 모든 기쁨을 빼앗겼다. / (…) / 재산도 돈도 없고 / 세상의 명예나 영화도 갖지 못했다."

그리고 이어지는 〈성문 앞에서〉에서는, 부활절 축제를 맞아 산책을 나갔던 파우스트가 일상적 삶을 기뻐하며 즐기는 평범한 사람들을 보고 마냥 부러워하지요. 또한 자기 가슴 속에 영원을 갈구하는 이성적 삶에 대한 욕망과 순간의 쾌락을 갈망하는 감성적 삶에 대한 욕망 이 '두 가지 충동'이 있음을 고백합니다. 그리고 악마를 부릅니다.

"아, 내 가슴엔 두 개의 영혼이 깃들어 있다 / 그 하나가 다른 하나에서 떨어져 나오려고 한다. / 하나는 격렬한 애욕을 / 도구로 하여 현세에 매달려 있다. / 또 하나는 억지로 속세를 피하여 / 높은 영들의 세계에 오르려 한다. / (…) / 저 대기 속에 떠도는 / 영들이 있다면 / 금빛 안개 속에서 내려와 / 나를 새롭고 화려한 삶으로 인도해다오!"

그러자 검정 삽살개로 변한 악마 메피스토펠레스가 곧바로 꼬리를 치며 다가오지요. 곧이어 파우스트의 〈서재〉에서, 파우스트와 '방랑하는 학생'으로 변신한 메피스토펠레스가 계약을 맺습니다. 메피스토펠레스는 영혼을 담보로 한 '끔찍한' 계약을 제안하고 파우스트가 널리 알려진 유명한 대사로 그 계약을 흔쾌히 수락하지요.

"이 세상에서는 당신을 섬기기로 / 당신의 분부를 따르고 쉬거나 게을리 하지 않겠다고 / 우리가 저 세상에서 다시 만날 때는 / 당신이 나에게 같은 방법으로 되갚아야 합니다."

"악수로써 약속하자. / 내가 만약 지금 흘러가는 순간을 향해 / '잠시 멈춰라! 너는 참으로 아름답구나!'라고 말한다면 / 그러면 네가 나에게 족쇄를 채워도 좋다. / 내 기꺼이 당장 그 자리에서 죽으리라."

그 다음 장면에서 하늘을 나는 망토가 두 사람을 데리고 간 곳은 '라이프치히의 아우엘바흐 지하 술집'입니다. 이곳에서 메피스토펠레스는 마냥 즐겁게 놀지만, 파우스트는 그렇지 못합니다. 전에 그가 고백한 것처럼 "나는 그저 즐기기에는 너무 늙었고 / 욕망이 없다기에는 너무 젊다."는 것이 원인이었지요. 그래서 다음에 간 곳이 '마녀의 부엌'입니다. 여기에서 파우스트는 마법의 약을 마시고 30년 젊어지고, "그 약이 몸속에 들어간 이상 / 이제 눈에 띄는 여자마다 헬레네로 보일걸."이라는 메피스토펠레스의 예언이 그대로 이루어지지요.

그 결과 〈길거리〉에서, 그레트헨이라는 순결하고 아름다운 아가씨를 보고 첫눈에 사랑에 빠져버리고 맙니다. 〈저녁 무렵〉에는, 그레트헨도 "오늘 그분이 누구신지 / 알 수만 있다면 뭐든지 드리겠지만! / 정말 믿음직한 분이었어. / 좋은 집안 출신인가 봐."라며 호감을 갖게 되고, 이를 놓칠세라 파우스트가 '공주님이라도 유혹할 만한' 묵직한 보석상자로 공세를 폅니다. 이렇게 시작한 그레트헨과의 사랑과 비극은 슈피스나 말로의 작품에는 등장하지 않지요. 그러나 괴테는 사랑에 빠진 그레트헨의 심정을 낭만주의 시의 모범이 될 만한 아름다운 형식과 문체로 묘사해 실었습니다.

"마음의 평화가 사라지고 / 내 가슴은 무겁구나. / 찾건만 평화는 / 끝내 돌아오지 않네. / 임이 아니 계신 곳은 / 그 어디나 무덤. / 세상은 온통 / 이 몸에는 쓰디쓸 뿐. / 아, 내 가엾은 머리는 / 미쳐버리고, / 아, 내 불쌍한 영혼은 / 산산이 부서졌네. / (…) / 임이 하시는 말씀 / 오, 오묘한 물결이여, / 내 손 잡으시는 임의 손, / 아, 그 입맞춤! / (…) / 내 가슴은 애가 타게 / 임을 사모하고 있네 / 아, 임을 / 얼싸안고 / 내 마음이 찰 때까지 / 입 맞추고 싶어라. / 임의 입 맞춤에 / 넋과 몸이 사라져버릴지라도!"

가난하게 살다가 31살의 나이로 요절한 독일의 작곡가 프란츠 슈베르트(Franz Schubert, 1797~1828)는 17살 때 이 시를 처음 보았답니다. 즉각 감흥을 얻어 서정 넘치는 곡을 만들어 붙였는데, 이것이 가곡 〈물레 잣는 그레트헨〉이지요.

피아노 반주로 시작하는 이 곡에서 끊임없이 이어지는 16분 음표들로 이루어진 음형들은 그레트헨이 물레를 돌리는 소리를 나타낸답니다. 들어보면 그것은 점점 격정적으로 상승하다가 "아, 그 입맞춤!"이라는 숨 막히는 순간에 다다르면 급기야 멈춰버립니다. 정신을 놓아버린 거지요! 이내 다시 정신을 차려 물레를 돌리기 시작하지만, 감정은 곧바로 다시 상승하여 "임의 입맞춤에 / 넋과 몸이 사라져버릴지라도!"에서 클라이맥스에 달하고 끝나지요. 아름다운 곡입니다.

하지만 기쁨이란 언제나 슬픔의 씨앗이고, 행복은 항상 불행과 동행하는 법이지요. 그레트헨의 비극도 그렇게 시작됩니다. 파우스트는 사랑을 나누기 위해 그레트헨을 유혹하여 그녀로 하여금 어머니에게 다량의 수면제를 먹이게 하는데, 어머니는 영영 깨어나지 못하지요. 이 사실을 안 그레트헨의 오빠 발렌틴이 파우스트와 결투를 벌입니다. 하지만 메피스토펠레스의 도움으로 파우스트가 그를 찔러 죽입니다. 이후 메피스토펠레스가 파우스트를 마녀들의 축제인 '발푸르기스의 밤'에 데려갔을 때, 그레트헨은 파우스트와의 사이에서 낳은 아이를 물에 빠뜨려 죽이고 말지요. 그녀는 실성하게 되고 또 영아살해

범으로 잡혀 결국 사형선고를 받게 됩니다.

  1부 마지막 장면 〈감옥〉에서, 파우스트가 그레트헨을 구하러 가지요. 그러나 실성한 그레트헨은 그를 참수꾼으로 알고 하소연합니다.

> "난 아직도 이렇게 젊은데, 이렇게도 젊은데 / 벌써 죽어야 하나요! / 난 예뻤어요. 그것이 몸을 망친 원인이었지요. / 다정한 분이 가까이 있었지만 이제 멀리 떠나갔어요. / 꽃다발은 뜯기고 꽃은 산산이 흩어졌어요. / (…) / 제발 아기에게 젖이나 좀 먹이게 해주세요. / 밤새도록 끌어안고 있었어요. / 날 괴롭히려고 아기를 빼앗아 가더니 / 이제는 내가 그 애를 죽였다는 거예요! / 이젠 두 번 다시 즐거운 날은 없을 거예요."

  그 후 이내 정신을 차려 파우스트를 알아보지만, 함께 달아나자는 그의 요청은 거절합니다. "양심의 가책까지 받아야 하는 걸요!"라면서 "나는 여기서 영원한 잠자리로 가겠어요!"라고 대답하지요. 파우스트는 "아, 나는 세상에 태어나지 말았으면 좋았을 것을!"이라고 탄식합니다. 그러자 그레트헨은 "하나님의 심판을! 저는 하나님께 몸을 맡겼나이다. / 저는 당신의 것입니다. / 하늘에 계신 아버지시여! / 천사여, 신성한 무리여 / 나를 에워싸고 지켜주소서."라고 간절히 기도하지요. 하지만 메피스토펠레스는 "저 여자는 심판받았다!"라고 당당하게 승리를 외칩니다. 그때 하늘에서 "구원받았느니라!"라는 목소리가 들리면서 1부가 끝납니다.

창가의 화분을 저는 눈물로 적셨습니다 :

그럼 여기에서 그레트헨의 구원에 대해 먼저 살펴볼까요? 1부 마지막에 구현된 그레트헨의 구원은 실로 감격적이지만, 거의 돌발적이라고 할 수 있습니다. 왜냐하면 2부에서 파우스트의 구원이 그렇듯 구원받는 자에게 구원을 받을 만한 정당한 근거가 없어 보이거나 매우 희박해 보이기 때문이지요. 이것은 이 위대한 작품이 가진 두드러진 특징이자 동시에 치명적인 약점이라고 할 수 있습니다.

괴테는 《파우스트》에서 중요한 사건들, 예를 들면 파우스트와 악마 사이의 계약 체결, 그레트헨과의 육체적 결합, 어머니와 아기의 죽음 등을 드라마적으로 구성하지 않고 대부분 대사 가운데 드러나도록 처리했습니다. 그 결과 드라마의 전개 구조로 보면 필연적으로 다루어져야 할 중대한 사건들이 우연히 발생하게 되고, 강조되는 것은 오히려 전혀 다른 문제들이지요. 이러한 경향은 2부에서도 계속됩니다. 사건을 강조하는 아리스토텔레스의 《시학》에서 크게 벗어난 이 독특한 표현 방식 때문에, 일부 학자들은 괴테가 쓴 《파우스트》의 본질은 드라마가 아니고 서정시라고 규정하기도 하지요.

어쨌든, 괴테의 이러한 독특한 창작 스타일 탓에 극의 구조가 탄탄하지 못하게 되었고, 우리에게는 그레트헨이 받은 구원의 근거에 대한 의문이 떠오르는 겁니다. 물론 가련한 그녀에게 베풀어진 극적인 구원이 너무 감격스러운 나머지 상당수의 관객들에게는 이러한 단점들이 은폐되지만 말입니다. 심지어 어떤 사람들은 '이 여인의 가련함'이 곧 구원받은 이유라고도 생각하지요.

전해오는 에피소드가 있습니다. 19세기 말에 독일의 북부 항구도시

함부르크에서 《파우스트》가 상연되었답니다. 1부가 끝나갈 때, 파우스트는 그레트헨을 감옥에서 구해내려고 하지만 그레트헨의 거부로 뜻을 이루지 못하고 혼자서 떠나가지요. 그러자 관객들이 소란을 피우며 "결혼해! 결혼해!"를 연달아 외치기 시작했답니다. 이 소동으로 그 장면은 즉석에서 수정되어 파우스트와 그레트헨이 손을 잡고 포옹하는 것으로 막을 내릴 수밖에 없었다는 거지요.

이 사건은 관객들이 그레트헨에 대해 얼마나 많은 동정심을 갖게 되는지, 또 이 작품을 얼마나 정서적으로 이해하고 있는지를 확인시켜줍니다. 하지만 이러한 이해는 다분히 '낭만적'이기는 해도, 구원에 관한 한 설득력이 전혀 없지요. 악한 남자의 유혹에 빠져 어머니, 오빠, 아기, 그리고 자기 자신까지 죽음으로 밀어 넣은 여인의 가련한 처지는 낭만주의자들의 동정심을 사기에 충분하지만, 신의 구원을 얻는 데는 턱없이 부족하다는 말입니다. 그렇다면 그레트헨에게 베풀어진 신의 구원을 우리는 어떻게 이해해야 할까요?

돌이켜보지요. 그레트헨은 처음에는 더없이 순결한 처녀였습니다. 그녀의 순결성을 메피스토펠레스는 이렇게 묘사합니다.

> "저 애요? 신부에게서 돌아오는 길이죠. / 신부한테서 아무 죄도 없다는 말을 듣고 말입니다. / 나는 고해석 바로 곁을 살짝 지나가면서 보았는데 / 정말 아무 죄도 없는 처녀랍니다. / 아무 죄도 없는데 참회를 하러 가거든요. / 저런 애한테는 나도 손을 댈 수 없습니다."

악마마저도 손대기를 꺼려할 정도로 순결했던 그녀가 파우스트의 유혹, 정확히는 악마의 술수에 넘어갑니다. 그래서 죄를 저지르게 되지요. 이러한 그레트헨을 악령은 이렇게 묘사합니다. "그레트헨, 과거의 너는 얼마나 다른 모습이었던가, / 네가 아주 순결하게 이 제단 앞에 걸어 나왔을 무렵에는. / 다 낡은 기도서를 들고 / 반은 어린애 장난으로 / 반은 하나님을 믿고 / 서투른 기도를 올리던 그 무렵은!"

하지만 그레트헨은 곧바로 자신의 죄를 깨닫고 뉘우치지요.

"아, 괴로움 많으신 마리아님 / 그 인자하신 얼굴을 제 괴로움 쪽으로 / 기울여주십시오! / (…) / 저의 이 가엾은 가슴이 불안을 느끼고 / 떨며, 무엇을 원하는지 / 그것을 아시는 이는 오직 당신, 당신뿐입니다. / 저는 아, 혼자가 되면 곧 / 울고 또 울어서 / 가슴이 미어집니다. / 창가의 화분을 / 저는 눈물로 적셨습니다. / 아, 이른 아침 당신에게 바치려고 / 이 꽃을 꺾을 때. / (…) / 도와주십시오, 치욕과 죽음에서 건져주십시오!"

이것은 그레트헨의 내면에 죄의식이 있다는 것을 보여줍니다. 뿐만 아닙니다. 그레트헨은 마지막에 파우스트가 감옥으로 그녀를 구하려고 왔을 때, "당신은 이제 떠나나요? 아, 하인리히 씨, 나도 같이 갈 수 있다면!"이라며 진정으로 그를 따라가고 싶어하지요. 그럼에도 불구하고 "난 갈 수 없어요."라고 거절하지요. 그리고 단두대에서의 죽음을 기다립니다. 자기 자신을 용납할 수 없는 거지요. 이것은 그녀가 이미 뉘우침을 통한 '무한한 자기 체념'을 했다는 것을 보여줍니다. 이어 "하늘에 계신 아버지시여! / 천사여, 신성한 무리여 / 나를 에워

싸고 지켜주소서."라며 자신의 모든 것을 신에게 내맡겼지요.

이렇게 보면, 그레트헨의 구원은 다분히 종교적인 겁니다. 기독교의 교리에 의하면, 신의 구원은 선악의 행위에 의해서 이루어지는 것이 아니지요. 오직 믿음으로 이루어진답니다. "사람이 의롭다 하심을 얻는 것은 율법의 행위에 있지 않고 믿음으로 되는 줄 우리가 아노라."(《로마서》 3:28)라는 바울의 말이 그것을 대변하지요. 비록 자신이 원한 것은 아니었다 할지라도, 그레트헨은 결과적으로 많은 악한 일을 했습니다. 그럼에도 그녀는 신과 신의 은총에 의한 구원을 굳게 믿고 간절히 원했기 때문에 구원받았다는 거지요.

그러나 이러한 기독교적 해석은 매우 난처한 문제를 하나 안고 있습니다. 누구든 자신의 욕망을 좇아 살며 마냥 악한 행위들을 하고서도 신을 믿기만 하면 구원을 받을 수 있느냐 하는 것이지요. 만약에 그렇다면, 정말 그렇다면 세상에 어느 누가 타는 불 같은 욕망과 눈앞의 이익을 포기하며 선하게 살려고 애쓸까요? 일주일에 한 번 교회에 나가 신을 믿는다고만 하면, 살아서는 마음껏 쾌락을 즐기고 죽어서는 천국의 평안을 누릴 수 있다면 말입니다.

신학자들조차 피하는 이 곤란한 문제에 대해, 괴테가 살았던 시절에 태어난 덴마크 출신의 철학자 키르케고르(S. A. Kierkegaard, 1813~1855)가 가차 없는 답변을 주었습니다. 그는 신을 믿는다는 것, 구원받는다는 것이 인간에게 도대체 무엇을 뜻하는가를 단호하게 보여주었지요.

최고의 자기부정, 무한한 자기 체념 :

키르케고르는 저서 《이것이냐, 저것이냐》, 《철학적 단편 후서》, 《인생길의 여러 단계》 등에서 오늘날 우리가 소위 '실존의 3단계설'이라고 부르는 사유를 전개했습니다. 그는 인간의 성숙 단계를 심미적 단계, 도덕적 단계, 종교적 단계로 나누고 대강 다음과 같이 설명했지요.

'심미적 단계'란 인간이 감각적 쾌락과 욕망에 종속되는 원초적 단계입니다. 사람은 누구나 이 단계에서 생을 시작하기 때문에, 자연적 인간은 모두 심미적 인간인 것이며 동시에 키르케고르가 《불안의 개념》에서 말하는 '원상태', '순결의 상태', 곧 '무지의 상태'에 놓여 있는 겁니다. 그래서 이 단계의 인간은 순간에서 순간으로, 또한 향락에서 향락으로, 그것이 육체적인 것이든 정신적인 것이든, 행복이라는 관념 아래서라면 "이것도 좋고 저것도 좋다."는 식으로 찾아 몰두하게 마련이랍니다. 《파우스트》에서는 자기를 유혹하는 남자와 즐기기 위해 어머니에게 약을 먹이는 그레트헨이 바로 이렇게 순결하고 그토록 무지하지요.

키르케고르에 의하면, 세상에는 돈 후안(Don Juan)이나 네로(Nero)처럼 이러한 원초적 단계에서 삶을 다 써버리는 사람들도 간혹 있답니다. 하지만 그런 사람은 극히 드물고, 사람들은 언젠가는 무절제한 욕망으로 허덕이는 '지하실 속의 삶'에 절망을 느끼게 된다지요. 그럼으로써 '도덕적 단계'에 이르게 됩니다. 그때부터 그는 내면으로부터 선과 악이라는 '윤리적 소리'를 듣게 되며, "이것도 좋고 저것도 좋다."가 아니라 "이것이냐, 저것이냐."라는 양자택일의 기로에 서게 되지요. 《파우스트》에서 그레트헨도 이런 단계에 도달한 것을 볼 수 있습니다. 그녀는 파우스트에게 종교에 대해서, 세례에 대해서, 그리고 신에 대해서 물으며, 메피스토펠레스를 멀리하고 싶다고 하지요.

도덕이란 그 본질상 악을 버리고 선을 따라야만 한다는 엄숙한 요구입니다. 따라서 이 엄숙한 소리에 따르지 못하는 인간들은 다시 '뉘우침'을 통해서 필연적으로 '절망'에 빠지게 됩니다. 그런데 이때의 절망은 내면의 소리조차 따르지 못하는 '실존적 나약함'에서 나오는 절망이기 때문에 이전의 절망보다 더욱 깊으며, 결국에는 '그 탓이 나에게 있다'라는 '죄의식'으로 이어지지요. 괴테는 그레트헨의 죄의식을 다음과 같이 표현했습니다.

> "괴롭다! 괴롭다! / 나를 책망하려고 / 오락가락하는 생각에서 / 빠져나갈 수만 있다면 / (…) / 여기에서 빠져나갈 수만 있다면! / 마치 저 오르간 소리가 내 숨통을 / 틀어막는 것 같다. / 저 노랫소리가 내 심장을 / 속속들이 녹여 버리는 것 같다. / (…) / 가슴이 죄는 것 같다. / 벽의 기둥이 나를 사로잡는다. / 둥근 천장이 나를 찍어 누른다! ─ 아, 이 공기를!"

이처럼 도덕이라는 빛은 인간을 구원하기보다 오히려 어둠, 곧 뉘우침과 절망에 빠지게 한답니다. 키르케고르는 "죄의식이 나타나자마자 도덕은 뉘우침에서 좌절한다. 왜냐하면 뉘우침은 최고의 도덕적 표현이지만, 동시에 최고의 자기부정이기 때문이다."라고 했지요. 그리고 이 '최고의 자기부정'을 '무한한 자기 체념'이라고도 했습니다. 그런데 놀라운 것은 바로 이것이 인간을 '종교적 단계'로 이끈다는 겁니다. 그는 이 말을 "무한한 자기 체념은 신앙 앞에 전제되는 최후의 단계이다."라고 표현했습니다. 그레트헨의 '최고의 자기부정', '무한한 자기 체념'은 사랑하는 사람을 따라가는 것을 포기하는 것, 단두대에 죄 된 몸을 내맡기는 것으로 나타나지요. 그래서 몹시 안타깝습니다.

그러나 바로 이것이 그녀가 종교적 단계에 도달한 증거이자 구원받는 근거가 된 거지요! 그렇다면 세상에서는 마음껏 쾌락을 즐기며 악한 일을 하고도 일주일에 한 번 정도 교회에 나가 신을 믿는다고만 하면 구원을 받을 수 있다는 생각은 언감생심, 가당치도 않은 겁니다. 구원의 문제는 믿음의 문제이지 선악의 문제가 아닌 것은 분명하지만, 그 믿음 앞에는 '뉘우침'에서 나온 '최고의 자기부정', '무한한 자기 체념'이 필히 전제되어 있다는 말이지요.

정리하자면 이렇습니다. 인간은 뉘우침과 죄의식이라는 실존의 처절한 절망감 속에서만 '무한한 자기 체념'을 할 수 있게 되며, 그제야 비로소 신을 발견하고 그에게 자신의 모든 것을 맡기게 된다는 겁니다. 이것이, 적어도 키르케고르에게는, 신을 믿는다는 말의 '진정한' 의미이지요. 그리고 바로 이러한 믿음, 오직 이러한 믿음을 통해서만 '자신마저도 용납할 수 없는 자기'를 신에게 용납받는 구원에 이른다는 겁니다. 그레트헨은 그렇게 해서 구원받았습니다! 그런데 파우스트도 그럴까요?

무한한 자기 체념은 신앙 앞에 전제되는 최후의 단계이다.
: 키르케고르

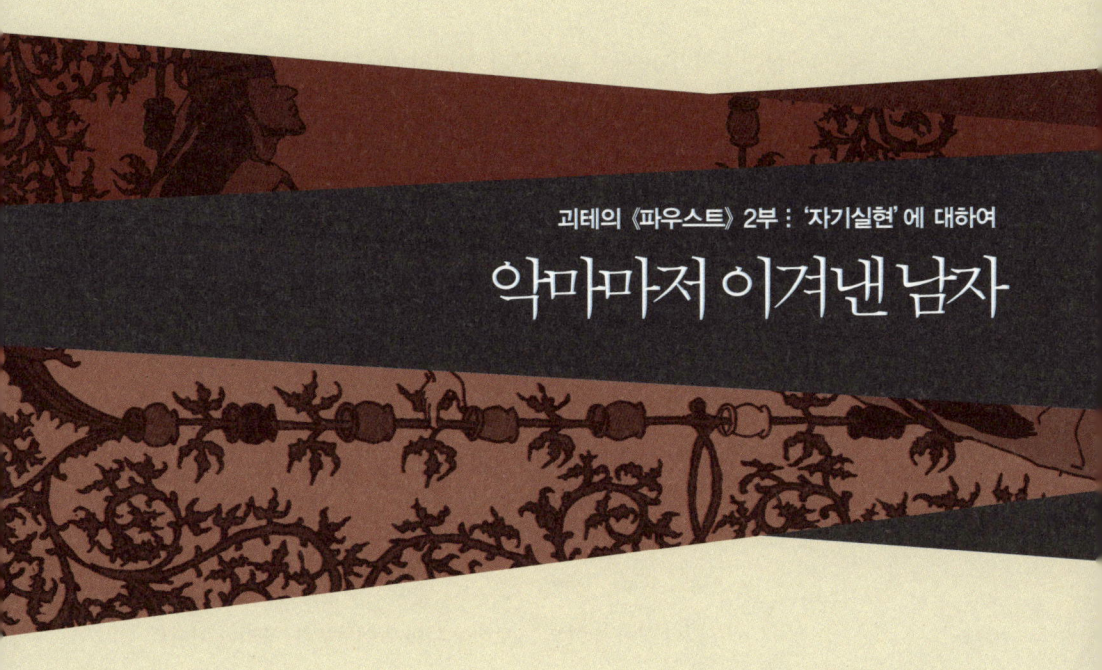

괴테의 《파우스트》 2부 : '자기실현'에 대하여
악마마저 이겨낸 남자

신은 왜 그를? :

말러(Gustav Mahler, 1860~1911)를 좋아하세요? 그럼 혹시 실존주의는요? 갑자기 웬 생뚱맞은 질문이냐고 하겠지만, 사실은 그렇지가 않답니다. 왜냐하면 만일 음악에도 실존주의가 있었다면, 그것은 분명 말러로부터 시작되었을 테니까요. 말러는 세기말을 맞은 인간의 실존적 절망과 희망을 웅대한 교향곡들에 담아 후기 낭만파 음악에 새로운 형식을 개척한 인물이기 때문입니다.

실존주의가 19세기 낭만주의 정신의 20세기적 계승자라는 것을 알고 나면, 이 같은 생각이 더욱 굳어지지요. 쿠르트 블라우코프(Kurt Blaukopf)라는 오스트리아 비평가가 말러를 '미래의 동시대인(der Zeitgenosse der Zukunft)'이라고 부른 것도 같은 의미에서 이해됩니다. 또 작품마다 충만한 삶에 대한 진실성과 고결함에 깊은 감명을 받았던 아널드 쇤베르크(A. Schnberg, 1874~1951)가 그의 저서 《화성법 강의》를 말러에게 바치며 '이 순교자, 이 성인'이라고 부른 것 역시 그렇지요. 말러가 스스로에게 물었던 삶의 의미에 대한 실존적 질문들은 이랬답니다.

"우리의 삶이 놓여 있는 토대는 얼마나 어두운가? 우리는 어디로부터 왔는가? 우리의 길은 우리를 어디로 인도하고 있는가? 쇼펜하우어의 생각처럼, 나는 내가 미처 생각하기도 전에 벌써 이러한 삶을 진정 원하게끔 되어 있다는 말인가? 나는 마치 감옥에 갇힌 것처럼 여전히 나의 성격 안에 속박되어 있는데, 어째서 내가 자유롭다고 느끼는 것일까? 고통과 슬픔의 목적은 무엇인가? 자애로운 하나님의 피조물에서 드러나는 잔혹성과 죄악을 어떻게 이해해야 하는가? 인생의 의미는 죽음에 이르러서야 비로소 모습을 드러낼 것인가?

이 글을 살펴보면, 말러가 〈1000인 교향곡〉으로 불리는 자신의 교향곡 8번 가운데 2부를 파우스트의 영혼이 구원을 받는 것을 테마로 작곡한 것이 결코 우연이 아님을 알 수 있습니다. 이제 곧 보겠지만, 파우스트야말로 이러한 실존적 질문들에 대해 한 가지 '흔들리지 않는 대답'을 준 가장 낭만주의적인 인간이자 동시에 실존적 인물이기 때문이지요.

괴테는 《파우스트》의 2부를 1825년에야 본격적으로 쓰기 시작했답니다. 그때 그의 나이 이미 76세였지요. 그리고 죽음을 불과 반년가량 앞둔 1831년 8월 중순에 다 마쳤다고 합니다. 그래서인지 2부는 여러 면에서 젊은 시절에 썼던 1부와는 전혀 다르지요. 우선 작품의 성격부터 그렇습니다. 1부에서 보여준 파우스트와 그레트헨의 사랑 이야기는 '질풍노도(Strum und Drang) 운동'을 일으켰던 당시 낭만주의 작가들이 좋아할 만한 사실적 '가정극'의 성격을 띠고 있지요. 하지만 2부는 시간적으로는 약 3000년을 망라하고 공간적으로는 현실세계뿐만 아니라 환상세계, 지하세계와 지상세계 그리고 천상세계까지를 아우르며 전개되는 일종의 '환상극'입니다.

여기에는 그리스·로마신화에 등장하는 각종 신들과 요정들, 예언자들, 마녀들, 그리고 괴물들이 나오지요. 머리는 여자이고 몸통은 사자인 이집트의 스핑크스와 머리와 날개는 독수리이며 몸통은 역시 사자인 우랄 지방의 그뤼프스도 등장합니다. 트로이 전쟁의 불씨가 되었던 헬레나와 파리스, 헤라클레스와 아킬레스의 스승인 케이론, 바다의 요정 세이레네스 등 호메로스(Homeros, B.C. 800?~750)의 서사시 《일리아스》와 《오디세이아》에 나오는 인물들도 나옵니다. 뿐만 아니라, 탈레스와 아낙사고라스와 같은 고대 그리스의 자연철학자들과 성서에 나오는

히브리 여인들까지 등장하지요.

한마디로, 괴테는 서양 문명을 상징하는 주요 캐릭터들을 시간과 공간의 구애 없이 총동원하여 흥미롭고도 광대한 한 편의 판타지를 구성한 겁니다. 1827년 봄 괴테는 총 5막으로 되어 있는 2부 가운데 제3막만을 떼어 독립된 한 편으로 발표했는데, 이 작품 제목이 《헬레나 고전적·낭만적 환상극—파우스트의 막간극》이었다는 것이 그의 이러한 의도를 확인해주지요. 내용 또한 2부는 1부와는 많은 차이를 보입니다. 1부에서는 남녀간의 사랑이라는 개인적 사건을 다룬 반면 2부에서는 전쟁과 간척사업과 같은 사회적 사건들을 다루지요.

변하지 않은 것은 오직 인물의 성격뿐입니다! 파우스트는 여전히 자기중심적이고 아이러니하며 한 가닥의 도덕심조차 갖고 있지 않지요. 1부에서와 마찬가지로 아름다운 여인을 탐하고 살인도 저지릅니다. 그는 자신의 영혼에 닥칠 운명에도 전혀 관심이 없고 단 한 번도 기도하거나 교회에 가지 않지요. 1부의 서두에서 신은 그를 '나의 종'이라고 불렀지만 파우스트는 결코 신을 섬기지 않았습니다.

그래서 극의 마지막에 그의 영혼을 천국으로 데려가는 천사들의 합창은, 물론 감격스럽긴 하지만, 왠지 어색하고 황당하기까지 합니다. 차라리 영국의 극작가 크리스토퍼 말로의 《파우스트 박사의 생과 사의 비극적 역사》에서처럼 메피스토펠레스가 내기에서 이기고 파우스트가 지옥으로 끌려간다면 극은 훨씬 탄탄해지고 이야기는 더 설득력이 있었을 겁니다. 그렇다면 신은 왜 파우스트를 구원했을까요? 아니, 괴테는 도대체 무엇을 근거로 파우스트를 악마의 손아귀에서 구해낼 수 있었을까요? 2부를 보시죠.

영원한 여성이 우리들을 저 높은 곳으로 :

2부 1막은 꽃이 만발한 어느 아름다운 잔디밭에서 파우스트가 누워 있는 것으로부터 시작합니다. 그레트헨의 비극에 대한 죄의식에서 벗어나기 위해 요정들로 상징되는 자연의 치유력으로 심신을 회복할 필요가 있었던 겁니다. 다분히 낭만주의적 발상에서 나온 설정이지요. 원기를 회복한 파우스트가 이번에 상대하는 것은 황제입니다. 그는 황제의 요청을 따라 헬레나와 파리스를 불러올 것을 메피스토펠레스에게 명하지요.

메피스토펠레스는 처음에는 그것이 자기 능력 밖의 일이라고 잡아떼지만, 이내 시간도 공간도 없는 곳에 있는 모든 존재의 근원이자 신비로운 여신인 '어머니들(the Mothers)'에게 청하면 가능하다고 속내를 털어놓습니다. 그리고 열쇠를 하나 주며 그 열쇠를 따라가 '어머니들'이 있는 곳에서 '세발솥'을 가지고 돌아오면 '영웅이든 미인이든 밤의 나라에서' 불러낼 수 있다고 가르쳐주지요. 그러면서도 '흘러가는 구름이나 태양이나 달과 별도 볼 수 없고' '자신의 발소리조차 들리지 않으며 / 몸을 쉬려 해도 단단한 바위조차 발견하지 못하는' 그 위험천만한 곳에 자기는 따라가지 않습니다. 약은 거지요.

따지고 보면, 메피스토펠레스는 상당히 흥미로운 캐릭터입니다. 신과도 겨루는 불사의 악마이면서도 때로는 이성적이기도 하고 익살맞은 데도 있지요. 심지어는 어수룩한 구석까지 있습니다. 특히 2부의 마지막에서 다 잡은 파우스트의 영혼을 천사들에게 빼앗기는 장면에서 그렇습니다. 그는 자기가 천사들의 유혹에 잠시 한눈팔다가 파우스트를 놓쳤다고 한탄하지요.

"이 일을 누구에게 호소해야 할까? / 누가 나의 기득권을 되찾아줄 것인가? / 나잇살이나 먹어가지고 감쪽같이 속았구나. / 자업자득이다. 돼먹지 않았어. / 창피스러운 실수를 했어. / 꼴사납게 굉장한 재산을 잃어버렸다. / 불사신이라는 악마가 / 천한 연정과 어리석은 욕망을 일으켰으니 말이다. / 이런 철부지 같은 허망한 일에 / 산전수전 다 겪은 영리한 내가 걸려들어 / 끝내 자신을 걷잡지 못했으니 / 정말 어리석기 짝이 없다."

메피스토펠레스의 이러한 성격에 헝가리 출신 작곡가 프란츠 리스트(Franz v. Liszt, 1811~1886)가 특히 매혹되었답니다. 그는 피아노곡으로도 편곡되어 연주되는 2개의 관현악곡과 피아니스트들의 손가락을 어지간히 괴롭히는 피아노곡, 모두 3곡을 〈메피스토 왈츠〉라는 이름으로 썼지요. 뿐만 아니라 별도로 '괴테에 의한 3인의 인물 묘사'라는 부제가 붙은 〈파우스트 교향곡〉을 만들었습니다. 연주 시간만도 70분가량이 소요되는 이 대곡은 '파우스트', '그레트헨', '메피스토펠레스', 이렇게 3악장으로 구성되어 있는데, 그 가운데에도 3악장인 '메피스토펠레스' 악장이 압권이지요. '파우스트' 악장의 테마들이 반음계와 꾸밈음으로 변주되는 이 악장은 메피스토펠레스의 그러한 성격들을 잘 드러내주고 있습니다.

어쨌든, 파우스트는 숱한 위험을 무릅쓰고 홀로 지하세계로 내려가 결국 밤의 나라에서 헬레나와 파리스를 불러내지요. 그리고 신화 속의 아름다운 여인 헬레나를 보고는 한눈에 반합니다. 그래서 "그대야말로 내가 모든 힘의 활동을 / 정열의 정수를, 사모를, 사랑을 / 예배를, 미칠 듯한 마음을 바쳐야 할 사람이다."라고 외치지요. 1부에서 그레트헨을 처음 보고 "그 붉은 입술과 빛나는 뺨을 / 나는 이 세상이 다할 때까지 잊을 수 없다!"라고 고백하던 것처럼 말입니다.

2막은 메피스토펠레스가 예전에는 파우스트의 조수였으나 지금은 인조인간을 만들고 있는 바그너 박사를 만나 그가 만든 '호문쿨로스'라는, 아직 육체를 갖지 못한 작은 인간 영혼과 함께 온갖 마녀들, 괴물들, 여신들, 요정들, 예언자들, 철학자들이 등장하는 '고전적 발푸르기스의 밤'이라는 축제에 참가하는 것으로 시작합니다. 괴테는 여기에서 자신이 가진 온갖 신화적, 문학적, 역사적, 철학적 지식들을 모두 쏟아놓지요.

3막에서는 메피스토펠레스의 도움으로 파우스트가 헬레나를 얻는 과정, 두 사람의 아들 오이포리온의 출생과 죽음이 이어집니다. "어두운 나라에 / 어머니, 나만 홀로 내버려두지 마세요!"라는 아들의 마지막 말에 헬레나는 "행복과 아름다움은 오래가지 못한다."라는 이별의 말을 파우스트에게 남기고 다시 하계로 돌아가지요.

4막에서는 파우스트가 전쟁에 참가하여 승리를 거둡니다. 그리고 황제로부터 훈장과 해안에 있는 엄청난 땅을 상으로 받지요. 괴테는 언제나 그랬듯이 이런 사실을 극중 묘사를 통해서가 아니라 대사 가운데서 드러나도록 처리합니다. 그래서 관객들은, 파우스트도 땅이 생긴 바에는 교회에 세금을 내야 한다는 대주교의 말을 통해서 비로소 이 사실을 알게 되지요.

2부를 통틀어 가장 중요한 것은 5막입니다. 5막은 고대 로마 시인 오비디우스(N. Ovidius, B.C. 43~A.D. 17)의 《변신》에 나오는 착한 노부부 바우치스와 필레몬이라는 두 인물이 나그네와 함께 파우스트의 간척사업을 비난하면서 시작하지요. 같은 시간 파우스트는 이 노부부가 사는 오두막이 자신의 간척사업장 전망을 망친다며 짜증을 냅니다. 그러고는 이내 메피스토펠레스에게 그들을 처리해줄 것을 부탁하지요. 메피스토펠레스는 부하들을 데리고 노부부의 오두막과 부근의 교회를 불태웁니다. 그 와중에 노부부와 나그네가 불에 타 죽지요. 파우스트는 이미 백 살 정도로 늙었지만 그의 가슴은 오직 간척지를 개척해 거대한 새 영지를 건설하려는 야망으로 가득 차 있습니다.

그러나 〈한밤중〉에, 인간의 마음을 절망으로 몰아넣는 네 명의 '잿빛 여인'들이 파우스트의 궁전으로 찾아오지요. 첫째는 결핍이고, 둘째는 후회이며, 셋째는 근심이고, 넷째는 곤궁입니다. 우리는 여기에서 이 작품이 가진 심리극으로서의 탁월한 측면을 볼 수 있지요. 파우스트는 전쟁에서 승리하고 거대한 땅을 개척하는 빛나는 사업을 달성했지만, 착한 노부부 바우치스와 필레몬을 비참한 죽음으로 몰아넣은 데서 오는 죄의식이 그의 양심에 조금이나마 생겨났던 겁니다. 그것을 틈타 네 가지의 어두운 힘이 숨어들려고 하는 거지요.

주목해야 할 것은, 죄의식에 대한 파우스트의 태도가 1부에서 본 그레트헨의 태도와는 전혀 다르다는 겁니다. 그레트헨은 양심에 죄의식이 일어났을 때, 뉘우침을 통한 '최고의 자기부정', 곧 '무한한 자기 체념'을 했지요. 그리고 바로 그것이 구원의 근거가 되었습니다. 하지만 파우스트는 죄의식이 나타나자 뉘우치기는커녕 오히려 자만심으로 그것과 맞싸우려 하지요. 그래서 결핍이나 후회, 곤궁 따위는 감히 그의 방에 들어가지도 못하고 문밖에서 서성이다가 물러갑니다. 오직 '근심'만이, 그것도 열쇠 구멍으로 숨어 들어가지요. 그럼으로써 파우스트의 내면에서는 근심과 자만심 사이의 심리적 갈등이 시작됩니다.

근심은 파우스트가 세속적인 야망을 그만 접고 죽음과 영생에 관심을 갖게 하려 합니다. 그러나 파우스트의 자만심은 "나는 한결같이 이 세상을 줄달음질쳐 왔다. / (…) / 나는 오로지 갈망으로 그것들을 이루었고 / 다시 희망을 품고 폭풍같이 내 일생을 헤쳐 왔다."라며 오히려 근심을 꾸짖습니다. 그러자 근심은 파우스트에게 "인간은 평생 눈먼 장님이라오. / 자, 파우스트 선생! 당신도 장님이 될 것이오."라며 입김을 불어 눈을 멀게 만듭니다.

그래도 파우스트는 전혀 개의치 않지요. "밤이 점점 깊어지는 모양이구나. / 그러나 마음속에서는 밝은 빛이 빛난다. / 내가 생각한 일을 완성시키자."라면서 그 무엇으로도 꺾을 수 없는 초인적인 의지를 보입니다. 이렇듯 그레트헨이 보이는 뉘우침과 파우스트가 보이는 자만심 사이에는 그 무엇으로도 건널 수 없는 얼음 계곡이 놓여 있고, 이 아스라한 차이가 결국 이들이 받는 구원의 성격을 갈라놓게 됩니다.

이어지는 〈궁전의 큰 앞뜰〉 장면에서, 메피스토펠레스는 죽음의 망령들을 불러 파우스트가 묻힐 무덤을 팝니다. 이미 눈이 멀어 그것을 간척사업을 위해 배수로를 파는 것으로 아는 파우스트는 작업을 더욱 독려하며 다음과 같이 외친 다음 이내 쓰러져 죽지요.

"자유로운 땅에서 자유로운 백성과 더불어 살고 싶다. / 그때는 순간을 향해 이렇게 말해도 좋을 것이다. / 멈추어라! 너는 참으로 아름답다! 하고. / 내가 이 지상에 남긴 흔적은 / 영원히 멸망하지 않을 것이다."

그러자 메피스토펠레스가 "시계는 멈추었다."라면서 애초의 계약대로 파우스트의 영혼을 챙기려고 합니다. 하지만 하늘에서 천사의 무리들이 내려와 그를 구원하지요. 이때 이 작품 가운데 가장 유명한 시구인 "누구든 줄곧 노력하며 애쓰는 이를 / 우리는 구원할 수 있습니다."가 천사들의 합창 가운데 나옵니다. 그레트헨도 '참회하는 한 여인'으로 다시 등장하여 성모에게 파우스트의 구원을 간청하지요. 이어 그의 구원을 알리는 "영원한 여성이 / 우리들을 저 높은 곳으로 이끌어 올린다."라는 신비로운 합창이 울려 퍼지며 《파우스트》는 막을 내립니다.

무차별한 자기실현, 무참한 용기 :

에커만이 쓴 《괴테와의 대화》 1831년 6월 6일자를 보면, 괴테는 "누구든 줄곧 노력하며 애쓰는 이를 / 우리는 구원할 수 있습니다."라는 구절에 대해 이렇게 말했습니다. "이 시구 속에 파우스트의 구원에 대한 열쇠가 숨겨져 있다. 파우스트 자신 가운데 점점 더 높고 깨끗한

활동이 그 마지막에 이르기까지 계속되어 있으며 하늘에서는 영원한 사랑이 그를 구원하러 온다."

그렇다면 우리가 알고 싶었던 문제, 곧 '괴테는 도대체 무엇을 근거로 파우스트를 메피스토펠레스의 손아귀에서 구해낼 수 있었을까?'에 대한 해답은 괴테가 이미 제시한 셈입니다. 그러나 파우스트가 자신의 구원을 위해서는 노력하거나 애쓴 일이 전혀 없다는 것을 감안한다면, 이 말은 과연 무엇을 뜻할까요? 인간은 그것이 무엇이든 아무것을 위해서나 그저 노력하고 애쓰기만 하면 구원받을 수 있다는 것일까요? 아니면 다른 어떤 뜻이 담겨 있을까요? 이에 대한 대답은 오직 파우스트가 진정 노력하고 애썼던 일이 무엇인가를 살펴봄으로써만 얻을 수 있겠지요. 살펴보시죠.

파우스트는 당시 최고의 지식인이었지만 이성보다는 욕망, 도덕보다는 쾌락을 좇아 그야말로 '폭풍같이' 살았습니다. 그런데 죽음을 앞두고는 갑자기 "자유로운 땅에서 자유로운 백성과 더불어 살고 싶다."라고 외치기 때문에, 그가 마치 자유와 평등이 넘치는 계몽주의적 민주사회를 꿈꾼 것같이 보일 수도 있지요. 그래서 어떤 학자는 이 작품의 주제가 '계몽주의를 신에게로 가는 유일한 길로서 표현하는 역사적 행동의 발견'이라고도 했지요. 하지만 그것은 오해입니다. 이러한 구절들에서 괴테가 당시 이웃나라 프랑스에서 일어난 '대혁명'의 영향을 받은 냄새를 잠시 맡을 수는 있지만, 어쨌든 그것은 파우스트라는 인물의 성격과는 전혀 어울리지 않지요. 파우스트는 도덕을 초월한 개인주의자이며 반사회적 인물이기 때문입니다.

파우스트가 애초에 메피스토펠레스와 계약을 한 것도 어떤 사회적 이상을 이루기 위해서가 아니었습니다. 단지 개인적 욕망과 쾌락을 성취하기 위해서였지요. 실제로 그는 민중을 경멸하고, 독재적이며, 이기적이지요. 예를 들어, '나는 몇백만 명의 백성을 위해 토지를 개척' 하였다고 외치지만, 토지는 여전히 그의 소유이고, 일꾼들은 강제로 징발되었습니다. 당연히 간척사업에는 노인 바키우스의 비난대로 '제물의 피도 틀림없이 흘렀을 것' 이고 '밤중에는 고통스러운 비명소리' 가 울려 퍼졌지요. 하지만 파우스트는 전혀 아랑곳하지 않고 마치 봉건 군주나 자본주의 엘리트 기업가처럼 자기만족에 넘쳐 "쟁기와 괭이를 써라. / 지시한 것을 곧 해치워라. / (…) / 최대의 사업을 완성하기 위해서는 / 수천의 손을 부리는 하나의 정신으로 충분하리라."라고 외치지요. 그는 계몽주의적 민주사회를 위해 노력하거나 애썼던 인물은 결코 아닙니다.

그렇다면 그가 노력하고 애썼던 일이란 과연 무엇이었을까요? 결론부터 말하자면, 그것은 낭만주의적 '자기실현(Selbstverwirklichung)' 입니다. 물론 이때의 자기실현에는 그레트헨이나 헬레나를 소유하려는 개인적 욕망뿐만 아니라 전쟁에서의 승리, 간척사업과 같은 사회적 욕망도 함께 포함되어 있지요. 그것이 무엇이든 자신의 내면이 진정으로 원하는 것을 찾아 실현하는 일, 오직 이 목표 하나만을 바라보고 파우스트는 수많은 죄악과 슬픔 그리고 절망을 견디면서 '다시 희망을 품고 폭풍같이' 일생을 헤쳐 왔지요.

돌이켜보시죠! 그는 학문을 위해 평생을 다 보낸 어느 날에야, 자기 안에서 들리는 진정한 내면의 외침을 비로소 들었습니다. 그 다음에는 오직 그것을 실현하기 위해 모든 일을 다 했지요. 악마에게 영혼을 파는 것도 주저하지 않았고 살인도 마다하지 않았으며 지하세계에 내려가는 것조차 망설이지 않습니다. 그 누구도 그를 말릴 수 없었고, 그 무엇도 그를 막을 수 없었지요. 마지막 순간까지 "무엇 때문에 영원 속에서 헤맬 필요가 있을까! / 자기가 인식하는 모든 것은 다 이룰 수 있다. / 그런 식으로 지상의 날들을 보내라."라고 외치며 오직 자기실현을 위해서만 최선을 다했던 겁니다. 자기실현을 위한 이 무차별적인 열정, 이 무참한 용기가 그를 구원한 겁니다.

"파우스트의 죄는 무엇인가? 안식을 모르는 영혼이다. 파우스트의 구원은 무엇인가? 역시 안식을 모르는 영혼이다."라는 에리히 헬러(Erich Heller)의 말이 그래서 나온 것이지요. 그렇다면 "누구든 줄곧 노력하며 애쓰는 이를 / 우리는 구원할 수 있습니다."라는 시구 속에 파우스트의 구원에 대한 열쇠가 숨겨져 있다는 괴테의 말이 지닌 뜻은 다름이 아닙니다. 누구든 자기실현을 위해 줄곧 노력하며 애쓰면 구원받을 수 있다는 뜻이지요! 알고 보면, 바로 이것이 독일 낭만주의의 궁극적 이상이자 긍정적 목표였습니다. 낭만주의자들에게 자기실현이란 단순한 자아의 완성이 아니라 신적인 것을 닮아가는 것이며 진리의 구현이자 구원의 길이었지요.

낭만주의의 계보 :

1770년 9월에 괴테는 당시 슈트라스부르크에 안질을 치료하기 위해 머물던 고트프리트 헤르더(J. G. v. Herder, 1744~1803)를 만났습니다. 이미 독일 낭만주의의 선구자이자 신진 비평가로 명성을 떨치고 있던 헤르더에게서 21살의 젊은 시인 괴테는 평생 지울 수 없는 강한 영향을 받았지요. 물론 말년에는 당시 낭만주의 작가들에 대해 실망한 나머지 그들을 과격한 표현으로 재능의 결핍을 감추는 싸구려 예술가로 생각하여 적당한 거리를 유지했고, '낭만주의는 질병이고, 고전주의는 건강한 상태' 라는 말을 남기기도 했습니다.

그럼에도 괴테의 주요 작품들을 낭만주의와 분리하여 생각하기는 매우 어렵지요. 왜냐하면 그의 대표작들, 예컨대 《젊은 베르테르의 슬픔》은 낭만주의 문학의 정수로 꼽히고 있고, 특히 독일 낭만주의의 긍정적인 측면인 자아실현에 대해서는 그가 평생 관심을 보였기 때문입니다. 죽기 직전까지 손질한 《빌헬름 마이스터의 수업시대》와 《파우스트》가 그 증거이지요. 그렇다면 낭만주의란 도대체 무엇일까요?

철학자이자 관념사학자인 러브조이(A. Lovejoy)가 '낭만주의의 다양성'을 지적하며 난감해했던 것처럼, 낭만주의(Romanticism)를 한마디로 정의하기는 쉽지 않습니다. 그럼에도 불구하고 거칠게 정의해본다면, 낭만주의란 18세기 말에서 19세기 전반에 걸쳐 당시 유행하던 합리주의와 계몽주의에 대한 반작용으로 일어난 범유럽적 문예 및 사상 운동이라고 할 수 있습니다. 근대의 특성이기도 한 17세기 합리주의와 그것의 사회적 형식인 18세기 계몽주의는 인간의 이성을 '중세의 신(神)'이 앉았던 바로 그 전능한 자리에 올려 앉혔습니다. 그리고 오직 그것에 의해서 인간과 사회 그리고 자연까지도 새롭게 조명하고 규제하기 시작했지요. 그리하여 드러난 것이 곧 '합리적이고 도덕적인 인간', '계몽된 사회', 그리고 마치 시계(時計)와 같이 정해진 법칙에 따라 움직이는 '기계적 자연'이었습니다.

낭만주의자들이 보기에 이러한 인간관과 세계관은 너무나 부자연스럽고 답답할 정도로 편협했지요. 그래서 그들은 이에 대한 반발로 비합리적 또는 비도덕적 인간과 비과학적 세계를 옹호하기 시작했던 겁니다. 낭만주의자들에게는 이성보다 감성, 사고보다는 의지, 과학보다 신화나 예술, 차가운 도덕보다 뜨거운 열정, 무한한 시간과 공간 속에서 법칙에 따라 작동하는 기계론적 세계보다는 수많은 신들과 요정들이 함께 살고 있어 그것들을 변화하게 하고 움직이게 하는 유기체적 세계가 더 진실하고 가치 있게 생각되었던 겁니다. 물론 이러한 생각이 완전히 새로운 것은 아니었지요.

아테네 아크로폴리스 언덕 위에 솟아 있는 '처녀의 집', 곧 '파르테논(Parthenon)' 신전의 서쪽 박공(牔栱; 지붕과 벽을 잇는 부분)에는 아폴론을 상징하는 뮤즈들의 모습이 형상화되어 있고, 반대편 동쪽 박공에는 디오니소스가 새겨져 있답니다. 아폴론은 변하지 않는 영원한 것, 이성적인 것, 즉 균형, 조화, 절제, 지식을 추구하고 다스리는 신이고, 디오니소스는 생동적이고 변화무쌍한 삶, 감성적인 것, 즉 도취, 무질서, 본능, 광란, 열정을 다스리는 신이이지요.

니체(Friedrich Nietzsche, 1844~1900)의 《비극의 탄생》에서 비로소 강조되었지만, 이렇듯 대립하는 성질을 가진 두 신이 한 신전 안에 함께 존재한다는 것은 결코 우연이 아니랍니다. 그것은 둘 가운데 어느 하나만으로는 올바로 설 수 없는 우리 내면의 이중성과 우리 삶의 양면성을 곧바로 말해주고 있는 거지요. 이 둘은 언제나 함께 있지만 주기적으로 현실화될 수 있는 가능성, 또는 어느 한쪽이 일어나면 다른 한쪽도 곧바로 들고 일어날 수 있다는 연관성을 말해줍니다. 18, 19세기 계몽주의와 낭만주의의 대립이 바로 그랬지요.

괴테의 《파우스트》를 예로 들어보면, 욕망과 쾌락, 열정과 의지를 추구하는 파우스트의 비합리적 또는 비도덕적 성격과 특히 2부에서 전개되는 수많은 여신들과 요정, 괴물들이 등장하는 신화적 환상적 세계가 바로 이런 관점에 근거하여 창조된 겁니다. 세계는 합리적 구조를 가졌고 모든 문제에는 단일한 해답이 존재하며 학문과 예술에는 완전한 진리가 있고 인간의 삶에는 객관적 도덕이 주어져 있다는 등, 일체의 합리주의 내지 계몽주의적 생각에 대해 반기를 듦으로써 낭만주의는 후일 니체의 철학과 실존주의 그리고 포스트모더니즘이 자라날 수 있는 선구적 토양을 마련했지요. 바로 이런 관점, 오직 이런 관점에서는 디오니소스가 곧 괴테의 파우스트이고, 니체의 차라투스트라이며, 카뮈의 시지프이고, 들뢰즈의 유목민이라는 말입니다.

놓치지 말아야 할 것은, 낭만주의에 합리주의나 계몽주의에 대한 반작용이라는 수동적 또는 해체적 성격만 있는 것이 아니라는 것입니다. 무엇보다도, 낭만주의는 계몽주의가 자유와 평등을 누리는 '추상적 개인(Man)'을 보았던 곳에서 욕망과 쾌락에 몰두하는 '구체적 인간(man)'을 발견했지요. 그럼으로써 자기실현이라는 개인주의적 가치를 찾아낼 수 있었던 겁니다. 그리고 바로 이것이 20세기 전반을 휩쓸었던 실존주의라는 후계자를 낳은 거지요. 신학자 파울 틸리히(Paul Tillich, 1886~1965)가 《존재에의 용기》에서 적절히 표현한 것처럼, 낭만주의와 실존주의는 모두, 인간이 진리도 신도 없는 공허한 세계에서 절망하여 '자기 자신으로서 존재하려는 용기'의 표출이기 때문입니다.

종교적 구원의 길, 세속적 구원의 길:

자기실현이라는 개념은 독일의 낭만주의자들, 특히 헤르더(J. Herder), 훔볼트(W. Humboldt), 슐레겔(F. Schlegel), 노발리스(Novalis), 슐라이어마허(F. Schreiermacher) 등에 의해 구체화되었습니다. 그러나 구원으로까지 이어지는 자기실현의 의미를 설명해주는 모범적인 예는 실러(J. C. F. Schiller, 1759~1805)의 '인간 성장의 3단계 이론'에서 찾아볼 수 있지요. 실러의 이러한 주장을 1부에서 소개했던 키르케고르의 '실존의 3단계설'과 비교해보면, 파우스트의 구원이 그레트헨의 구원과 어떻게 다른지가 확연하게 드러납니다. 더구나 실러가 괴테와 자웅을 겨루던 시인이자 동시에 우정 어린 동료로서 괴테에게 무엇보다도 《파우스트》를 다시 쓰게끔 격려했다는 점을 감안하면 더욱 흥미롭지요.

실러의 《인간의 미학적 교육에 대하여》에 의하면, 인간은 처음에는 정욕과 쾌락에 필연적으로 사로잡혀 있는 '필연의 국가'를 거칩니다. 이 단계를 실러는 '미개한 상태'라고 부르는데, 이것은 키르케고르가 말하는 '미적 단계'의 인간이 '순결의 상태', 곧 '무지의 상태'에 놓여 있는 것에 해당하지요. 그 다음으로 거치는 단계가 도덕과 법 같은 명령들이 지배하는 '이성의 국가'입니다. 이 단계는 미개하지는 않지만 자신들이 만든 원리를 일종의 신, 곧 우상으로 섬긴다는 점에서 실러는 '야만적 상태'라고 불렀지요. 이것은 키르케고르가 말하는 '도덕적 단계'에 해당합니다. 여기까지는 두 사람이 말하는 인간 성숙의 단계가 평행을 이루지요.

그러나 세 번째 단계에서 갈라집니다. 키르케고르가 '무한한 자기 체념'이라는 개념을 사용한 바로 그 자리에 실러는 '유희(遊戱)', 곧 '놀이'라는 새로운 개념을 끌어들입니다. 실러는 인간이 본능만의 지배를 받는 미개한 상태나 이성만의 억압을 받는 야만적 상태에서 자신을 해방시켜 진정한 자기를 실현하는 유일한 방법은 '놀이를 하는 아이의 태도'를 취하는 것이라고 했지요. '놀이를 하는 아이'는 예술가들이 창작을 할 때 그리 하듯이 자발적으로 그리고 자유롭게 자기 자신을 구현하는 인간의 상징입니다. 놀이에도 규칙이 없는 것은 아니지만, 그것은 스스로가 만든 것이기에 억압이 아니라 자유라는 거지요.

실러가 말하는 이러한 인간은 결코 키르케고르가 말하는 '최고의 자기부정' 내지 '무한한 자기 체념'을 통해 도달하는 '종교적 인간'이 아닙니다. 오히려 '최고의 자기 긍정' 내지 '무한한 자기실현'을 통해 이루어지는 '실존적 인간'이지요. 또한 훗날 니체가《차라투스트라는 이렇게 말했다》에서 제시한 초인(超人), 곧 낙타(駱駝)의 정신과 사자(獅子)의 정신을 거쳐 제 스스로의 세계를 얻으려고 '창조적 유희'를 하는 '어린아이'의 정신을 가진 그런 인간이지요. 이처럼 오로지 진정한 자기 자신을 발견하고 그것을 실현해나가는 것, 바로 이것이 독일 낭만주의자들이 추구했던 이상적인 인간에 이르는 길이자 구원으로 향하는 길이었습니다.

이러한 자기실현의 길, 이러한 종류의 구원의 길, 그 선두에 파우스트가 서 있는 겁니다. 물론 그 옆에《빌헬름 마이스터의 수업시대》의 빌헬름이 나란히 서 있다는 것도 잊어선 안 되지요. 그리고 그 뒤를 이어 소위 '성장소설(Bildungsroman)'이라고 불리는 독특한 양식의 독

51

일 소설의 주인공들, 예컨대 헤르메스의 소핀, 크니케의 페터 클라우스, 토마스 만의 한스 카스토르프 등이 꾸준히 줄을 잇고 있습니다. 그 중에는 헤르만 헤세의 데미안, 싯다르타, 나르치스와 골드문트 그리고 크네히트도 들어 있지요. 이들 모두에게는 "유령이 나오든 말든 자기의 길을 나아가라. / 앞으로 나아가는 동안 괴로움도 행복도 만날 테지."라는 파우스트의 외침이 신념이자 복음인 것입니다.

정리하자면, 괴테의 《파우스트》는 우리에게 구원에 이르는 전혀 다른 두 가지 길을 제시하고 있습니다. 1부에서 그레트헨이 갔던 무한한 자기 체념을 통한 '종교적 구원의 길'과 2부에서 파우스트가 보여준 무차별한 자기실현을 통한 '인간적 구원의 길'이 그것이지요. 전자에 비해 후자가 '세속적'이라고 비난할 수도 있겠지만, 그것은 중요하지 않습니다. 적어도 괴테의 《파우스트》에서는 말입니다.

자! 그렇다면, 이제는 우리가 메피스토펠레스에게 대답해야 할 때가 되었습니다. '무한한 자기 체념'을 할 것인가? 아니면 '무차별한 자기실현'을 할 것인가? 생각해보시죠. 대답은 오직 당신이 어떤 사람인가에 달려 있지요.

인간은 극복되어야 할 그 무엇,
인간을 극복하기 위해 그대는 무엇을 하였는가?
: F. 니체

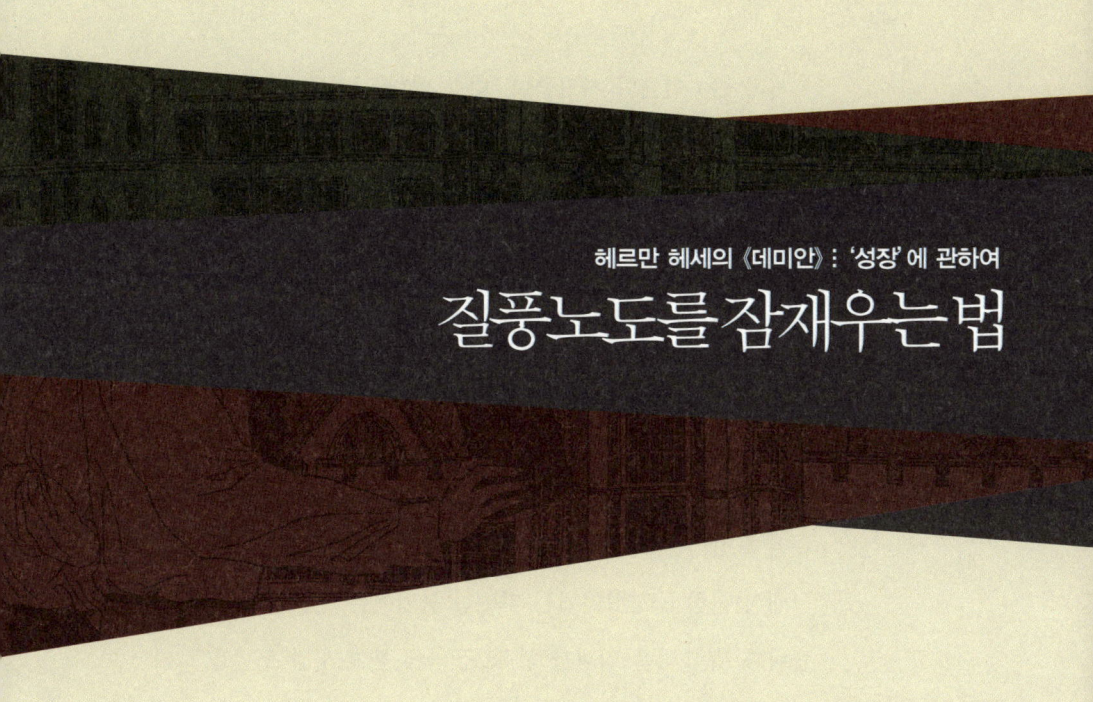

헤르만 헤세의 《데미안》: '성장'에 관하여
질풍노도를 잠재우는 법

예밀은 어디에나 :

> 사람처럼 아름다운 것이 있을까요? 사람 구경하는 것처럼 재미있는 일이 있을까요? 나이가 든 탓인지 난데없이 사람이 그리워지는 때가 종종 있습니다. 그런 때는 커피숍에 나가지요. 카페라테를 한 잔 시켜 들고 반드시 창가에 앉습니다. 왜 하필 커피숍이냐고요? 커피숍은 대부분 사람들이 많이 다니는 거리에 자리를 잡고 있지요. 그래서 오가는 사람들을 구경하기에 좋습니다.

거리에는 언제나 사람들이, 다름 아닌 사람들이 어디에선지 쏟아져 나와 어디론지 총총히 몰려갑니다. 그 가운데는 남자도 있고 여자도 있고 노인도 있고 어린아이도 있지요. 이들을 바라보고 있으면 기분이 한결 나아집니다. 특히 활기찬 젊은이들이 활짝 웃으며 지나가는 것을 보고 있으면 마음까지 환해지지요. 혹시, 아세요? 젖먹이들이 한 번 웃을 때마다 산에선 꽃망울이 하나씩 열린다는 걸.

그런데 종종 날씨가 문제지요. 너무 춥거나 너무 더우면 사람들의 표정이 밝지가 않습니다. 걸음걸이도 여유롭지가 않지요. 그래서 사람 구경하기에는 따뜻한 봄날이나 서늘한 가을이 좋습니다. 부드러운 커피를 한 모금 입에 물고 사람 구경을 하다 보면, "사람이 풍경일 때처럼 / 행복한 때는 없다"라는 정현종 시인의 말처럼 사람이 하나둘씩 풍경으로 피어나고 조금은 행복해지지요.

하지만 세상이 어디 그리 만만하기만 한 곳이던가요. 커피숍 창가에도 바람이 바람을 맞고, 비가 비를 맞으며 지나가는 날들이 있지요. 때로는 사는 것이 힘들어 보이는 사람들이 지나갑니다. 무척 외로워 보이는 사람도 어김없이 지나지요. 가슴이 서늘해집니다. 서리는 서리끼리 차갑고 눈은 눈 위에 쌓이는 법인지라, 남의 일 같지 않아서 그럴 겁니다.

언젠가 비 내리는 거리에 꼼짝하지 않고 서 있는 소년을 보았습니다. 누굴 기다리는 것 같았지요. 그런데 커피 잔을 다 비운 뒤에도 소년은 그 자리에 비를 맞으며 서 있었습니다. 이제는 누굴 기다리는 것 같지 않았습니다. 그는 제 발끝만 내려다보고 있었지요. 외롭고 힘들어 보였습니다. 울고 있을지도 모른다는 생각이 들었습니다. 그제야 그가 '에밀(Emile)'이라는 것을 알았지요. 그러자 비 맞는 유리창 위로 소년의 모습이 자꾸 흘러내렸습니다. 커피보다 씁쓸하고 진한 기억들도 함께 흘러내렸지요.

"울지 마라 / 외로우니까 사람이다 / 살아간다는 것은 외로움을 견디는 일이다 / 공연히 오지 않는 전화를 기다리지 마라 / 눈이 오면 눈길을 걸어가고 / 비가 오면 빗길을 걸어가라 / 갈대숲에서 가슴검은도요새도 너를 보고 있다 / 가끔은 하느님도 외로워서 눈물을 흘리신다" (정호승, 〈수선화에게〉 중에서)

살면서 한 번쯤 성장의 아픔을 느껴보지 못한 사람도 있을까요? 바람에 휩쓸리는 마른 풀포기처럼 갈 길 몰라 방황하며 괴로워해보지 않은 사람도 있을까요? 정신의 젖니가 빠지고 간니가 나는 가슴 아픈 시기를 겪어보지 않은 사람이 있을까요? 아린 가슴을 차마 어쩌지 못해 신호등이 몇 번씩 바뀌도록 횡단보도에 멍하니 서 있거나 정한 곳도 없이 마냥 걸어보지 않은 사람도 있을까요? 누구나 한 번쯤은 에밀이지요. 그래서 에밀은 세상 어디에나 있답니다.

2차 대전 당시, 독일 병사들의 배낭 속에 반드시 한 권씩 들어 있었다던 헤세(H. Hesse, 1877~1962)의 《데미안》은 한 청년의 바로 이러한 성장통에 관한 치열하고도 아름다운 보고서입니다. 《데미안》은 1919년 에밀 싱클레어라는 무명작가의 자전적 소설로 발표되었지요. 이유인즉 헤세가 《페터 카멘친트》나 《청춘은 아름다워》와 같은 초기 작품들에 비해 갑자기 달라진 자신의 저작 스타일이 가져올 파문을 감안하여 가명으로 발표했기 때문이라 합니다. 그런데 출간되자마자 괴테의 《젊은 베르테르의 슬픔》에 맞먹는 파문을 일으키는 뜻밖의 성공을 거두었고, 이제는 20세기에 출간된 가장 탁월한 성장소설로 꼽히기도 합니다. 그럼 《데미안》을 보실까요? 그땐 도대체 왜 그리 힘들었는지.

빛의 세계와 어둠의 세계, 그 사이에서 :

"나는 나의 내면에서 우러나오는 대로 살려고 애썼다. 그런데 그것이 왜 그렇게도 어려운 일이었던가."라는 말로 시작하는 《데미안》은 싱클레어라는 소년의 대략 열 살에서 스무 살에 이르는 내적 성장에 관한 이야기입니다. 세상에는 "새는 알을 깨고 나온다. 알은 세계다. 태어나려는 자는 세계를 파괴해야 한다."라는 경구로 널리 알려졌지요.

독실한 기독교 집안의 순진무구한 아들인 싱클레어는 세상을 '빛의 세계'와 '어둠의 세계'로 나누어 인식합니다. 싱클레어가 파악하는 '빛의 세계'란 집 안이자 곧 질서의 세계로서 '의무와 책임, 양심의 가책과 고해, 관용과 선의, 사랑과 존경, 성경 말씀과 지혜'가 가득한 평화와 질서의 세계이지요. 여기에서도 잘못은 있을 수 있지만 그것은 어디까지나 실수로서 회개와 용서를 통해 다시 '밝음으로 돌아오는 것이 허용된' 즉 '낙원 추방 이전의 세계' 입니다.

반면에 '어둠의 세계' 란 집 밖이자 하녀와 술주정꾼들의 세계, 곧 혼돈의 세계로서 '귀신, 추문, 끔찍하고 알 수 없는 사건, 도살장, 감옥소, 술주정꾼, 싸우는 여자, 출산하는 염소, 쓰러진 말, 강도, 살인, 자살자들의 세계' 입니다. 그곳은 '다시 돌아올 수 없는' '낙원 추방 이후의 세계' 로서 여기에는 죄책감과 절망뿐이지만 그러나 뭔가 설레고 피를 끓게 하며 유혹하는 마성의 힘이 있는 세계, 곧 동생 아벨을 죽인 카인이 쫓겨난 에덴의 동쪽이지요.

대립하는 이 두 세계 사이에서 소년 싱클레어의 성장통은 시작하는데, 헤세는 《데미안》 이후의 작품인 《싯다르타》나 《나르치스와 골드문트》에서는 이 두 세계를 더 이상 '빛의 세계' 와 '어둠의 세계' 로 부르지 않고 각각 '이성의 세계' 와 '감성의 세계' 로 표현합니다. 그렇다면 이 두 세계 사이에서 서성이며 방황하는 것은 비단 싱클레어만의 문제가 아니고 우리 모두에게 해당되는 문제이겠지요. 왜냐하면 인간은 모두 밝은 이성의 총복이지만 동시에 어두운 감성의 노예이기도 하기 때문입니다.

이야기는 순진무구한 소년 싱클레어가 '어둠의 세계' 에 속하는 크로머라는 동급생에게 단지 기죽기 싫은 마음에서 자기도 사과를 훔친 적이 있다고 거짓말을 함으로써 시작합니다. 그러나 이 사소한 거짓말이 어린 소년의 내면에서는, 뱀의 유혹으로 금단의 선악과를 따먹은 최초의 범죄 곧 '원죄 사건' 이 되지요. 그는 한편으로는 '어둠의 세계' 에 들어가게 된 것에 대한 두려움에 떨지만, 마음 다른 한편으로는 '빛의 세계' 에만 머무는 '아버지보다 낫다' 라는 생각을 갖게 됩니다. 그래서 돈을 요구하는 크로머에게 시달려 저금통을 털게 되고 죽음과 같은 불안과 공포에 떨면서도 다시 옛날로 돌아가지는 않습니다. 소년 싱클레어의 내면에 낙원 추방이 이루어진 거지요. 그는 이렇게 생각합니다.

"그것은 아버지의 신성(神聖)에 처음 금이 갔음을 뜻하였다. 내가 소년시절 의지하고 있던 버팀목, 누구나 자기 자신이 되기 위해서는 부숴버려야 하는 버팀목에 틈이 생겼음을 뜻했다. (…) 생전 처음으로 나는 죽음의 고독을 맛보았다. 그것은 쓰디썼다. 왜냐하면 그것은 탄생이며 무서운 변혁에 대한 불안과 공포였던 까닭이다"

아담의 경우가 그랬듯이 모든 낙원 추방은 '신과 하나였던 인간의 죽음'이지만 동시에 '신으로부터 분리된 인간의 탄생'인 것이지요. 이로써 싱클레어는 한편으로는 '어머니의 품으로, 울타리 둘러진 경건한 소년시절의 안전함으로' 돌아가 '빛의 세계'에 살고 싶은 욕망과 가슴 설레게 하는 '어둠의 세계'에 대한 갈망 사이에서 이중생활을 하게 되지요. 겉으로는 아직도 '착하고 귀염성 있는' 모범생이지만, 그의 내면에는 이미 '카인의 징표'가 자리 잡고 있는 겁니다.

이때 소년 싱클레어의 앞에 '어른처럼 낯설고 성숙하며', '너무나도 우월하고 냉정하고', '의지에 가득 찬' 상급생 데미안이 나타납니다. 그는 적어도 싱클레어가 보기에는 육체적 강건함과 정신적 성숙함을 갖춘 완벽한 초인으로서, 그동안 싱클레어에게 뱀 같은 존재였던 크로머로부터 그를 해방시켜주고 새로운 '인도자'가 되지요. 데미안은 싱클레어에게 세상을 '빛의 세계'와 '어둠의 세계'로 나누어 아름답고 고상하고 선한 한쪽만을 인정하려고 하는 것은 잘못이라며 다음과 같이 가르칩니다.

"그 신은 선(善)이며, 부성적인 것, 아름다운 것, 숭고한 것, 이상적인 것이지. 그래, 그러나 세상은 그 외에 다른 것으로도 만들어져 있어. (…) 내가 볼 때 우리는 전체를 섬기고 신성하게 생각해야 해. 인공적으로 떼어놓은 허용된 반쪽이 아니라 완전한 전체를 말이야. 우리는 하나님을 예배하는 동시에 악마에 대한 예배도 해야 해."

데미안의 가르침으로 싱클레어는 '빛의 세계'와 '어둠의 세계'의 대립은 자신의 내면의 문제일 뿐만 아니라 곧 인류의 문제라는 것을 알게 됩니다. 싱클레어는 '내 문제가 모든 사람의 문제이며, 모든 삶과 사색의 문제'임을 깨닫는데, 이것은 헤세가 '인간의 자아실현 과정'과 '인류의 구원사'를 나란히 보고 있다는 것을 말해주지요. 이 시기에 싱클레어는 아버지를 살해하는 꿈을 꾸는데, 이것은 그가 '의무와 책임, 양심의 가책과 고해, 관용과 선의, 사랑과 존경, 성경 말씀과 지혜'로 가득한 집 안, 에덴동산 또는 빛의 세계를 완전히 떠났음을 상징하지요.

새는 알을 깨고 나온다 :
졸업을 하고 싱클레어와 데미안은 서로 헤어지게 되는데, 이로써

싱클레어에게 파멸의 시기가 도래합니다. 낯선 도시에서 홀로 김나지움에 다니는 싱클레어는 절망 속에서 나날을 보내며, 더 이상 '착하고 귀염성 있는 소년'이 아니라, '야위고 무뚝뚝하며 고집스러운 청년'으로 변해가지요. 그는 불량한 친구들과 어울려 술집을 드나들며 영웅이자 독설가처럼 행동합니다. 방탕한 생활로 결국 빚을 지고 학교에서는 퇴학을 당할 위기에도 놓이게 되지요. 그는 이제 완전히 '어둠의 세계'에 빠져 살게 된 것입니다.

그러던 어느 날, 공원에서 우연히 '현명한 소년의 얼굴을 한' 소녀 베아트리체를 만나 그녀를 숭배하기 시작하면서, 오랫동안 잊고 살던 아름다움, 성스러움, 곧 '빛의 세계'에 대한 갈망을 느끼고 다시 기도하는 사람이 됩니다. 그리고 어떤 새가 그려진 그림을 태워먹는 꿈을 꾸게 되는데, 그의 속에서 새가 다시 살아 안으로부터 자신을 먹어 들어오는 겁니다. 이 꿈은 이원적으로 대립하면서도 항상 서로 맞물려 있는 빛과 어둠이라는 반쪽만의 세계에서 '빠져나와 날아오르려는 욕망'이 그의 내면으로부터 솟아나고 있음을 의미하지요. '빛의 세계'에 있으면서 어둠을 욕망하다가, '어둠의 세계'에 거하면서 다시 '빛의 세계'를 갈구했던 싱클레어는 이제 이러한 이중생활로부터 자유로워지고 싶은 욕망을 간절하게 갖게 된 겁니다.

싱클레어는 꿈에서 본 새의 그림을 그려서 데미안에게 보내지요. 그리고 얼마 후 그는 자신의 책갈피 속에서 "새는 알을 깨고 나온다, 알은 세계다. 태어나려는 자는 세계를 파괴해야 한다. 새는 신에게로 날아간다. 그 신의 이름은 아브락사스다."라고 쓰인 데미안의 답장을 발견합니다. 아브락사스는 '신적인 것과 악마적인 것을 결합시키는 상징적인 신'이지요. 빛의 세계와 어둠의 세계를 함께 소유하고 지배하는 신입니다. 이것은 데미안이 어느 세계에 속하든 다른 반쪽의 세계에 대한 동경과 함께 죄의식에 시달려야 하는 편협한 반쪽만의 세계에서 벗어나 빛과 어둠이 공존하는 충만한 세계로 나아갈 것을 싱클레어에게 요구한 것이지요.

이즈음 싱클레어는 다시 꿈을 꾸는데, 이 꿈을 통해 싱클레어는 아브락사스, 곧 헤세가 생각하는 구세주인 인류의 어머니를 만납니다. 꿈속에서 그는 어머니의 품에 안기는데 나중에 보니, 그가 안긴 사람은 어머니가 아니라 한 번도 보지 못한 사람으로 데미안과도 비슷하고 베아트리체와도 비슷하지요. 그런데 그녀와의 포옹은 '깊은 행복감이면서도 죽음의 공포, 무서운 가책과 끔찍한 죄가 섞인 것'이었습니다. 이 꿈을 통해 싱클레어는 아브락사스의 본질인 사랑을 깨닫는데, 그것은 빛과 어둠, 동물적 본능과 정신적 숭고가 뒤섞인 것으로서 '쾌락과 공포, 남자와 여자가 뒤섞인 것이며, 성스러운 것과 추한 것이 서로 얽히고, 깊은 죄악이 여린 순진무구에 의해 전율하는 것'임을 알게 되지요.

《데미안》을 쓰던 시기(1916~1917)에 헤세는 고대 페르시아의 종교인 조로아스터교와 프로이트(S. Freud, 1856~1939)의 정신분석학에 대한 관심을 동시에 갖고 있었답니다. 이 둘의 공통점은 모두 '이원론적 체계'라는 점이지요. 이것은 《데미안》을 쓸 당시 헤세가 인간의 구원은 빛, 선, 정신, 숭고만을 추구하는 일원적인 기독교적인 체계에서보다 빛과 어둠, 선과 악, 정신과 육체, 숭고와 욕망을 동시에 인정하는 이원론을 통해 더 잘 이룰 수 있다고 보았던 것을 알 수 있습니다.

그 후 싱클레어는 아브락사스에 대한 호기심을 통해 종교와 신화에 대해 박식한 오르간 연주자 피스토리우스를 만나게 되지요. 그리고 그의 설명으로 빛과 어둠의 신인 아브락사스는 인간 내면에 있는 것이며, 그에 대한 예배는 곧 선과 악, 정신과 본능, 성스러운 것과 추한 것이 공존하는 내면을 직시하고 그것에 충실해지는 것이라는 것을 구체적으로 확인합니다. 그러고 나서 자신의 성장, 곧 '자신의 꿈과 사랑과 예감에 대한 신뢰감이 점점 늘어가는 것, 내면에 간직한 힘에 대한 지식이 점차 늘어가는 것'을 스스로 느끼게 되지요. 드디어 그는 자신에 대한 용기와 신념을 갖게 됩니다. 그 증거로, 싱클레어는 자살 직전에 있는 크나우어를 일종의 신비한 힘으로 구해주고, 크나우어로부터 이전에 데미안이 그에게서 받았던 추앙까지 받게 되지요.

이즈음 싱클레어가 꾸는 꿈, 곧 다섯 번째 꿈은 하늘을 날아다니는 것입니다. 드디어 그는 알을 깨고 나와 한 마리 새가 된 것이지요! 그리고 연이어 꾸는 여섯 번째 꿈에서는 네 번째 꿈에 나온 '어머니'를 더욱 구체화시켜 보게 됩니다. 그의 내면이 그만큼 성숙해졌음을 뜻하는 거지요. 이 꿈에서 '어머니'는 반은 여자이고 반은 남자이며, 성적인 동시에 정신적인 존재입니다. 이 여인의 모습이 곧 그가 다가가야 할 '인류의 이상'인 것이지요. 이후 싱클레어는 데미안에게 이끌려 그의 어머니인 '에바(Eva) 부인'을 만납니다. 에바 부인은 데미안의 육체적 어머니이지만, 싱클레어가 꿈꾼 여인, 곧 아브락사스의 상(像)이자, 모든 '존재의 근원'인 인류의 어머니로 묘사되어 있지요. 헤세는 에바 부인을 이렇게 묘사합니다.

"그것은 바로 꿈의 모습이었다. 바로 그 여성이었다. 크고 거의 남성적인 여성의 모습으로 아들과 비슷하며, 모성의 표정과 (부성의) 엄격한 표정, 깊은 열정의 표정을 한 아름답지만 (냉정하여) 가까이할 수 없는 모습이었다. 악령이며 어머니, 운명이며 연인, 바로 그 모습이었다."

이것이 바로 헤세가 《데미안》 이후 《나르치스와 골드문트》에 이르기까지 구상한 '인류의 이상' 이자 구세주인 '여인 에바' 의 모습입니다. 헤세는 인류를 죄악으로 인도했던 《구약성서》 속의 에바가 아니라 다분히 조로아스터교적인 구세주, 즉 '삶의 양극을 구부려 인생의 이중의 멜로디를 써내려는 일'을 이미 이룬 '완벽한 사람, 고통을 모르는 사람, 흠잡을 데 없는 사람' 으로 완성한 것이지요. 에바 부인에게 인간의 내부에 존재하는 본능과 정신, 쾌락과 고통, 죄스러운 것과 성스러운 것 등등 모든 이원성은 마치 '낮과 밤이 서로 대립하고 있지만 사실은 신의 동일한 뜻을 이루는 데 함께 일하고 있는 것' 처럼 더욱 '완전한 인간' 이 되는 데 기여하고 있는 것입니다.

부성적 양심과 모성적 양심 :
헤세는 1916년부터 부친의 사망, 부인과 아들의 중병으로 인한 정신적 위기를 맞아 프로이트 계열의 정신분석의인 랑(Lang) 박사의 정신 치료를 60여 차례 받았다고 합니다. 또한 스위스 출신 분석심리학자인 융(C. G. Jung, 1875~1961)의 도움도 받았는데, 이러한 경험들은 그가 초기 작품인 《페터 카멘친트》나 《청춘은 아름다워》 같은 낭만주의 경향의 소설가로부터 인간 내면을 묘사하는 성장소설가로 탈바꿈하는 결정적 계기가 되었답니다. 뿐만 아니라 헤세의 소설들이 낭만주의적 목표인 자기실현의 문제를 정신분석적 또는 분석심리학적으로 다루는 독특한 성격을 갖게 되는 전기가 되었다지요.

《데미안》에는 싱클레어의 정신적 성장을 상징하는 꿈들이 모두 8번이나 나옵니다. 꿈이란 프로이트에게는 억압된 성적 충동(libido)에 의해 형성된 무의식(id)의 발산이고, 융에게는 자아가 주어진 환경에 대처하기 위해 나타내 보이는 일종의 상징이지요. 《데미안》을 비롯한 그의 작품들에서 헤세는 꿈을 때로는 프로이트의 의미로, 때로는 융의 의미에서 주인공의 내적 변화를 묘사하는 '효과적' 방법으로 사용하고 있습니다.

헤세는 융보다는 프로이트를 더 높이 평가한 것으로 알려져 있지만, 적어도 《데미안》은 융의 분석심리학이 드리운 그늘 아래에서 쓰인 흔적이 곳곳에 나타나 있습니다. 무엇보다도 헤세가 창조한 인류의 이상인 에바 부인을 분석해보면 다분히 융의 분석심리학에서 주장하는 인간상임을 알 수 있지요. 그녀는 모성적이며 동시에 부성적인 존재입니다. 융의 언어로 표현하자면, 인간의 내면에 있는 여성 원형인 아니마(anima)와 남성 원형인 아니무스(animus)가 통합을 이룬 존재이지요.

융의 《원형과 무의식》에 의하면 정신의 성숙은 원형들의 통합을 통해 이루어집니다. 즉, 남성의 경우 자신의 여성적 원형인 아니마와, 여성의 경우 자신의 남성적 원형인 아니무스를 의식화 함으로써 이루어진다는 거지요. 이렇게 통합된 정신을 그는 '자기(the Self)'라 불렀는데, 분석심리학의 궁극적 목표는 바로 이 '자기'의 실현으로 이루어지는 '개성화'에 있습니다. 헤세가 말하는 '자기실현'과 융이 말하는 '개성화'는 결코 다른 것이 아니지요.

따라서 《데미안》에서 에바 부인으로 표현되는 '성숙한 인간'이 된다는 것은 내면에 모성적인 것도 간직하고 부성적인 것도 간직해야 한다는 것, 아니마와 아니무스의 통합을 이루어야 한다는 것을 말합니다. 모성적인 것이란 감성적인 것, 곧 따뜻함이고, 음식이며, 만족과 쾌락, 자유와 안전 등을 상징하고, 부성적인 것이란 이성적인 것, 곧 지식이고 법률이며 질서와 책임, 훈련과 모험 등을 상징하지요. 따라서 성숙함이란 본능과 정신, 쾌락과 고통, 자유와 책임 그리고 안전과 모험을 동시에 소유하고 지배하는 것을 말하는 겁니다.

독일 출신 정신의학자 에리히 프롬(E. Fromm, 1900~1980)은 이를 더 자세하게 설명했지요. 프롬은 자신의 저명한 저술인 《사랑의 기술》에서 "성숙한 인간은 밖에 있는 어머니와 아버지로부터 해방되어 내면에 그 모습을 간직하는 것이다."라고 주장했습니다. 그는 인간 내면에 간직되어 있는 아버지를 '부성적 양심', 어머니를 '모성적 양심'이라는 용어로 표현하고 다음과 같이 설명했습니다.

인간의 내면에서, 부성적 양심은 끊임없이 "네가 잘못하면 너는 네 잘못의 결과를 피할 수 없고, 내 마음에 들고 싶으면 너는 너의 생활 방식을 바꾸어야 한다."라고 말하며, 모성적 양심은 "어떠한 악행이나 범죄에도 너에 대한 나의 사랑, 너의 삶과 행복에 대한 나의 소망을 빼앗지 못한다."라고 말한다는 거지요. 즉 부성적 양심은 "~때문에 내가 너를 사랑한다."라고 스스로에게 말하고, 모성적 양심은 "~임

67

에도 불구하고 나는 너를 사랑한다."라고 자신에게 말한답니다.

　인간은 이러한 두 가지의 양심을 내면에 간직함으로써, 부성적 양심을 통해 복종, 성실성, 절제, 인내, 책임 등을 배우고, 모성적 양심을 통해서 자위, 자존심, 자유 등을 배운다는 거지요. 즉, 자기를 사랑하는 마음에 모성적 양심을 간직하고 자신의 이성과 판단에 부성적 양심을 간직함으로써, 서로 균형을 이루어 성숙해진다는 겁니다.

　프롬에 의하면, 이러한 두 가지 양심의 균형을 통해서만 성숙한 인격이 형성되기 때문에, 만일 어느 누가 자신의 내면에 부성적 양심만을 간직한다면 그는 외적으로는 냉정하고 난폭한 사람이 될 것이며 내적으로는 강박신경증 등에 시달리게 되지요. 하지만 반대로 모성적 양심만을 간직한다면 내적으로는 나약하고 의존적이며 판단력을 잃기 쉽고, 외적으로는 현실에 대처하는 능력이 떨어지며, 히스테리나 알코올중독 같은 각종 중독에 빠지기 쉽다는 겁니다.

　우리는 스스로를 위로하는 모성적 양심에 의해 내적으로 비참해지지 않을 수 있고, 자신을 종용하거나 꾸짖는 부성적 양심에 의해 외적으로 강해질 수 있는 거지요. 그 결과 비로소 자유롭지만 책임을 질 줄 알고, 복종하지만 비굴하지 않고, 성실하지만 노예가 아닌 인간이 된다는 겁니다. 바로 이것이 '성장의 진정한 의미'이지요. 헤세가 묘사한 에바 부인은 바로 이러한 인간의 상징입니다.

　에바 부인에게 인간의 내부에 존재하는 본능과 정신, 쾌락과 고통, 죄스러운 것과 성스러운 것 등등 모든 이원성은 마치 '낮과 밤이 서로 대립하고 있지만 사실은 신의 동일한 뜻을 이루는 데 함께 일하고 있는 것'처럼 더 '완전한 인간'이 되는 데 기여하고 있는 것입니다.

마찬가지로 우리의 내면에 존재하는 부성적 양심과 모성적 양심 역시 서로 대립하고 있지만 사실은 하나의 인격을 이루는 데 함께 일하고 있는 거지요.

에바 부인을 만나는 순간 싱클레어는 대립하는 두 세계가 만나는 '최초의 완성감'을 맛보게 됩니다. 자신의 내면이 도달해야만 할 곳에 와 있음을 느낀 것이지요. 그리고 에바 부인에게 "나는 일생 동안 내내 길을 가는 가운데 있었던 것만 같습니다. 그런데 저는 이제 고향에 도달했습니다."라고 말합니다. 그러면서도 한편으로는 자신의 자기완성에 대한 불안과 의심을 나타냅니다.

그러자 에바 부인은 싱클레어에게 두 가지 이야기를 들려주지요. 그 중 '별을 사랑한 청년에 대한 이야기'는 별에 대한 그리움으로 별에 다가간 청년이 막상 그 별을 품에 안게 되자 의심이 생겨 결국 바다에 떨어져 죽고 말았다는 내용입니다. 다른 하나는 처음에는 비록 절망적이었지만 자신의 모든 것을 불태움으로써 사랑을 성취하고 자기 자신과 세계를 새롭게 발견한 한 남자에 대한 이야기지요. 에바 부인은 이런 이야기들을 통해 '흔들리지 않는 믿음'이 있어야만 자기실현을 이룰 수 있음을 알려준 겁니다.

이어 싱클레어는 일곱 번째 꿈을 꾸는데, 에바 부인과 그가 하늘의 별이 되어서 서로를 끌어당기며 영원히 선회하는 내용입니다. 이로써 그는 자신이 몇 번이나 목숨을 끊어야겠다고 생각하면서 걸어왔던 그토록 힘든 길을 지나 드디어 '인류의 이상'에 합일한 것을 알게 되지요. 그리고 자신의 임무가 '이 세상에 하나의 선, 하나의 모범을 제시하는 것, 다른 삶의 방식의 가능성을 알려주는 것'임을 깨닫습니다.

이때 그는 세계 대전이 시작되었음을 듣고서, 이제는 '깨어난 인간', '자기실현을 완성한 인간'으로서의 의무감을 갖고 아무 망설임도 없이 전쟁에 나가지요. 중상을 입고 후송되던 중 병원 옆 침대에 누운 데미안을 만납니다. 데미안은 이제부터는 자기를 불러도 전처럼 달려가줄 수 없으니 앞으로는 자신의 내면에서 들려오는 스스로의 목소리에 귀를 기울이라 말하면서 죽고, 소설 《데미안》은 끝납니다.

용감히, 그리고 두려워 말고 :
성숙한 인간이란 에바 부인처럼 자기 내면에 있어 대립하는 두 세계가 조화를 이룬 인간입니다. 이러한 인간만이 '자신의 안에 숨겨져 있는 비밀을 알아내고 그 껍질을 벗겨서 진정한 자신의 본성으로 돌아가는 일', 곧 자기실현을 이루어낼 수 있는 거지요. 헤세는 그의 논문인 〈신학단상〉에 이렇게 썼습니다.

"우리는 덧없고, 우리는 형성 도중이며, 우리는 가능성이다. 우리는 완벽하거나 완성된 존재가 아니다. 그러나 우리가 잠재 상태에서 행동으로, 가능성에서 실현으로 나아갈 때 우리는 참 존재에 속하게 되며, 완전한 것, 신적인 것에 조금이나마 닮게 되는데, 이것을 자기실현이라고 한다."

하지만 이 일은 '새가 알을 깨고 나오듯', '뱀이 허물을 벗고 성장하듯' 몇 번이고 주어진 자기를 부수고 죽을 것 같은 절망과 고통을 견디어야 하는 일이기도 합니다. 싱클레어도 그러한 절망과 고통을 통해 비로소 자기실현을 완성해냈던 거지요. 헤세는 그렇다고 이러한 성장과 자기실현을 두려워하거나 포기해서는 안 된다고 우리에게 당부합니다. 그리고 동시에 이렇게 위로도 합니다. "신이 우리에게 절망을 보내는 것은 우리를 죽이기 위해서가 아니라, 우리에게 새로운 생명을 불러일으키기 위해서이다." 아울러 《유리구슬의 유희》에는 다음 같은 시도 남겼습니다.

"모든 꽃들이 시들 듯이 / 청춘이 세월 속에 무릎을 꿇듯이 / 인생의 모든 단계는 지혜를 꽃피우지만 / 지혜도 덕망도 잠시일 뿐 / 영원하지 않다. / 그러니, 생의 외침을 들을 때마다 / 마음은 이별을 준비하고 새 출발 하라. / 용감히, 그리고 두려워 말고 새로운 이끌림에 몸을 맡겨라. / 새로운 시작에는 언제나 마술적 힘이 / 우리를 감싸, 사는 것을 도와주리니……." (헤세, 〈삶의 단계〉 중에서)

어떠세요? 아직도 괴로우세요? 아니면 두려운가요? 알을 깨고 나오는 일이!

성숙한 인간은 밖에 있는 어머니와 아버지로부터 해방되어
내면에 그 모습을 간직하는 것이다.

: 에리히 프롬

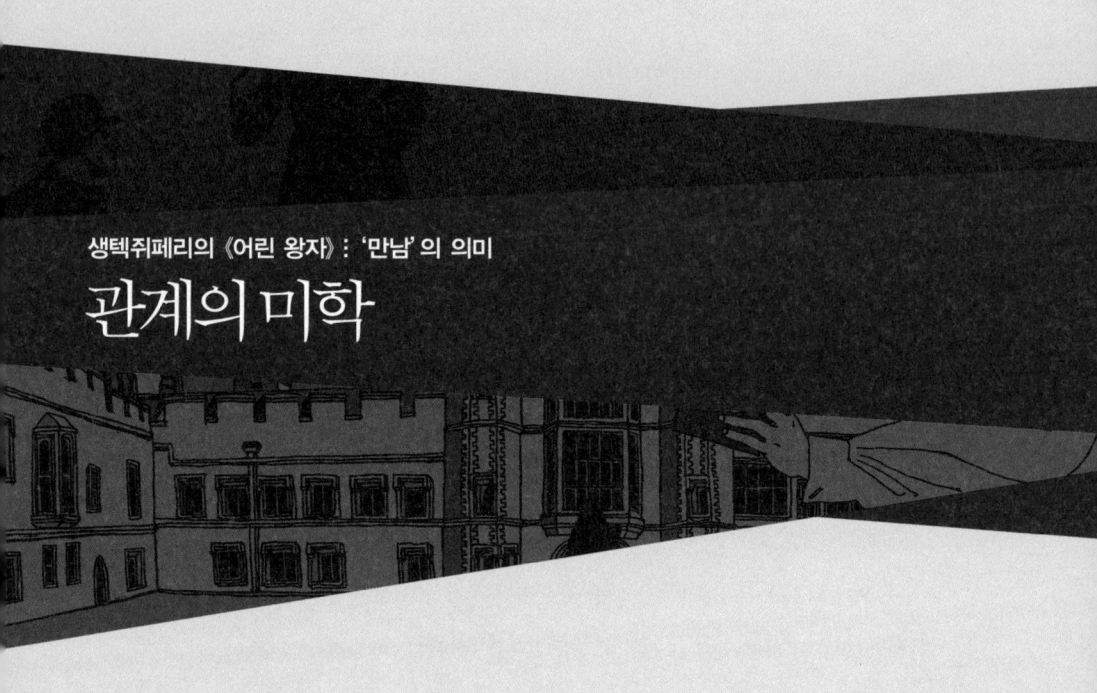

생텍쥐페리의 《어린 왕자》 : '만남'의 의미
관계의 미학

우리는 만나지만 우리가 만났을까 :

별을 사랑한 소년이 있었습니다. 그는 밤마다 별을 바라보다 잠이 들었지요. 별들에 대해 공부도 했습니다. 그래서 소년은 자신이 사랑하는 별들이 얼마나 크고 얼마나 밝은지 또 얼마나 오래전에 태어났는지도 알게 되었지요. 그런데 그가 별을 사랑하면 할수록, 또 별에 대해 알면 알수록 자신은 초라하고 보잘 것없이 생각되었습니다.

소년은 꿈속에서도 별이 빛나는 하늘을 보았습니다.

"오, 아름답다."

그러자 별이 대답했습니다.

"난 네가 아름다워."

소년은 깜짝 놀라 손사래를 쳤습니다.

"아냐, 난 초라하고 보잘것없어. 난 너처럼 크지도 않고 너처럼 빛을 내지도 못하고, 난 너처럼 오래 살지도 못하는걸! 난 정말 아무 쓸모도 없어."

소년은 슬픈 목소리로 말했습니다.

그러자 이번엔 별이 깜박이며 말했지요.

"하지만 네가 내 크기를 알기 전에는 난 내가 얼마나 큰지를 몰랐어. 네가 내 나이를 알기 전에는 난 내가 얼마나 오래되었는지도 몰랐지. 네가 내 모습이 아름답다고 하기 전에는 난 내 모습이 어떤지도 몰랐어. 더구나 네가 내게 말을 걸기 전에는 난 말도 할 줄 몰랐단다. 그래서 만일 네가 없다면 난 다시 내 크기를 모르게 될 거야. 내 나이도 잊게 되겠지. 내 모습도 볼 수 없을 거야. 난 다시 벙어리가 된단다. 넌 내 거울이야. 나에게 가장 소중한 친구지. 넌, 이 넓은 우주에서 가장 소중한 존재란 말이야."

"아, 정말 아름다운 꿈이다."

꿈에서 깨어난 소년은 감탄을 터뜨렸습니다. 그리고 이내 알게 되었지요. 어떤 것이 아름다운 것은 그것을 아름답게 생각하는 상대가 있기 때문이라는 것을. 어떤 것이 소중한 것은 그것을 소중하게 생각하는 상대가 있기 때문이라는 것을.

소년은 자라서 비행사가 되었습니다. 그는 주간비행보다 위험한 야간비행을 더 좋아했지요. 되도록 자기가 좋아하는 별 가까이에 다가가 이야길 나누고 싶었기 때문이었습니다. 그리고 비행 중 별과 나눈 이야기들을 책으로 썼습니다. 《남방우편기》가 첫 작품이지요. 앙드레 지드가 격찬한 《야간비행》으로는 페미나상도 받았습니다. 《인간의 대지》, 《전투조종사》도 썼지요. 그의 작품들이 추구하는 진정한 삶이란 우주에 떨어진 개인으로서의 삶이 아니라 인간이 인간과 그리고 자연과 서로 관계를 갖는 삶이지요. 그는 "고립된 개인은 존재하지 않는다." "인간은 상호관계로 맺어진 매듭이요, 거미줄이며, 그물이다."라고 말했습니다.

조종사는 비행기 사고로 사막에 내린 경험이 있었습니다. 그곳에서 그는 다시 어렸을 때 꾸었던 꿈을 떠올렸습니다. 그리고 다시 한 번 절실하게 깨달았지요. 인간은 자신을 인간으로 알아주는 상대 앞에서만 인간으로 존재한다는 것을, 그런 상대가 없는 곳에서는 자신마저도 존재하지 않는다는 것을, 따라서 그런 상대와의 만남만이 진정한 만남이라는 것을, 그렇지 않은 만남은 아예 만남이 아니라는 것을, 외로운 것은 사람이 없어서가 아니라 만남이 없어서라는 것을, 만남이 없는 모든 장소가 곧 사막이라는 것을, 사막은 도시에도 있다는 것을 그는 깨달았습니다. 그리고 《어린 왕자》를 썼습니다.

도시는 오늘도 사람들로 가득 차 부산하고 소란스럽습니다. 그런데도 사막 같지요. 우리는 오늘도 수많은 사람들과 만납니다. 그 가운데는 동료도, 친구도, 가족도 있지요. 그런데도 외롭습니다. 그래서 이내 묻게 되지요. 우리는 만나지만 우리가 만났을까?《어린 왕자》를 보시지요.

사막은 어디에나 :

생텍쥐페리(Saint-Exupéry, 1900~1944)가 1943년 발표한《어린 왕자》는 어느 조종사의 독백으로 시작합니다. 그는 어렸을 때 코끼리를 삼킨 거대한 보아뱀을 그려 어른들에게 보여준 적이 있었답니다. 그러나 어른들은 그 그림을 보아뱀으로 보지 않고 모자로만 보았지요. 그래서 그는 화가의 꿈을 포기하고 조종사가 되었습니다. 어른이 된 다음에도 그는 가끔 그 그림을 다른 사람들에게 보여주었지만 결과는 항상 실망스러웠지요.

조종사는 어른들은 사물의 본질을 보지 못한다고 생각합니다. 오직 숫자만을 좋아한다고 말하지요. 예를 들어, 어른들은 창가에는 제라늄 꽃이 자라고, 지붕에는 비둘기들이 있는, 장밋빛 벽돌로 지은 집을 보았다고 하면 그 집을 전혀 상상해내지 못하지만, 2만 달러나 나가는 집을 보았다고 하면 곧바로 "야, 정말 좋은 집이구나!"라고 한다는 거죠.

그래서 그는 외로웠답니다. 그리고 이렇게 옛날을 회상합니다. "그러면 나는 보아뱀에 대해서도, 원시림이나 별에 대해서도 절대로 이야기하지 않았다. 차라리 그 사람의 수준까지 내 자신을 낮추어 브리지(카드놀이)나 골프, 정치, 넥타이 같은 것에 대해 이야기를 했다. 그

75

러면 어른들은 상당히 재치 있는 사람을 만났다며 매우 흡족해했다."
라고!

그러던 중 조종사는 비행기 고장으로 인가에서 수천 마일이나 떨어진 어떤 사막에 불시착하게 되지요. 비행기를 고치다가 잠이 든 어느 날 새벽, 어린 왕자를 만나게 됩니다. 보자마자 무작정 양을 한 마리 그려달라는 어린 왕자에게 조종사는 양을 그려주다가 다시 어릴 때 그렸던 그 그림을 그려 보여주지요. 그러자 어린 왕자는 곧바로 그것이 코끼리를 삼킨 보아뱀이라는 것을 알아차립니다. 이로써 둘 사이에는 진실한 만남이, 진실한 이야기가 시작되지요.

어린 왕자는 B-612라고 불리는 소혹성에 홀로 살고 있었답니다. 그런데 어느 날 어디에선가 씨앗 하나가 날아와 싹을 틔우고 자라나더니 마침내 꽃을 피웠지요. 평소 무척 외로움을 느끼던 어린 왕자는 곧바로 이 꽃을 사랑하게 되어 정성을 다해 돌보아주었지요. 하지만 꽃은 무척 거만하고 까다로웠습니다. 바람이 무서우니 바람막이를 해달라, 밤에는 추우니 유리덮개를 씌워달라, 요구하는 것도 많고 불평 또한 많았어요. 이에 실망한 어린 왕자는 상한 마음을 달래기 위해 멀리 다른 별로 여행을 떠나온 겁니다. 하지만 떠나기 직전, 꽃도 그를 사랑하고 있었다는 것을 알았고 이제는 자신의 행동을 후회도 하지요.

"사실 난 그 어느 것도 이해할 수 없었어요. 그 꽃이 하는 말이 아니라 행동을 보고 판단했어야 하는 건데! 그 꽃은 나에게 향기를 뿜어주고 광채를 던져주었지요. 그때 달아나지 말았어야 했는데……. 그 별것 아닌 심술 뒤에 애정이 깃들어 있음을 눈치 챘어야 했어요. 꽃들은 정말 모순덩어리거든요. 하지만 꽃을 사랑해주어야 한다는 것을 알기엔 나는 너무 어렸어요."

자기 혹성을 떠난 어린 왕자는 주변의 소혹성들을 차례로 방문하며, 여러 가지 새로운 경험을 합니다. 첫 번째 별에서는 무엇이든지 자기 뜻대로만 하려는 권위적인 임금님을 만나 그 권위가 얼마나 허황된 것인가를 알게 되지요. 두 번째 별에서는 자기를 칭찬해주는 말만 듣는 허영심 많은 남자를 만나 역시 허영심의 부질없음을 깨닫습니다. 세 번째 별에서는 술을 마시기 때문에 부끄럽고 부끄럽기 때문에 술을 마시는 술꾼을, 네 번째 별에서는 단지 소유만 하려고 부자가 되려는 사업가를, 다섯 번째 별에서는 단지 명령에 따라서만 가로등을 껐다 다시 켜는 사람을, 그리고 여섯 번째 별에서는 이론에만 빠져 사는 고지식한 지리학자를 만나지요. 어린 왕자는 그들을 이해하지 못합니다. 그래서 매번 "어른들은 정말 이상해."라고 말하며 떠나지요. 당연히 아무런 관계를 맺지 못하고 말입니다.

그리고 마침내 일곱 번째로 지리학자가 추천한 지구를 방문합니다. 그곳에는 111명의 왕(물론 흑인 왕까지 포함해서)과, 7000명의 지리학자, 90만 명의 사업가, 750만 명의 주정뱅이, 3억 1100명의 허영꾼들을 합쳐서 모두 20억 명 정도의 어른들이 살고 있었지요. 그런데 어린 왕자가 떨어진 곳은 아무도 살지 않는 사막이었습니다.

사막에서 어린 왕자는 우연히 뱀을 만나, 그에게 이곳은 무척 쓸쓸하다고 말하지요. 그러자 뱀은 사람들이 많이 모여 사는 곳도 외롭긴 마찬가지라고 대답합니다. 무척 평범한 이 말이 이 작품을 이해하는 데에 매우 중요합니다. 외로움의 원인이 '사람의 없음' 때문이 아니라, '사랑의 없음', 곧 '관계의 없음' 때문임을 뜻하기 때문이지요. 사람을 찾아 나선 어린 왕자는 높은 산꼭대기에 올라 "내 친구가 되어줘. 난 무척 외로워……."라고 외치지만 "난 무척 외로워- 외로워- 외로워-." 메아리만 들려올 뿐입니다.

우리는 여기에서 사막이라는 말의 의미를 다시 한 번 생각해볼 필요가 있습니다. 사막이란 본래 너무 뜨거워서 사람이 살지 않아 외롭고 쓸쓸한 곳이지요. 하지만 설사 사람들이 많이 모여 사는 곳이라 해도 서로 아무런 관계를 맺고 있지 않아서 외롭고 쓸쓸하긴 마찬가지라면 그곳 역시 사막이 아니겠습니까! 조종사는 이미 오랜 세월을 자신의 코끼리를 삼킨 보아뱀 그림을 알아주는 사람을 만나지 못했지요. 어린 왕자는 그때까지 도무지 이해할 수 없는 사람들만 만났습니다. 그렇다면 그들이 도착한 곳은 정말로 사람이 살지 않는 사막일까요, 아니면 사람들이 서로를 이해하지 못해 아무런 관계도 맺지 못하고 타인으로 외롭고 쓸쓸히 사는 장소, 곧 우리가 살고 있는 도시일까요?

이런 관점에서 보면, 의심이 가는 대목들이 뒤이어 나옵니다. 장미가 5000송이나 피어 있는 정원, 승객을 1000명씩 실은 특급열차가 달리는 역, 갈증을 없애는 약을 파는 장사꾼이 있는 곳이 과연 사하라 사막일까요? 조종사와 어린 왕자가 찾아낸 우물도 의심스럽지요. 그 우물은 마치 마을의 우물처럼 도르래와 두레박, 밧줄 등이 준비되어 있었습니다. 그래서 조종사는 이렇게 말하지요.

"우리가 찾아낸 우물은 사하라 사막의 우물과는 달랐다. 사하라 사막의 우물은 그냥 모래에 구멍이 뚫려 있는 정도였다. 그러나 이 우물은 마을에 있는 우물과 흡사했다. 이곳에 마을이 있는 것이 아니므로 분명 꿈을 꾸고 있는 거라 생각했다."

혹시 조종사와 어린 왕자가 만난 곳은 사하라 사막이 아니라 우리가 사는 이곳, 누구나 외로워하면서도 누구하고도 관계를 맺고 싶어 하지 않는 이곳, 수많은 사람과 만나면서도 아무도 만나지 못하는 바로 이곳이 아닐까요? 한번 생각해보시죠. 오르텅스 블루의 시 〈사막〉과 함께 말입니다.

"그 사막에서 그는 / 너무도 외로워 / 때로는 뒷걸음질로 걸었다. / 자기 앞에 찍힌 발자국을 보려고."

날마다 이토록 외로워 몸서리치며 살아가는 것이 우리의 모습이 아니던가요? 한번 생각해보시죠.

소중한 것은 보이지 않아 :

뱀과 헤어진 어린 왕자는 오랫동안 모래와 바위와 눈 위를 걷고 나서 마침내 5000송이도 넘는 장미가 피어 있는 정원에 다다릅니다. 그리고 자신의 별에다 놓아두고 온 꽃이 수많은 장미꽃들 가운데 하나일 뿐이라는 생각에 슬퍼져 그만 울음을 터트리고 말지요. 이때 여우 한 마리가 나타나 '길들이는 법'에 대해 가르쳐줍니다. 여우가 말하는 '길들이는 법'이란 다름 아닌 '관계를 맺는 법' 또는 '사랑하는 법' 이지요.

여우는 길들인다는 것은 수많은 사람 가운데 오직 한 사람, 수많은 여우 가운데 오직 한 여우가 되는 것이라는 사실을 알려주지요. 곧 어떤 대상과 사랑하는 관계를 맺는다는 것은 서로에게 특별한 존재가 되는 것이라는 것을 가르쳐줍니다.

"그래, 지금 나에게 있어서 너는 수많은 다른 아이들과 다르지 않은, 그냥 어린 소년에 불과하단다. 그리고 지금 나에겐 네가 없어도 돼. 물론 너에게도 나는 수많은 여우 중 한 마리일 뿐이겠지만. 그렇지만 만일 네가 나를 길들이면, 우리는 서로가 필요하게 되지. 내게는 네가 이 세상에 하나밖에 없는 아이가 될 것이고, 나도 너에게 유일한 존재가 될 거야……."

또한 그것은 삶의 지겨움을 덜어주고 기쁨과 행복을 가져다주며 사랑하지 않았을 때엔 결코 알 수 없었던 새로운 세계를 보게 해주고 새로운 지식을 알게 해준다고도 말합니다.

"그래서 난 좀 지겨워. 만일 네가 나를 길들인다면 나의 인생이 환하게 밝아질 거야. 나는 모든 발자국 사이에서 너의 발자국 소리를 구분하겠지. 만약 다른 발자국 소리가 들리면 바로 굴속으로 숨을 거야. 그렇지만 너의 발자국 소리는 마치 음악인 양 나를 굴 밖으로 불러내겠지. 그리고 저길 봐. 밀밭이 보이지? 나는 빵을 먹지 않아. 그래서 밀은 나에겐 아무런 소용이 없는 존재야. 밀밭을 보아도 나는 어떤 감흥이 생기지 않지. 그건 나에겐 정말 슬픈 일이란다. 그러나 너의 머리카락 빛이 금빛이니, 네가 나를 길들여 놓게 되면 얼마나 멋지겠니? 난 금빛으로 빛나는 곡식을 볼 때마다 널 생각할 테니 말이야. 그리고 밀밭 사이로 스쳐가는 바람소리에도 귀를 기울일 테지…….”

그러고는 자기를 길들여달라면서 그 방법도 알려주지요. 그 내용들을 모으면 대강 이렇습니다.

"우린 우리가 길들인 것밖에는 이해할 수가 없어. 사람들은 더 이상 어떤 것을 이해할 시간을 갖고 있지 않아. 상점에서 이미 만들어진 물건만 산단 말이야. 그러나 어딜 가도 우정을 살 수 있는 가게는 없어. 사람들에겐 이제 친구도 사라질 거야. 네가 친구를 원한다면 어서 나를 길들여줘!"

"우선 참을성이 아주 많아야 할 거야. 처음에는 나와 거리를 두고 그렇게 풀 위에 앉아 있으면 돼. 내가 곁눈으로 너를 보더라도, 내게 말을 시켜서는 안 돼. 말이란 항상 오해를 낳으니까. 그러나 넌 매일매일 아주 조금씩 나에게 다가와 앉게 될 거야.”

"네가 오후 네 시에 온다면 나는 세 시부터 행복해지기 시작할 거야. 시간이 갈수록 난 점점 더 행복해질 거고 네 시에는 흥분해서 안절부절못하게 되겠지. 그건 나의 행복이 얼마나 값진 것인가 보여주는 거야!"

여우는 어린 왕자에게 이제 다시 정원의 장미꽃들을 가서 보라고 하지요. 이젠 어린 왕자가 소혹성에 두고 온 장미꽃이 이 세상에 하나

밖에 없는 꽃이었음을 이해하게 될 거라는 겁니다. 그리고 작별인사를 하러 자기에게로 다시 돌아오면, 비밀을 하나 가르쳐준다고도 하지요. 그러자 어린 왕자는 정원에 핀 수많은 장미꽃들에게 가서 이렇게 말합니다.

"나의 꽃이 되어준 그 장미꽃은 한 송이지만, 수백 송이의 너희들보다 나에겐 더 중요해. 왜냐하면 그 꽃은 내가 직접 물을 주고, 유리덮개를 씌우고, 바람막이를 세워주고, 그 꽃이 다치지 않게 벌레까지 죽였으니까 말이야. 그리고 투덜댄다거나 뽐낼 때, 심지어 토라져 아무 말도 안 할 때에도 나는 귀를 기울여주었어. 그건 바로 내 장미꽃이니까."

다시 돌아온 어린 왕자에게 여우는 말하지요.

"이제 내 비밀을 가르쳐줄게. 매우 간단한 비밀이야. 뭐든지 올바르게 볼 수 있는 것은 마음으로 보는 것밖에 없다는 이야기란다. 중요한 것은 절대 눈에 보이지 않는단 말이야."
"네 장미를 그렇게 소중하게 만드는 것은 바로 네가 장미를 위해 정성 들여 쏟은 시간이야."

여기에서 우리는 생텍쥐페리가 말하고자 하는 것을 분명히 알아챌 수 있습니다. 어떤 것의 소중함은 오직 그것과 맺고 있는 관계에 의해서 생겨난다는 것입니다. 그렇다면 인간 역시 그가 맺는 관계 속에서만 자신의 의미와 가치를 갖게 되는 것 아닐까요?

태초에 관계가 있었다 :

한번 이렇게 생각해보시지요. 만일 한 사람이 어린 왕자처럼 어떤 별에 혼자 떨어졌다고 가정합시다. 그가 오기 전에 이 별은 흙과 돌멩이들만 있는 '사물들의 세계' 곧 '그것(It)'들만이 존재하는 '3인칭의 세계'였지요. 그런데 이 사람이 도착하고 난 다음부터 그곳은 '나(I)'와 '그것(It)'들이 존재하는 1인칭과 3인칭의 세계가 되었습니다.

그렇지만 아직 그곳에는 아무런 관계가 없습니다. 때문에 아직 아무런 의미와 가치도 없는 세계이지요. 하지만 만일 그 사람이 그 별에 있는 어떤 돌멩이 하나라도 좋아하여 그 돌멩이에게 '너 또는 그대(You)'라고 부르는 관계를 맺는다면, 그곳은 비로소 2인칭의 세계, 곧 의미와 가치의 세계로 변하는 것입니다.

이러한 의미에서 보면, '그대(You)'라고 부르는 2인칭이란 매우 특별한 인칭입니다. 우리가 사는 이 세상도 원래는 '나'라는 1인칭과 '그', '그녀' 또는 '그것'이라는 3인칭만으로 구성되어 있었지요. 그러나 이러한 세계, 곧 나에게 그와 그녀는 3인칭 타자이고, 그와 그녀에게 나 역시 3인칭 타자인 세계에서는 나는 그와 그녀에게 또한 그와 그녀는 나에게 아무 의미와 가치가 없는 존재인 것입니다. "만일 지옥이 존재한다면 그것은 곧 타인이다."라는 사르트르의 말이 곧바로 떠오르는 세계이지요.

모든 3인칭 대상들은 나에게 파악될 뿐 응답하지도 않고 나를 배려하지도 않습니다. 이러한 의미에서 '나'에게 '그'는 그리고 '그'에게 '나'는 사실상 존재하는 것이 아니고 없는 것이나 같지요. 이런 세계는 '사물들의 세계'이자 '무의미의 세계'인 겁니다. 동시에 인간에게는 지옥이지요. 이 같은 의미에서 유태인 랍비이자 철학자였던 마르틴 부버(Martin Buber, 1878~1965)는 그의 저명한 저서 《나와 너》에서 '나-그것'의 관계와 '나-너'의 관계를 구분한 다음 이렇게 말했지요.

> "사람들이 상상하고 가정하고 선전하는 '그것 – 인간성(Es-Menschenheit)'은 한 사람이 진정으로 '너' 라고 부르는 생생한 인간성과는 전혀 별개의 것이다. 아무리 미사여구로 포장해도 그것은 하나의 허구이며, 아무리 고상하다고 하더라도 그것은 하나의 악덕이다. (…) '그것'의 세계가 그대로 방치된다면, 즉 '그것'이 '너'가 되는 것으로 변화되고 용해되지 않는다면, '그것'의 세계는 악령으로 화하고 만다는 것은 분명하다."

하지만 만일 1인칭인 '나'가 3인칭인 '그' 나 '그녀' 와 어떤 관계를 맺을 때, 드디어 '그대' 라는 2인칭이 기적과 같이 탄생하지요. 나는 그에게, 그는 나에게 서로 '그대' 라고 부르는 관계가 탄생합니다. 그리고 비로소 서로의 존재의 의미와 가치를 인정하고, 서로에게 응답하며 배려하게 되는 것이지요. 그럼으로써 우리가 사는 이 세상이 '사물들의 세계'에서 '의미와 가치의 세계' 로 변하게 되는 것입니다. 그렇다면 2인칭이란 '관계의 인칭'이자, 사물의 세계를 의미와 가치의 세계로 바꾸는 '기적의 인칭'인 것이지요.

2인칭 대화의 상대인 '나와 그대', 곧 '우리'라고 부를 수 있는 관계 안에서, 달리 표현하면 사랑의 관계 안에서만 모든 것은 그것의 의미와 가치가 비로소 '기적처럼' 탄생한다는 말입니다. 즉, '나'가 있어 '우리'의 존재에 의미와 가치가 생기는 것이 아니고 '우리'가 있어 '나'의 존재에 의미와 가치가 생긴다는 말이지요.

정말이냐고요? 그럼요! 사랑하는 '우리'가 없다면 어떻게 사랑하는, 또는 사랑받는 '나'가 있을 수 있을까요. 가정이라는 '우리'가 없다면 어떻게 남편이라는 또는 아빠라는 '나'의 존재의 의미와 가치가 생길까요? 그래서 사물의 세계에서는 내가 있어 우리가 있게 되는 것이지만, 의미와 가치의 세계에서는 우리가 있기 때문에 내가 있게 된다는 겁니다. 바로 이 말을 부버는 《나와 너》에서 "태초에 관계가 있었다."라고 표현했지요. 이어 이렇게 쓰고 있습니다.

> "'나', 그 자체란 없으며 오직 근원어 '나-너'의 '나'와 '나-그것'의 '나'가 있을 뿐이다. (…) '너'와의 만남은 은혜로 이루어진다. 그러나 내가 '너'를 향해 저 근원어를 말하는 것은 나의 존재를 기울인 행위이요, 나의 본질 행위이다. (…) 너와 나는 오직 온 존재를 기울여서만 만날 수 있다. 온 존재에로 모아지고 녹아지는 것은 결코 나의 힘으로 되는 것이 아니다. 그러나 나 없이는 결코 이루어질 수 없다. '나'는 '너'로 인해 '나'가 된다. '나'가 되면서 나는 '너'라고 말한다. 모든 참된 삶은 만남이다."

그리고 이렇게 덧붙였지요. "진리의 진지함으로 말하노니 그대여, 사람은 '그것' 없이는 살지 못한다. 그러나 '그것'만 가지고 사는 사람은 사람이 아니다."

별이 아름다워 보이는 까닭:

우리는 만났지만 우리가 만났을까? 이 질문에 대한 대답이 이제 드러났습니다. 우리는 '나-그것'의 관계로 만났지만 '나-너'의 관계로 만나지 않았다는 것이지요. 그래서 도시가 언제나 사막 같고, 우리가 언제나 외로웠다는 것이지요. 어린 왕자가 말하는 '길들이는 것', 부버가 말하는 '나-너'의 관계를 맺는 것, 그리고 우리가 흔히 말하는 사랑하는 것, 이것만이 도시라는 사막에서 샘을 터뜨리고 외로움이라는 악령을 사라지게 한다는 겁니다. 오직 그것만이 인간을 인간답게, 세상을 세상답게 한다는 거지요. 인간과 세계의 참된 의미와 가치를 드러나게 한다는 말입니다.

그러니 누구든 사막에서 벗어나고 싶으면, 악령 같은 외로움에서 벗어나고 싶으면 어떤 것을 길들이라는 거지요. 어떤 것과 '나-너'의 관계를 맺으라는 겁니다. 어떤 것을 사랑하라는 겁니다. 같은 말을 어린 왕자는 이렇게 했지요.

"내가 어느 별에 있는 그 꽃을 좋아하게 되면, 밤에 하늘을 바라보는 것 자체가 달콤해지지요. 어느 별이든 꽃은 피어 있으니까요.(…) 밤에 별들을 쳐다보세요. (…) 사람들은 다 별을 가지고 있어요. 그러나 사람마다 별이 주는 의미는 다르죠. (…) 아저씨는 다른 사람들과 다른 별을 갖게 될 거예요. (…) 내가 별들 중 하나에 살고 있을 테니까요. 내가 그 별들 중 하나에서 웃고 있을 거예요. 그러면 아저씨가 하늘에 떠 있는 별들을 볼 때마다 별들이 웃는 것처럼 보이겠죠……. 단지 아저씨만이 웃을 수 있는 별들을 갖게 되는 것이라고요. 그리고 아저씨의 슬픔이 사라지게 되면(시간이 흐르면 자연히 모든 슬픔은 사라지니까) 나와 함께 웃고 싶어질 거예요. 그리고 그런 즐거움을 얻기 위해 창문을 열어둘 거예요."

어린 왕자가 떠난 다음, 조종사는 그의 책에 어린 왕자가 나타났다 사라진 곳을 그림으로 그려놓고 독자들에게 당부했지요. 만일 누군가가 사막을 지나다 어린 왕자를 만나면 그가 다시 돌아온 것을 자기에게 좀 알려달라고 말입니다. 헌데 그 다음 소식은 아무도 모른답니다. 그 후에는 많은 사람들이 그 사막을 지났지만 누군가가 어린 왕자를 다시 만났는지, 그래서 조종사에게 그 소식을 알려줬는지 알 길이 없습니다.

단지 알려진 것은 《어린 왕자》를 발표한 다음 해인 1944년 7월 31일에 조종사가 야간비행을 나갔다 다시 돌아오지 않았다는 거지요. 어떤 사람들은 조종사가 어린 왕자를 만나 그가 사는 별로 따라갔다고 합니다. 또 어떤 사람은 그 다음 이야기를 책으로 썼다고 하지요. 하지만 모두가 추측일 뿐 사실인즉 아무도 모르는 일입니다.

그런데 말입니다. 바로 어젯밤, 이 글을 다 쓴 다음 창문을 열고 별을 보고 있는데 난데없이 조종사에게서 제게 소식이 왔습니다. 예? 믿을 수 없다고요? 그렇다면 어쩔 수 없는 일이지요. 하지만 누구든 이 말을 조금이라도 믿는다면 계속 읽어보시지요. 조종사가 제게 보내온 소식은 그가 어린 왕자를 다시 만났는지 아닌지를 어쩌면 알아차릴 수도 있는 내용이기 때문입니다. 저로서는 잘 모르겠더군요. 그가 프랑스어로 전해왔기에 우리말로 옮겨 여기 적어놓겠습니다. 읽고 혹 뭔가 알게 되면 제게도 알려주시지요.

만남 – 어린 왕자에게

우린 아직 만나기 전에
서로 만났다.
네가 '너'로 있고
내가 '나'로 있던
사막에서
너는 내게로 와
우린 만나고 우린 사랑하고
또 헤어졌지.

하지만, 별에서
밤이 오기 전 언제나 새벽이 열려
만남이 끝나기 전에 다시 만남이 시작하는
그곳에서
너의 너 '됨'과
나의 나 '됨'이 없는
저 별에서
한 번도 헤어진 적이 없는 우리는
언제나 다시 만난다.

'나'는 '너'로 인해 '나'가 된다
: 마르틴 부버

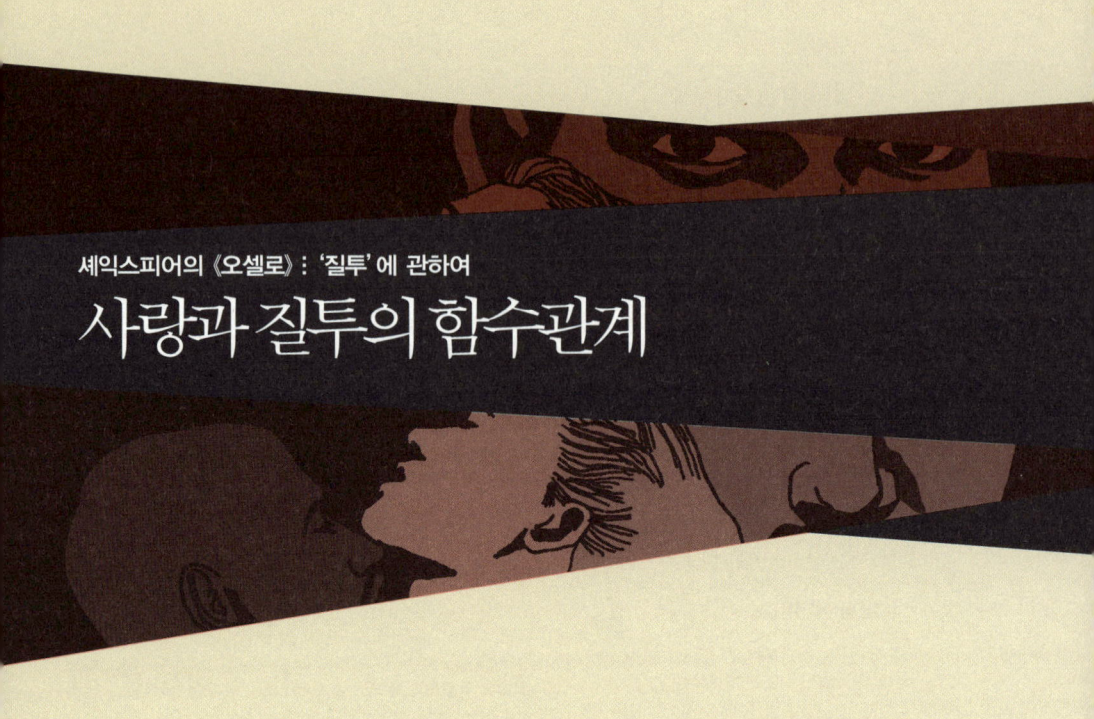

셰익스피어의 《오셀로》 : '질투'에 관하여
사랑과 질투의 함수관계

사랑과 질투 사이 :

　누군가를 사랑해본 적이 있나요? 그럼, 질투도 느껴보았나요? 만일 그런 일들이 전혀 없었다면, 이 글은 건너뛰는 것이 좋을 것입니다. 흥미롭지 않을 테니까요. 하지만 언젠가 사랑을 해보았다면, 혹 지금 사랑을 하고 있다면, 그래서 질투도 느껴보았다면, 같이 한번 살펴보시지요. 사랑과 질투 사이에 존재하는 복잡하지만 흥미로운 함수관계를 말입니다.
　때로는 난해하기 짝이 없이 얽혀버리기도 하는 이 함수관계는 보통 다음 같은 간단한 물음으로 시작됩니다. '질투 없는 사랑이 있을까, 사랑 없는 질투가 있을까?' 요컨대 사랑=f(질투), 질투=f(사랑)라는 거지요. 이러한 생각들은 질투가 일종의 정신질환으로 취급되는 오늘날에도 사랑에 빠진 젊은이들 사이에서 떠돌아다닙니다. 보기에 따라서는 질투와 사랑은 분명 관계가 있을 뿐 아니라, 종종 구분하기 어려울 정도로 서로 닮았습니다. 너무나 강력하여 한번 시작하면 두 눈이 멀고 이성을 잃어 도저히 막을 수 없다는 특징까지도 그렇지요.

그래서 질투와 사랑은 같은 뿌리에서 자라난다는 말이 예전부터 있었습니다. 흥미로운 것은 진화심리학이라는 최신 학문에서도 같은 주장을 한다는 거지요. 인간의 심리를 장구한 진화의 과정에서 이해하는 진화심리학자들은 사랑과 마찬가지로 질투도 생존경쟁과 적자생존의 메커니즘이 작동하는 진화의 산물로 파악합니다. 한마디로 자신의 유전자를 보존하고 퍼트리려는 욕망이 사랑과 질투의 본질이라는 거지요. 때문에 질투는 비단 인간만이 하는 것이라고 볼 수 없는데, 그 흥미로운 예를 흔히 '정자 경쟁'이라 부르는 수컷들의 행동에서 찾아볼 수 있다고 합니다.

예를 들어, 검정물잠자리의 수컷은 교미하기 전 암컷의 저정낭(貯精囊) 속에서 먼저 다른 수컷으로부터 받아놓은 정자를 모두 훑어낸 후 자신의 정자를 흘려 넣는다고 합니다. 또한 숫상어의 음경에는 두 개의 관이 달려 있는데, 그 중 하나는 자신의 정자를 암컷에게 옮겨 주는 데 사용되지만, 다른 하나는 바닷물을 끌어올려 다른 수컷의 정자가 들어 있을지도 모르는 암컷의 생식기를 씻어내는 데 쓰인답니다. 새의 일종인 바위종다리 수컷은 교미 전 암컷의 외부생식기를 부리로 여러 차례 쪼아 암컷이 먼저 다른 수컷으로부터 받은 정액을 모두 배설하게 만든다고도 하지요.

사람도 예외가 아니랍니다. 최근 발표된 연구에 의하면, 인간의 정자에는 힘차게 헤엄쳐 나갈 수 있는 기다란 꼬리를 가진 것과 헤엄을 치기에 전혀 적합하지 않은 돌돌 말린 꼬리를 가진 것, 두 가지가 있다고 하지요. 전자는 난자에 이르러 수정을 하는 정자이고, 후자는 여성의 자궁 안에 들어 있는 다른 남성의 정자를 감싸 안고 함께 죽는 정자랍니다. 그럼으로써 자신의 유전자가 정자 경쟁에서 승리하게 한다는 거지요.

진화심리학자들은 이 같은 진화의 메커니즘이 심리 작용에도 똑같이 적용된다는 겁니다. 비유하자면, 사랑이 난자에 이르러 수정을 담당한 정자의 역할을 하는 공격적인 심리적 메커니즘이라면, 질투는 다른 남성의 정자를 감싸 안고 죽는 정자의 역할을 하는 방어적인 심리적 메커니즘이라는 거지요. 그래서 데이비드 버스(David Buss)라는 진화심리학자는 그의 저서 《질투》에서 방어 메커니즘으로서의 질투의 정당성을 강조합니다.

간혹 살인으로까지 이어지기 때문에 흔히 '오셀로 증후군'이라고 불리는 병적 질투는 정신과 치료의 대상입니다. 대부분의 경우 환자는 근거 없이 자신의 아내가 성적 배신을 저질렀다는 망상에 시달리고 있는 남편들이지요. 그래서 그들은 괴로워하며, 아내에게 다른 사람들을 만나지 못하게 하거나, 어디에 있는지를 항상 알리게 하고, 모욕적인 욕설이나 폭력을 퍼붓고 심지어는 살해하기까지 합니다.

버스에 의하면, 이러한 환자들을 담당하는 의사들은 극단적인 '오셀로 증후군'을 치료할 수 없는 정신질환으로 판단하기 때문에 대부분의 경우 별거나 이혼을 권유한다지요. 그런데 이런 처방을 내린 후에 조사해보니, 오셀로 증후군 환자들의 아내 가운데 상당수가 남편이 질투심을 느낀 바로 그 상대와 실제로 성관계를 갖고 있었다는 것이 드러났다는 겁니다. 즉 많은 경우 남편들은 정신질환이라기보다는 진화 과정에서 발달한 질투라는 방어적 메커니즘을 통해 실제 부정행위의 신호를 직감적으로 탐지해낸 것이라는 거지요.

물론 그렇지 않은 경우도 있어서 오히려 셰익스피어의 4대 비극 중 하나인 《오셀로》가 탄생한 겁니다. 이 작품에서 오셀로는 아내를 살해하게 한 자신의 질투가 아내에 대한 사랑에서 나왔다고 주장합니다. 하지만 정말 그럴까요? 오셀로의 말대로, 그리고 진화심리학자들의 말대로 질투는 과연 사랑의 다른 얼굴일까요? 한번 곰곰이 생각해보아야 할 문제입니다. 혹시 지금 사랑을 하고 있다면, 그래서 간혹 질투도 느끼고 있다면 더욱 그렇지요. 먼저 《오셀로》를 보시죠.

초록 눈의 괴물 :

영국이 낳은 위대한 작가 윌리엄 셰익스피어(William Shakespeare, 1564~1616)는 역시 영국의 자랑스러운 철학자 프랜시스 베이컨(F. Bacon, 1561~1626)과 같은 시대를 살았습니다. 두 사람은 플로렌스, 로마, 베니스로부터 시작한 르네상스의 물결이 마드리드, 파리, 암스테르담을 거쳐 런던으로 번져 나가던 시대에 태어나 활동하며 영국의 르네상스를 이끌었지요. '운문에는 셰익스피어, 산문에는 베이컨' 이라는 말이 영국의 문예부흥에 남긴 두 사람의 업적을 짐작할 수 있게 해줍니다.

그럼에도 셰익스피어의 생애는 잘 알려져 있지 않지요. 베이컨에 비해서뿐만 아니라, 당시를 살며 맨 먼저 《파우스트》를 희곡으로 고쳐 썼던 극작가 크리스토퍼 말로(C. Marlowe, 1564~1593)에 비해서도 그렇답니다. 시골 마을 스트랫퍼드어폰에이번에서 장갑제조공의 아들로 태어나 18세에 8년이나 연상인 앤 헤더웨이와 결혼하여 아들 하나와 딸 둘을 두었다는 정도가 그의 생애에 대한 공식적인 기록의 전부라니까요. 때문에 후세 사람들이 만들어낸 의심스러운 상상과 신화들이 그의 생애 가운데 빈 공간들을 메우고 있답니다.

무엇보다도 논란이 되는 것은 시골에서 태어나 변변한 교육조차 받지 못한 그가 어떻게 그런 작품들을 쓸 수 있었느냐 하는 거지요. 작품들을 통해 보면, 셰익스피어는 당시 영국뿐 아니라 유럽 전체의 문화와 학문에 대해 알지 못하는 것이 거의 없기 때문입니다. 그래서 어떤 사람들은 당시 영국에서 가장 박학다식했던 천재 베이컨이나, 유럽 풍물에 밝았던 옥스퍼드 백작, 아니면 뛰어난 극작가 말로가 셰익스피어라는 이름으로 작품들을 쓰지 않았나 추측한다지요. 알 수 없는 일입니다. 하지만 어쨌든 이런 풍문들은 그의 작품들이 얼마나 뛰어났는가를 달리 증명하고 있다고 할 수 있는데, 《오셀로》도 분명 그 가운데 하나이지요.

1603년 혹은 1604년에 쓰인 것으로 추정되는 《오셀로》는 그의 부하이자 타고난 악한인 이아고가 한밤에 베니스의 원로원 의원인 부러밴쇼의 저택으로 가 그를 깨우는 장면으로 시작합니다. 평소에 오셀로에게 불만을 품고 있던 이아고가 부러밴쇼의 딸 데스데모나와 오셀로가 몰래 결혼한 것을 알리려는 겁니다.

"아니, 도둑이 든 것도 모르십니까? 어서 옷을 입으세요. 큰일 나셨습니다. (…) 지금, 바로 지금, 늙은 까만 양이 댁의 흰 양을 손아귀에 넣고 있습니다. (…) 어서 일어나시라니까요." 오셀로는 무어 출신의 장군이지요. 수많은 전장에서 승리를 거두어 높은 훈장도 받았지만 흑인인 데다 천민 출신이고 데스데모나보다 나이도 훨씬 많습니다. 그래서 이아고가 '늙은 까만 양'이라고 부른 겁니다.

흥미로운 것은, 《질투》의 저자 버스가 '오셀로 증후군'이라 불리는 병적 질투의 주요 원인 가운데 하나로 배우자 간의 '매력도 차이'를 들었다는 겁니다. 성적 매력도는 외모, 나이, 능력, 건강 등에 따라 정해지는데, 상대에 비해 성적 매력도가 떨어지는 사람일수록 배우자에게 심한 질투를 느낀다는 거지요. 이런 관점에서 보면, 설사 이아고의 음모가 없었다고 하더라도 오셀로가 데스데모나에게 질투심을 갖는 것은 당연합니다. 데스데모나는 백인인 데다 젊고 아름다운 명문가의 딸이기 때문이지요.

딸의 도둑 결혼을 알고 분노한 부러밴쇼는 베니스 공작에게 이 일을 알리고 판결을 요청하지요. 여기에서 부러밴쇼는 다음과 같이 오셀로를 고발합니다.

"규중처녀란 수줍은 법입니다. 평소에 그렇게 단정하고 조용하고 행여 마음의 동요가 있을까 얼굴을 붉히던 내 딸이, 아니, 그런 내 딸이, 천성으로 보든지, 면목으로 보든지, 나이로 보든지, 나라로 보든지, 만사를 배반하고, 보기만 해도 소름이 끼칠 인간을 사랑할 리가 없습니다. 티끌만한 결점도 없는 여자가, 그런 자연의 법칙에 어그러진 짓을 하리라는 것은 그릇된 판단이올시다. 악마의 농간이 아니고서야, 어떻게 이렇게 해괴한 일이 일어나겠습니까?"

하지만 오셀로는 그가 데스데모나를 알게 된 경위와 그녀에게 호감을 사게 된 까닭을 설명한 후, "여자는 제가 고생한 것을 동정하고 저를 사랑해주었습니다. 저도 역시 그 여자의 착한 마음을 사랑하였습니다. 이것이 바로 제가 사용한 요술입니다."라고 맞서지요. 이때 데스데모나가 나서서, 자신이 오셀로를 진정으로 사랑한다는 것을 밝힙니다. 그럼으로써 두 사람의 결혼은 모두에게 인정받고, 오셀로를 궁지에 몰아넣으려는 이아고의 음모는 깨어지지요.

그러나 여기에서 그만둘 이아고가 아닙니다. 그는 더욱 치밀한 새로운 음모를 계획하는데, 바로 자신의 경쟁자인 캐시오와 데스데모나의 불륜을 조작함으로써 오셀로의 질투심을 불러일으켜 모두를 파멸로 이끌어가려는 계략이지요. 그는 이렇게 외칩니다.

> "음탕한 무어 녀석(오셀로), 아무래도 내 마누라에게 손을 댄 모양이야. 이런 망측한 일이 있담. 독약으로 내장을 쥐어뜯는 것 같은데. 계집을 서로 바꾸는 일로 피장파장 하자니, 그것도 시원치 않고. 그것보다는 어떻게든지 무어 녀석에게 고칠 수 없는 의처증을 품게 만들어야지. 그리고 저 베니스의 거지 발싸개 같은 녀석(캐시오), 그 녀석이 몸이 달아 돌아다니는 것을 잘 조종만 한다면 문제없겠어. 귀가 가렵도록 무어 녀석에게 캐시오의 험담을 해야지."

이로써 셰익스피어의 불후의 명작 《오셀로》의 플롯이 사실상 모두 드러난 셈입니다. 이후 이야기는 커다란 반전 없이 이아고의 흉계대로 진행되기 때문입니다. 이아고는 우선 캐시오에게 술을 먹여 실수를 하게 한 다음, 그 일로 부관에서 해고된 캐시오에게 데스데모나에게 부탁하면 복직될 거라고 귀띔합니다. 그리고 오셀로에게는 데스데모나가 캐시오의 복직을 부탁하는 것은 두 사람이 서로 사랑하기 때문이라고 하여 오셀로의 질투심에 불을 붙이지요. 그러자 오셀로는 이렇게 한탄합니다.

> "혹시 내 얼굴이 검고, 기생오라비같이 교제술에 능란하지 않다고 해서, 아니면 내 나이가 한 고비 넘었다고 해서 ― 아니 아직 그렇게는 안 되었지 ― 그래서 나를 싫어했던가? 내가 모욕당한 이 마당에 아내를 미워할 수밖에 없지. 아, 이까짓 게 무슨 원앙의 쌍이람! 이 어여쁜 물건을 내 것인 양 불러봤댔자, 결국 내 것이 아니란 말인가. 사랑하는 여자를 다른 인간의 손아귀에 넣어놓고 한 귀퉁이만 붙잡고 있다면, 차라리 두꺼비가 돼서 흙구덩이 속의 썩은 공기나 마시고 사는 것이 낫지."

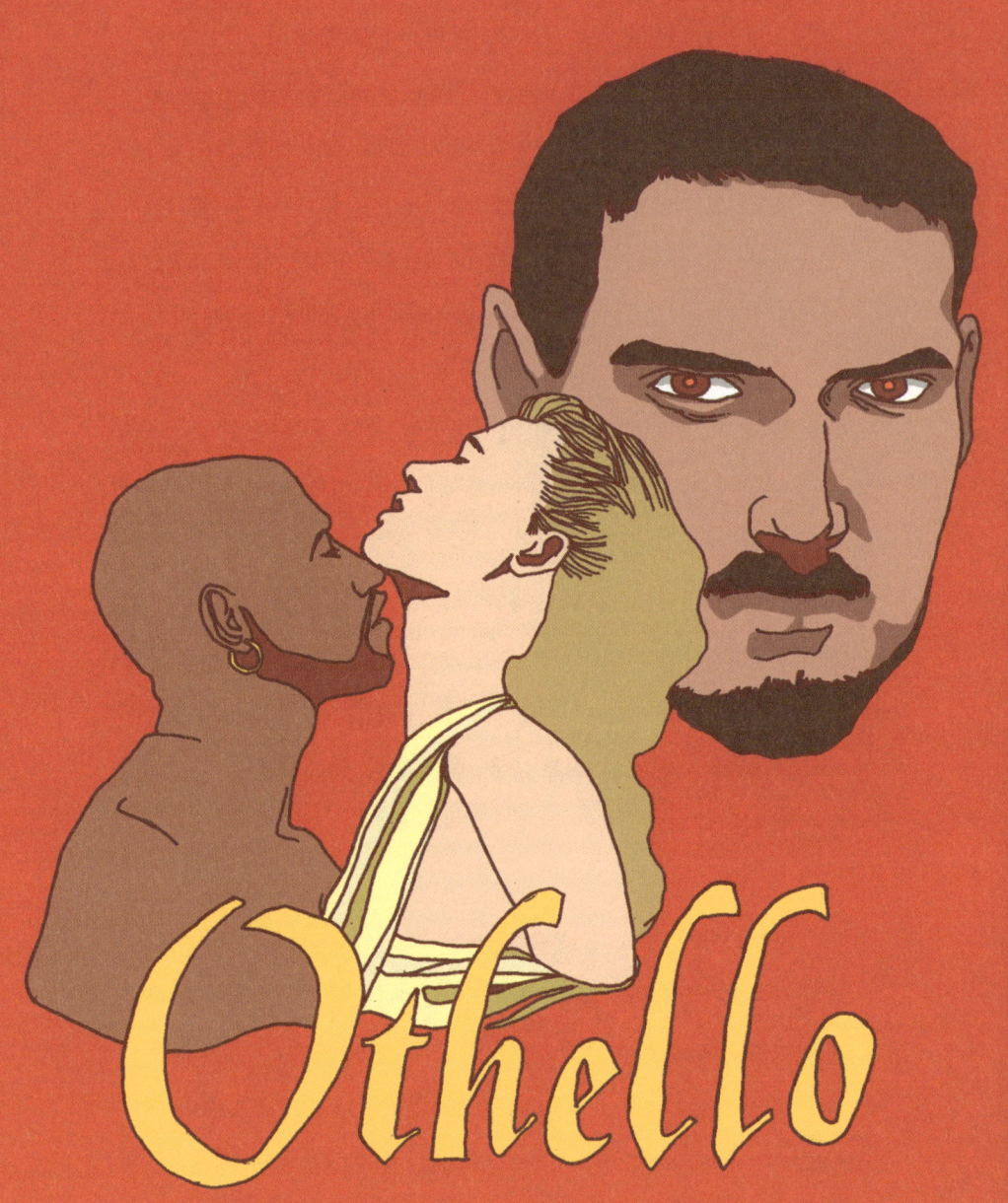

오셀로는 확실히 질투에 빠진 겁니다. 이아고의 말대로 '독약으로 내장을 쥐어뜯는 것 같은' 괴로움에 빠진 거지요. 이아고는 먼저 오셀로에게 "오, 장군님, 질투를 주의하소서. 그것은 사람의 마음을 사로잡아 농락하는 초록 눈(green eyes)의 괴물입니다."라고 알려준 다음, 계략으로 오셀로의 마음에 그 괴물을 넣어주는 데 성공한 겁니다. 그리하여 오늘날에도 영어권에서는 'green eyes'라고 하면 '질투하는 마음'을 가리키게 되었지요.

이제 이아고에게 남은 할 일은 오셀로의 마음속에서 자라는 초록 눈의 괴물을 되도록 빨리 성장시켜 그의 내장을 쥐어뜯고 결국에는 그의 가죽까지 뚫고 나와 파멸에 이르게 하는 것뿐입니다. 이 무참한 일을 위해서 그가 사용하는 소도구가 데스데모나의 손수건이지요. 딸기 무늬 수를 놓은 그 손수건은 오셀로가 데스데모나에게 준 첫 번째 선물인데, 이아고는 아내 에밀리아를 통해 그것을 손에 넣은 뒤 데스데모나의 부정을 알리는 물증으로 사용합니다. "부인의 손수건임에 틀림이 없습니다만, 그걸 가지고 오늘 캐시오가 수염을 닦고 있던데요."라는 식으로 말이지요.

마침내 질투로 이성을 잃은 오셀로는 이아고에게 캐시오를 죽일 것을 명령한 후, 데스데모나의 침실로 갑니다. 그리고 "날 내쫓으시고 죽이지는 마세요. (…) 내일까지 기다려주세요. 오늘 밤만이라도 살려주세요. (…) 반시간만이라도……."라고 애원하는 아내의 목을 졸라 죽입니다. 그 다음 자신도 스스로 목숨을 끊지요. 죽음의 순간에 이르러서야 비로소 사건의 전모가 밝혀지고, 데스데모나가 부정하지 않았다는 것이 드러나지만 모든 것이 이미 끝나, 막이 내려집니다.

질투에 대한 자연주의적 해석 :

질투를 뜻하는 영어 단어 'jealousy'는 '열정' 또는 '강한 욕망'을 의미하는 라틴어 'zelosus'에서, 더 멀리는 그리스어 'zelos'에서 왔다고 합니다. 하지만 샌디에이고 주립대학교의 심리학자 고든 클랜턴(Gordon Clanton)은 질투를 '짝을 잃을지 모른다는 두려움 또는 짝이 제3자와 관계를 맺었거나 맺을지 모른다는 불안감으로 인해 나타나는 불편한 감정'이라고 정의했지요. 또 맥마스터 대학교의 진화심리학자인 마틴 데일리(Martin Daly)와 마고 윌슨(Margo Wilson)은 '가치를 부여하는 관계나 지위에 대한 위협이 감지되었을 때 발생하며, 그 위협에 대한 대처 행위를 유도하는 상태'라고 규정했답니다. 이때 가치를 부여하는 관계가 성적 관계이면 성적 질투가 되는 거지요.

그렇다면 질투는 '악의를 가지고 바라본다'라는 뜻을 가진 라틴어 'invidere'에서 온 '시기(envy)'와는 전혀 다른 감정입니다. 시기는 자신이 갖지 못한 것을 가진 사람에 대해 느끼는 불편한 감정인 데 반해, 질투는 자신이 이미 소유한 것을 경쟁자에게 빼앗길지 모른다는 두려움에서 오는 불편한 감정이기 때문이지요. 그럼에도 불구하고, 질투심과 시기심은 대부분 동전의 양면처럼 붙어 다닌답니다. 다른 사람의 것을 욕심내는 마음이나 내 것을 빼앗기지 않으려는 마음이 모두 탐욕이라는 같은 샘에서 솟아나오기 때문이겠지요.

《오셀로》에 등장하는 인물 중 이아고가 바로 그런 성격을 가진 대표적인 인물입니다. 그는 누구보다도 지략에 뛰어났고 의지가 강하며 놀라울 정도로 냉정하고 침착한 인물이지요. 하지만 그 자신이 우선 심각한 의처증 환자입니다. 근거 없이 질투심에 불타 오셀로뿐 아니라 캐시오까지도 자기 아내 에밀리아에게 더러운 손을 댔다고 생각하지요. 뿐만 아니라 동료에 대한 시기심 역시 강렬합니다. 작품 서두에서부터 그는 캐시오가 부관으로 임명된 것을 두고 "쥐뿔도 모르는 그런 녀석은 척척 올라가고 (…) 아이고 원통해!"라면서 시기심을 불태우지요. 한마디로 이아고의 마음은 질투와 시기가 함께 불타는 용광로입니다.

흥미로운 것은, 《오셀로》가 19세기 자연주의자들에게 특히 인기가 있었으며 그들에 의해 셰익스피어의 4대 비극 가운데서도 '최고의 걸작'으로 평가되었다는 거지요. 그런데 이때 그들이 특별한 관심을 갖고 조명한 것이 이아고의 이러한 독특한 성격이었습니다. 이유는 그의 성격이 자연주의가 내세우는 입장을 설명하는 데 매우 적합하다고 생각되었기 때문입니다.

19세기 중반, 낭만주의가 쇠퇴해갈 즈음 등장한 자연주의(naturalism)는 흔히 리얼리즘과 유사해 종종 혼동을 일으킵니다. 하지만 둘 사이에는 약간의 차이가 있지요. 리얼리즘(realism)이란 본래 철학에서 플라톤의 이데아를 '정말로 존재하는 것〔實在〕'이라고 인정하는 이상주의에 대립하여 현실적 실재를 '정말로 존재하는 것'으로 받아들이는 관점을 가리켜 칸트가 사용한 말이지요. 따라서 《문학과 예술의 사회사》를 쓴 아널드 하우저(Arnold Hauser, 1892~1978) 같은 학자는 문학에서 낭만주의가 가진 이상주의적 경향이나 환상 세계로의 지향에 대립하는 성향을 말할 때는 철학적 용어인 리얼리즘보다는 자연주의가 더 적합하다고 주장했습니다.

사실인즉 자연주의에는 낭만주의적 성향들을 배격하고, 자연이 제공한 사물들을 충실하게 묘사한다는 리얼리즘의 경향이 분명히 들어 있습니다. 하지만 그뿐 아니라 계몽주의의 산물인 사회과학과 자연과학의 성과들을 적극적으로 받아들인다는 새로운 요소가 첨가되어 있지요. 《목로주점》을 쓴 에밀 졸라(Emile Zola, 1840~1902)는 대표적인 자연주의 작가이자 이론가였습니다. 그의 이론서인 《실험소설론》에 나타난 졸라의 문학 방법은 유전과 환경에 대한 과학적 성과, 즉 당시 새로운 학문으로 등장했던 우생학과 사회학으로 인간의 삶을 설명하려는 것이었습니다.

알고 보면, 새로운 과학이론으로 인간과 사회를 설명하려는 시도는 19세기 중반 유행하던 학문적 경향이었지요. 당시 사람들은 인간의 모든 삶은 과학에 의존하게 되었고, 모든 문제는 과학에 의해서 해결될 수 있을 것이라고 생각하였습니다. 이러한 생각과 주장들을 '과학주의'라고 부르지요. 과학주의자들은 인문사회과학을 포함하여 가능한 한 모든 지식에 자연과학 분야의 원칙들을 적용하려는 시도를 했습니다. 그럼으로써 인간의 삶을 한편으로는 사회과학적으로, 다른 한편으로는 자연과학적으로 분석하기 시작했던 겁니다.

예를 들어, 콩트(Auguste Comte, 1798~1857)는 새로운 물리학을 사회에 적용시킨 사회과학인 '사회물리학'을 창안했고, 한때 신학생이었던 르낭(Ernest Renan, 1823~1892)은 과학으로 종교를 설명한 '과학종교'를 세우려고 시도했으며, 사회학자 스펜서(Herbert Spencer, 1820~1903)는 다윈의 진화론을 사회학에 그대로 적용시켜 '사회다윈주의'를 내세웠습니다.

그런데 이러한 학문적 경향을 아우르는 두드러진 특성이 '결정론

(determinism)'이라는 것을 알아두는 것이 이 시대의 문화 전반을 이해하는 데 유익합니다. 19세기는 결정론이 유행하던 시기였지요. 이때 사람들은 우생학이든, 사회학이든 과학이라는 이름으로 탐구되는 연구의 성과들을 결정적인 법칙으로 인정했습니다. 다윈의 진화론과 멘델의 유전법칙에서 나온 우생학(Eugenics)은 오늘날 유전공학처럼 인간의 행동이 유전적 형질에 의해서 결정된다는 '생물학적 결정론(biological determinism)'을 바탕으로 하고 있었지요. 또한 포이어바흐(Ludwig Feuerbach, 1804~1872)를 비롯한 소위 헤겔좌파를 시작으로 마르크스, 엥겔스에 이르는 사회과학이론들은 인간의 행동이 전적으로 사회 환경에 의해 결정된다는 '환경결정론(environmental determinism)'을 바탕으로 하고 있었습니다.

바로 이러한 결정론적 경향 속에서 자연주의라는 문학사조가 나온 겁니다. 따라서 예를 들어 졸라의 대표작《목로주점》을 볼 때에도, 주인공인 제르베즈의 비극적 가난을 사회의 탓으로 보는 해석도 가능하거니와, 동시에 알코올중독 같은 유전적 결함으로 보는 해석도 가능한 거지요. 이는 우리 문학에서 자연주의적 경향의 작품으로 분류되는 김동인의《감자》에 나타난 복녀의 경우도 마찬가지입니다. 어쨌든 자연주의적 작품들의 특징은 작품 안에 개인의 노력으로는 도저히 어쩔 수 없는 어떤 결정적인 법칙이, 그것이 사회적이든 또는 생물학적이든 운명처럼 존재한다는 거지요.

여기에서《오셀로》가 왜 19세기 자연주의 작가들에 의해 높이 평가되었는가가 드러납니다. 자연주의적 관점에서 볼 때,《오셀로》는 그 이야기가 근대적, 가정적, 일상적이라는 점에서, 그리고 무엇보다도 질투나 시기심 같은 악을 개인의 힘으로는 어쩔 수 없는 운명적 법칙으로 다루었다는 점에서 셰익스피어의 다른 어떤 작품들과도 비교할 수 없는 걸작이었던 거지요.

19세기 영국의 시인이자 비평가인 콜리지(S. T. Coleridge, 1772~1834)가 펼친 이아고의 성격에 대한 자연주의적 분석이 그것을 증명합니다. 그는 이아고를 '무동기적 악한(motiveless villain)'으로 규정합니다. 이아고는 어떠한 동기가 있어서 악을 행하는 것이 아니라는 거지요. 그의 성격에는 타고났든 길러졌든 질투와 시기심 같은 악이 자신의 힘으로는 어쩔 수 없는 운명적 법칙으로 내재해 있다고 보는 겁니다. 이처럼 인간의 행동이 자유의지에 의해서가 아니라 유전이나 환경에 의해 결정되어 있다고 보는 점에서 작품에 대한 자연주의적 분석은 진화심리학적 분석과도 일치합니다.

실제로 극중에서 이아고가 나열하는 오셀로, 캐시오 그리고 기타 인물들에 대한 악행의 동기는 앞뒤가 서로 맞지 않기도 하고, 때로는 앞에 언급한 동기를 잊은 것 같기도 하기 때문에, 그가 그때마다 자신이 행하는 악의 동기를 억지로 찾아다니고 있는 것 같은 느낌을 줍니다. 이는 마치 햄릿이 복수를 연기하기 위한 이유를 나열하는 것과도 흡사하지요. 이아고는 어떤 강력한 힘에 붙잡혀 끌려가지만 자신은 그것을 모르고 있다는 것이 콜리지의 자연주의적 해석인 겁니다. 오셀로도 마찬가지지만 그는 오직 이아고라는 악한을 주위에 둔 환경에 의해서만 끌려간다는 점이 다를 뿐이지요.

에로스와 아가페 사이 :

"분별은 없었으나, 진정으로 그 아내를 사랑한 사내이며, 결코 사람을 의심치 않되, 속임수에 넘어가 마음을 걷잡을 수 없었던 사내, 무지한 인도 사람같이, 온 겨레를 주고도 바꿀 수 없었던 진주를, 제 손으로 버린 사내, 울어야 될 때에도 좀처럼 울지 않던 눈에서 아라비아고무의 진액 같은 눈물을 떨어뜨린 사내라고 말씀해주십시오."

이것은 오셀로가 자살을 하기 직전 자기 자신에 대해 한 설명입니다. 하지만 생각해보시죠. 그가 과연 데스데모나를 사랑했을까요? 오셀로 자신은 그렇게 느꼈겠지만, 그것이 과연 사랑일까요? 이에 대한 대답은 우리가 사랑을 어떻게 정의하느냐에 달려 있을 겁니다. 만일 우리가 진화심리학적으로 사랑이나 질투를 자신의 유전자를 보존하고 퍼트리려는 공격적 또는 방어적 메커니즘이라고 정의한다면, 오셀로는 분명 데스데모나를 열렬히 사랑한 거지요. 하지만 만일 우리가 사랑을 예컨대 사도 바울처럼 정의한다면, 그것은 결코 사랑이라 할 수 없습니다. 바울은 사랑을 다음과 같이 정의했기 때문이지요.

"사랑은 오래 참고 사랑은 온유하며 질투와 시기를 하는 자가 되지 아니하며 사랑은 자랑하지 아니하며 교만하지 아니하며 무례히 행하지 아니하며 자기의 유익을 구하지 아니하며 악한 것을 행하지 아니하며 불의를 기뻐하지 아니하며 진리와 함께 기뻐하고 모든 것을 참으며 모든 것을 믿으며 모든 것을 견디느니라." (〈고린도전서〉 13:4~7)

그렇다면 우리는 적어도 두 가지 서로 다른 사랑을 생각할 수 있습니다. 오셀로가 말하는 사랑과 바울이 가르치는 사랑 두 가지 말입니다. '질투하는 사랑' 과 '질투하지 않는 사랑' 으로 표현할 수도 있겠지요. 철학자들은 예부터 이것을 각각 에로스(eros)와 아가페(agape)라는 용어로 구분해왔습니다. 정확한 표현은 아니지만, 에로스는 '육체적 사랑' 을 가리키는 말로, 그리고 아가페는 '영적 사랑' 을 뜻하는 말로도 사용되지요.

그렇다면 우리의 사랑은 어떤가요? 안녕한가요? 갑자기 왜 이런 질문을 하냐고요? 이유인즉, 우리의 사랑도 혹시 사랑하며 질투하고 질투하며 파괴하는 오셀로의 사랑이 아닐까, 그 안에도 '초록 눈의 괴물' 이 살고 있지 않을까, 아니 우리가 바로 또 다른 오셀로가 아닐까 하는 생각이 불현듯 떠올랐기 때문입니다.

아니면 다행입니다만, 그래도 왠지 그럴 것만 같은 생각이 드는 것은 저뿐만이 아닌가 봅니다. 2005년 '동인문학상' 을 받은 권지예의 단편〈꽃게 무덤〉을 보면 그런 생각이 더욱 굳어지지요. 이 소설의 두 주인공인 '그' 와 '그녀' 는 모두 사랑 때문에 '허기진' 사람들입니다. 허기(虛飢)가 뭐냐고요? 배가 고픈 것이죠. 그래서 소설의 주인공들은 간장게장으로 그 허기를 달래려고 합니다. 하지만 운동 때문이라면 몰라도 어떻게 사랑 때문에 허기가 질 수 있냐고요? 우선 이야기를 들어보지요.

〈꽃게 무덤〉의 주인공인 '그' 는 떠나버린 '그녀' 를 간장게장을 통해 기억합니다. "그녀의 얼굴은 선명하지 않다. 대신 게를 먹는 그녀의 모습은 마치 바로 앞의 무대에서 일어나는 일인 양 선명하다."라고 하니까요. 그가 그녀를 만난 것은 재작년 가을 바닷가에서였습니다. 소금 개펄에 자줏빛 카펫처럼 깔린 함초밭 사진을 찍기 위해 석모도에 갔던 그는 그곳에서 바다로 들어가 죽으려는 그녀를 구하지요.

그리고 그날 밤 그녀와 함께 꽃게탕을 먹습니다. 평소 게 알레르기가 있는 그였지만 그녀가 먹고 싶다고 해서 시켰지요. 그녀는 조금 전 자살을 하려던 사람 같지 않게 왕성한 식욕으로 꽃게의 살을 파먹었습니다. 마치 걸신들린 듯했지요. 하지만 그는 그녀가 가진 허기의 존재에 대해서 전혀 의식하지 못하지요. 조금 '특별하게' 생각했을 뿐입니다.

그 후 그는 그녀와 함께 살았습니다. 이혼 후 여자에 대한 혐오증을 갖고 있던 그에게 그녀는 처음에는 단지 가정일과 잠자리에 편이를 제공하는 대상이었지요. '그럭저럭 곁에 둘 만한 여자'라는 생각이 들 정도였던 겁니다. 작가는 "그녀는 예전의 아내처럼 잔소리가 심하지도 않고 남들과 연봉을 비교하지도 않았고 사랑이 식었다고 앙탈을 부리지도 않았다. 무욕 그 자체였다. 그래서 그녀는 게에 집착을 할 때를 빼고는 대체로 모노톤의 정물화처럼 편안했다. 말도 별로 없고 그와 눈이 마주치면 살풋, 희미한 웃음을 입에 물곤 했다."라고 그녀를 묘사하고 있지요. 그녀는 열심히 게장을 담갔고 그도 차츰 게장에 익숙해졌지요. 이때까지도 그는 그녀가 가진 허기의 정체를 눈치 채지는 못했습니다.

그런데 어느 날 밤 자다가 이상한 소리에 눈을 떠보니, 그녀가 게장을 먹고 있었지요. 그녀는 "잠이 안 와. 왠지 속이 허해서……."라고 합니다. 그때 그는 처음으로 그녀가 가진 알 수 없는 허기의 존재를

107

의식하게 됩니다. 그리고 둘 사이에 존재하는 어떤 벽, 작가가 '보이지 않는 각질'이라고 표현한 거리감을 느끼지요. 그 느낌을 작가는 이렇게 썼습니다. "잠자기 전에 그녀를 채우며 스스로도 충일감에 빠져 잠들었던 그는 맥이 빠진다. 섹스로도 채울 수 없는 그녀의 허전함을, 그 비어 있음을 아득하게 느낄 수밖에 없어 현기증이 날 지경이다." 그러자 그는 서서히 그녀의 허기의 정체에 대해 궁금증을 갖기 시작했습니다. 그리고 시간이 갈수록 안달이 났지요. 그가 점점 그녀를 사랑하게 된 것입니다.

그러던 어느 날, 그는 드디어 그녀가 가진 허기의 정체를 알게 되지요. 애초 달랑 하나 들고 온 그녀의 배낭에서 한 남자의 사진을 발견하고서 모든 것이 분명해졌던 겁니다. 그녀가 왜 자살하려 했는지, 항상 게장으로 채우는 그녀의 허기를 왜 자기는 채워줄 수 없는지 등을 알게 된 거지요. 그러자 그는 불같은 질투를 느끼고 게를 탐하는 그녀를 미워하게 됩니다. 오셀로를 괴롭혔던 '초록 눈의 괴물'이 꿈틀거리기 시작한 겁니다. 그래서 그녀를 괴롭히고 닦달하게 되지요. 오셀로가 데스데모나에게 그랬듯 목까지 조릅니다. 이내 후회하지만, 그 다음날 새벽 그녀는 몰래 그를 떠나지요.

그는 그녀가 석모도 앞바다로 가서 죽은 사진 속 남자를 따라갔다고 생각합니다. 어느 날 새벽 꿈에 그녀가 나타나 "너무, 너무…… 추웠어요."라고 했기 때문입니다. 그래서 그는 그녀가 남겨둔 옷가지를 석모도 바닷물에 풀어놓지요. 그리고 그것으로 그녀를 잊을 수 있을 것 같다고 생각합니다. 다시는 꿈에도 나타나지 않으리라고도 생각하지요. 그런데 이건 제 생각입니다만, 그녀의 옷가지를 하나둘 바닷물에 풀어놓으면서 그는 이렇게 중얼거렸을 겁니다.

"게처럼 꽉 물고 놓지 않으려는 마음을 / 게 발처럼 뚝뚝 끊어버리고 / 마음 없이 살고 싶다. / 조용히, 방금 스쳐간 구름보다도 조용히 / 마음 비우고가 아니라 / 그냥 마음 없이 살고 싶다."(황동규, 〈쨍한 사랑노래〉 중에서)

이어 그는 심한 허기를 느끼지요. 슬픔이 아니라 허기 말입니다. 마음을 비운 것이 아니라 그냥 없애버려서일까요? "아아 오늘 밤에는 게를 먹고 싶다. 속이 허하다. 간장에 곰삭은 게를 오래도록 파먹고 싶다. 이 입맛을 이기기엔 얼마나 시간이 걸리는 걸까. (…) 그는 갑자기 맹렬한 식욕이 돋는 걸 느낀다. 그는 간장게장을 사기 위해 차를 몰아 포구로 간다."라는 말로 소설은 끝납니다.

사랑, 그 쓸쓸하고 허전함 :

이래서 〈꽃게 무덤〉에 나타난 허기는 사랑 때문에 생긴 허기라는 겁니다. 한마디로 소유할 수 없는 것을 소유하려는 데서 오는 허기이지요. 〈꽃게 무덤〉에는 이렇게 쓰여 있습니다. "애초에 사랑을 원한 건 아니었지만 어느새 사랑이 싹을 틔우더니 점점 자라나 그에게 생채기를 냈다. 그녀의 육체를 모조리 장악하고 소유하더라도 바람 같은 한 줌 그녀의 영혼이 늘 손아귀에서 빠져나가는 느낌이었다. 그녀를 위해 옷을 사주고 그녀가 좋아하는 걸 먹게 하고 아낌없이 마음을 주어도 늘 무언가가 손아귀에서 빠져나가는 느낌으로 허전해졌다."

109

사랑이 싹트자 '늘 무언가가 손아귀에서 빠져나가는 느낌' 곧 허전함이 그에게 생겼다는 거지요. 그런데 이런 쓸쓸함, 이런 허전함은 권지예의 소설 속의 주인공들만이 가진 특별한 감정일까요? 아닙니다. 사실인즉 그것이 우리가 하는 사랑의 본질이지요. 누구나 사랑에 빠지면 크든 작든 결국에는 쓸쓸하고 허전해진다는 말입니다. 이에 대한 대답은 이미 오래전 플라톤(Platon, B.C. 427~347)이 해놓았습니다.

플라톤의 대화록 《향연》에 보면, 사랑의 신 에로스(eros)는 미의 여신 아프로디테의 생일 축하잔치에서 만난 풍요의 신 포로스(Poros)와 결핍의 신 페니아(Penia) 사이에서 태어났습니다. 그래서 그는 결핍과 풍요 사이에서 헤매는 중간자가 되었지요. 에로스는 한편으로는 어머니를 닮아 진, 선, 미, 모든 것에서 가난하고 결핍된 자이지만, 다른 한편으로는 아버지를 닮아 언제나 모든 풍요를 그리워하며 그것에 다가가려는 자라는 겁니다. 여기에서 풍요를 향한 영원한 동경과 열병적 연모라는 에로스의 본성이 나온 거지요.

성 아우구스티누스(Augustinus, 354~430)는 에로스의 이러한 본성을 '탐욕적(acquisitive)'이라고 표현했습니다. 에로스는 완전하고 철저하게 상대를 소유하려는 욕망이자, 결국에는 그와 하나가 되려고 하는 탐욕이라는 거지요. 하지만 그것을 이루는 일은 영원히 불가능합니다. 에로스는 포로스에게 한없이 다가갈 수는 있지만 포로스와 하나가 될 수는 없다는 거지요. 곧 사랑으로는 상대에게 영원히 다가갈 수만 있을 뿐, 단 한순간도 하나가 될 수는 없다는 뜻입니다. 이것이 바로 에로스로서의 사랑이 가진 존재론적 구조이자 한계인 거지요.

그래서 우리 사랑이란 깊어질수록 쓸쓸하고, 다가갈수록 허전해지게 마련인 겁니다. 알고 보면, 질투의 존재론적 자리도 바로 여기에 있는 거지요. 만일 사랑을 통해 완전하고 철저하게 상대를 소유할 수 있다면, 그래서 결국 하나가 될 수 있다면 질투라는 말은 아예 생기지 않았을 테니까요. 그렇다면 에로스 안에는 이미 질투의 씨앗이 뿌려져 있는 겁니다.

물론 이러한 질투는 경쟁자에게 상대를 빼앗길지 모른다는 두려움에서 오는 질투, 곧 '진화심리학적 질투'가 아니라, 사랑하는 상대와 하나가 될 수는 영원히 없다는 데서 오는 질투, 곧 '존재론적 질투'이지요. 때문에 오히려 더 근원적이고 보편적입니다. '진화심리학적 질투'는 사랑하는 사람을 빼앗아 가려는 제3의 경쟁자가 있을 때에만 일어나지요. 하지만 경쟁자가 없는데도 일어나는 존재론적 질투, 즉 아무리 사랑하더라도 상대를 완전하고 철저하게 소유할 수는 없는 데서 오는 쓸쓸함과 허전함은 사랑을 하는 사람이면 누구나 필연적으로 갖게 된다는 말이지요.

바로 이런 이유에서 르네상스 시대의 저명한 플라톤 해석가였던 피치노(M. Ficino, 1433~1499)는 그의 《플라톤의 향연 주석》에서 "사랑(amor)은 먼저 가혹한 괴로움이다."라고 한탄했던 겁니다. 그는 또 "사랑하는 자는 그 누구든 이미 죽어가고 있다(moritur quis queamat)."라고도 했습니다. 이쯤 되면 사랑은 그 출발부터 커다란 불행이요, 재앙이라 하지 않을 수 없습니다!

그럼에도 불구하고 에로스로서의 사랑이 본성으로 가진 이 탐욕, 곧 상대를 완전하고 철저하게 소유하려는 욕망은 너무나 집요해서 도저히 떨쳐버릴 수 없기 때문에 종종 병적 집착으로 변하기도 하지요.

사실은 도달하지 못하기 때문에 자꾸만 다가가는 것이고, 소유할 수 없기 때문에 더욱 집착하게 되는 겁니다.

진화심리학자들의 연구에 의하면, 상대를 소유하고자 하는 욕망과 성적 욕구는 비례하고, 성적 소유는 더 내면적인 것을 소유하려는 욕구를 갖게 한다고 합니다. 먼저 육체를 소유한 다음에는 마음과 영혼까지 빼앗으려고 한다는 말이지요. 그런데 이렇게 집요한 소유욕의 바탕에는 상대가 자기를 떠날지 모른다는 불안이 자리하고 있다는 겁니다. 그래서 성적으로뿐만 아니라 심리적으로도 소유하는 것만이 이러한 불안으로부터 벗어나는 길이라는 논리가 깔려 있다는 거지요.

《오셀로》에서 오셀로가 데스데모나의 목을 조를 때에도, 그리고 〈꽃게 무덤〉에서 그가 그녀의 목을 조를 때에도 바로 이런 불안, 이런 집착에 빠진 겁니다. 그래서 오셀로는 "그것 때문이야, 진정 그것 때문이야. 순결한 별들아, 그것을 입 밖에 내지 않게 해다오. (…) 그러나 살려둘 수는 없어. 살려둔다면 다른 남자들을 농락할 테지."라고 외친 것이지요. 마찬가지로 그는 그날 밤 그녀를 성적으로 소유하고서도 그녀의 목을 조르기 시작한 겁니다. '그녀의 육체, 그녀의 영혼, 그녀의 생명까지 다 뺏어버리고 싶은 충동'으로 몸이 떨려왔기 때문에 말이지요.

그러나 항상 이게 문제지요. 알고 보면, 사랑이란 '하는 것' 이지 '갖는 것' 이 아니며, 그 대상은 '행위의 대상' 이지 '소유의 대상' 이 아닌 겁니다.

소유할 것인가, 사랑할 것인가 :

에리히 프롬(Erich Fromm)은 그의 저서 《소유냐 존재냐》에서 현대인의 소유욕에 의한 신경증적 증상들에 대해 자세히 설명하였습니다. 흥미롭게도 그는 이것을 언어의 변천 과정을 통해 설명하지요. 그에 따르면 대부분의 고대 언어에는 소유를 나타내는 '갖다(have)' 라는 동사가 없었답니다. 그러다 언어가 발달함에 따라 점차 소유를 나타내는 말과 어법이 생겨났는데, 놀라운 것은 이러한 언어적 변화가 농경사회에서 산업사회로 변한 지난 2~3세기 동안에 아주 급격하게 일어났다는 것이지요.

그 결과 현대인들은 이제 예컨대 '나는 이가 아프다' 라고 하지 않고 '나는 치통을 갖고 있다' 라고 말한다는 겁니다. 나아가 '사랑한다', '원한다', '미워한다' 와 같은 동사적 표현들을 '사랑을 갖고 있다', '소망을 갖고 있다', '증오를 갖고 있다' 와 같이 소유를 나타내는 명사적 표현들로 바꾸어 표현한다는 거지요. 프롬은 통증, 사랑, 소망, 증오처럼 소유할 수 없는 정신적인 대상까지 소유의 대상인 것처럼 하나의 물건으로 환원시켜버리는 언어 습관에서 소유에 대한 현대인의 정신병리적 집착을 보았던 겁니다.

심지어 요즈음 젊은이들은 사랑하는 사람을 향해 노골적으로 "너는 내 거야."라고도 말하지요. 그런데 어떤 대상을 소유한다는 것은 언제나 그 대상을 구속하고 감금하고 또는 지배하는 것을 의미한답니다. 그래서 누가 사랑하는 사람을 자신의 소유물로 간주한다면 '그것은 생명을 주는 것이 아니라 압박하고 약화시키며 질식시켜 죽이는 행위' 라는 것이 프롬의 생각이지요. 그 대상이 애인이든, 배우자든 심지어 자식이든 마찬가지입니다. 그래서 프롬은 이러한 사람들이 사랑이라고 부르는 것은 대개 그들이 사랑하고 있지 않다는 사실을 숨기기 위한 말이라고까지 단정하지요.

대신, 프롬은 소유하지 않는 사랑, 함께 향유하는 사랑을 권합니다. 그의 표현을 빌리자면, '소유양식'으로서의 사랑이 아닌 '존재양식'으로서의 사랑이지요. 이런 사랑은 '갖는 사랑'이 아니고 '하는 사랑'이며, '받는 사랑'이 아니고 '주는 사랑'이고, '이기적 사랑'이 아니고 '이타적 사랑'입니다. 마치 뜨거운 물체에서 열이 퍼지듯, 꽃에서 향이 번지듯 그렇게 상대를 향해 스스로를 여는 사랑이지요. 한마디로, 에로스로서의 사랑이 아니라, 앞에서 바울 사도가 가르쳤던 아가페라고도 부르는 사랑을 말합니다. 프롬은 이런 사랑이야말로 진정한 사랑이라는 거지요.

이런 관점에서 보면, 질투란 오셀로가 가졌던 진화심리학적 질투든, 〈꽃게 무덤〉에 나타난 존재론적 질투든 분명 일종의 신경증 증상입니다. 일종의 심리적 질환이라는 말이지요. 프롬의 관점에서는, 질투는 사랑의 다른 얼굴이 아니라 소유욕의 다른 얼굴일 뿐입니다. 그렇다면 우리는 이제 이 글의 서두에서 던졌던 질문, 곧 '질투 없는 사랑이 있을까, 사랑 없는 질투가 있을까?'에 대해 답을 할 수 있게 되었지요. 질투 없는 사랑이 진정 사랑이라고! 그리고 질투에는 아예 사랑이 없는 거라고!

그런데 말이죠, 문제는 에로스, 곧 소유양식으로서의 사랑이 본능적이고 육체적인 반면, 아가페, 곧 존재양식으로서의 사랑이 이성적이고 정신적이라는 데에 있지요. 전자가 너무나 현실적이고 자연스러운 데에 반해 후자가 지나치게 이상적이고 부자연스럽다는 겁니다. 그래서인지 우리의 사랑은 언제나 그 둘 사이에서 시계추처럼 진동하며 갈 곳 몰라 헤매는 것 같습니다. 누군가를 진정으로 사랑하면서도, 그 사람을 완전하고 철저하게 소유하려는 욕망을 버리지 못한다는 말이지요.

그래서 말입니다. 석양 물에 발목을 담그고 수평선 쪽으로도, 지평선 쪽으로도 갈 곳을 몰라 무연히 서 있는 저어새를 사랑이라 노래한 시를 하나 적어놓고 글을 마치려고 합니다. 이 시를 읽고 혹시라도 저어새가, 아니 우리의 사랑이 마땅히 가야 할 곳을 알 수 있기를 바라면서 말입니다.

"그대 기척 어느덧 지표(地表)에서 휘발하고 / 저녁 하늘 / 바다 가까이 바다 냄새 맡을 때쯤 / (…) / 저어새 하나 엷은 석양 물에 두 발목 담그고 / 무연히 서 있다. / 흘러온 반대편이 그래도 가야 할 곳, / 수평선 있는 쪽이 바다였던가? / 혹 수평선도 지평선도 여느 금도 없는 곳?" (황동규, 〈더 쨍한 사랑 노래〉 중에서)

사랑은 먼저 가혹한 괴로움이다.
: M. 피치노

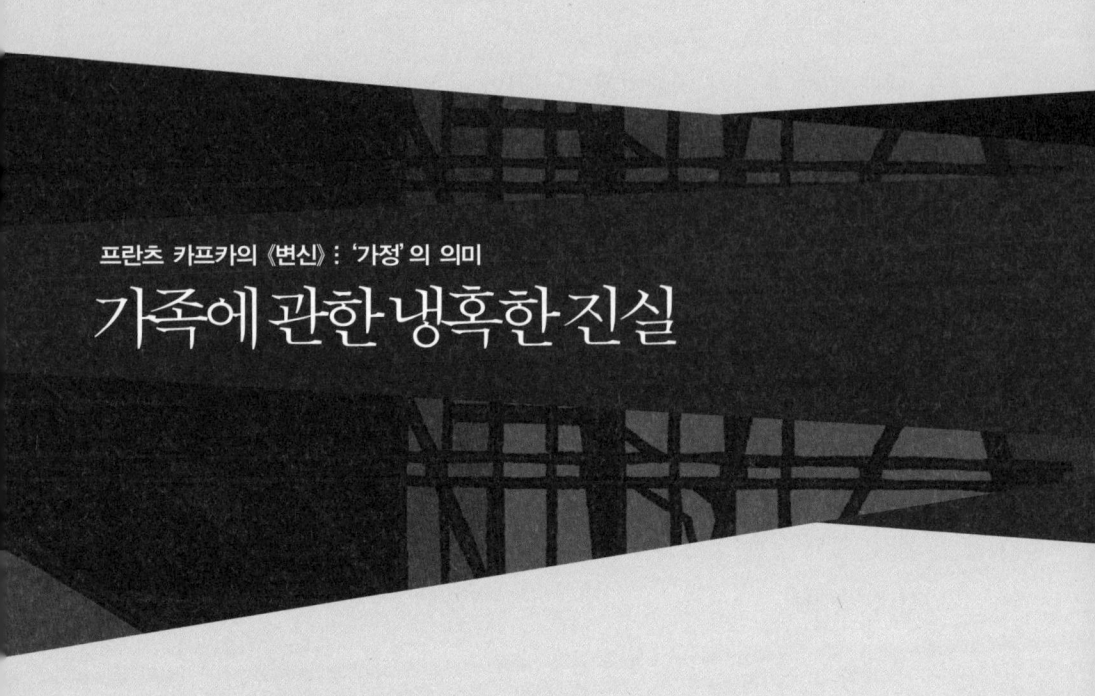

프란츠 카프카의 《변신》 : '가정'의 의미
가족에 관한 냉혹한 진실

가정이 안식처라고?

　한낮을 마냥 달구던 태양이 산 넘어가면 나무 그늘 밑으로 새들이 집을 찾아 돌아가고, 거리의 푸른 가로등 밑으로 사람들이 부산하게 가정으로 돌아가지요. 그런데 가정이란 무엇일까요? 도대체 그것이 무엇이기에 우리 모두가 밤이 오면, 몸이 피곤하면, 마음이 무거우면 그곳으로 돌아갈까요? 아마 사람에 따라 처지에 따라 조금은 다르겠지만, 가정이란 가령 이런 곳이 아닐까요? 따뜻한 밥이 있는 곳, 깨끗한 옷이 있는 곳, 아늑한 불빛이 있는 곳, 사랑하는 사람이 있는 곳, 그리고 쉴 수 있는 곳…….

물론, 모든 사람이 다 가정을 살갑게 생각하는 것은 아닙니다. 예를 들어 앙드레 지드는 "나는 가정을 증오한다."라고 외쳤고, 헤겔도 그의 《법철학 강요》에서 가정이 안식처이자 곧 감옥임을 강조했습니다. 그런데 말이지요, 가브리엘 마르셀(Gabriel Marcel, 1889~1973)이라는 프랑스 철학자는 가정을 '존재가 드러나는 장소'라고 조금은 엉뚱하게 규정했지요.

무슨 말이냐고요? 마르셀은 존재를 신(神)으로 파악하는 플라톤, 플로티노스 그리고 아우구스티누스로 이어지는 존재론 전통의 핵심적 내용을 실존주의라는 무대에 새롭게 올려놓은 철학자입니다. 때문에 그가 가정을 존재가 드러나는 장소로 파악했다는 것은 그곳을 '신적인 것이 드러나는 장소', '구원이 이루어지는 장소'와 같은 심오하고 궁극적인 의미로 파악했다는 것을 말하지요. 하지만 일차적으로는, 가정이란 사람이 그의 '어떠어떠함', 곧 외모나 성격, 재능 또는 재산 등등 때문에 인정받고 사랑받는 장소가 아니라 그의 존재 곧 자신의 '있음 그 자체'로 인정받고 사랑받는 장소라는 것을 뜻합니다. 그럼으로써 존재의 기쁨을 맛보는 장소라는 의미이기도 하지요.

예를 들어, 어떤 사람이 못생긴 데다, 사교적이지도 못하고, 특별한 재능이나 재산마저 없다고 한다면, 그는 사회에서 인정받거나 사랑받기가 어렵지요. 따라서 그의 존재는 자신의 기쁨이 되지 못합니다. 하지만 가정에서는 그렇지 않지요. 가정이란 가족 중 그 누가 설령 못생겼다고 해도, 또는 성격이 사교적이지 못하다고 해도, 특별한 재능이나 재산이 없다고 해도 그의 '있음' 그 자체가 인정받고 사랑받아 기쁨이 되는 장소라는 말입니다. 바로 이것이 마르셀이 행한 '가정에 대한 존재론적 해석' 이라는 거지요.

생경하게 들리지요? 그럼에도 조금 참고 따라가다 보면 삶에 대한 전혀 새로운 전망이 불현듯 눈앞에 펼쳐집니다. 예를 들면, 가정을 '안식처(安息處)' 라고 부르는 이유와 뜻이 우선 자연스레 드러나지요. 안식처란 본래 '쉬는 장소' 라는 뜻입니다. 하지만 누구든 가정에서 아무 일도 하지 않고 쉬기만 하는 것은 아닙니다. 부부는 물론이고 자녀들까지도 가정에서 나름대로 해야 할 일들이 있지요. 때로는 이 일들이 너무 많아 전혀 쉬지 못하기도 합니다. 그런데도 사람들은 왜 가정을 안식처라고 할까요?

그것은 가정에서만큼은 누구든 자신의 '어떠어떠함', 즉 외모나 성격, 재능 또는 재산에 신경 쓰지 않아도 된다는 뜻입니다. 자신의 '어떠어떠함' 에 관계없이 그의 '있음' 그 자체로써 인정받고 사랑받기 때문이지요. 그래서 영혼, 곧 우리가 오늘날 그저 마음이라고 부르는 그것이 쉴 수 있다는 거지요. 이러한 쉼, 이러한 편안함이 안식(安息)의 진정한 의미입니다. 알고 보면, 기독교에서 주일(主日; 주의 날)을 안식일(安息日)이라고 부를 때에도 같은 의미가 있는 거지요. 바로 이런 의미에서, 오직 이런 의미에서만 가정은 '안식처' 인 겁니다.

그렇다면 예를 들어 자녀가 성적이 저조하면 부모는 아이의 장래를 위해 그 아이의 성실하지 못함을 나무랄 수는 있지요. 하지만 그 아이의 '있음' 그 자체를 기뻐하지 않고 사랑하지 않는다면 크게 잘못된 겁니다. 그것은 거꾸로 부모가 돈 많은 부자가 아니라고 해서 아이가 자기 부모의 존재를 기뻐하지 않고 사랑하지 않는 것과 같은 것입니다. 결국 가족이란 그 누구도 상대의 '어떠어떠함' 때문에 사랑하거나 미워해서는 안 된다는 것이지요. 그런 가정은 결코 안식처가 아니고, 심지어 가정이라고 할 수조차 없습니다.

그런데도 종종 그런 가정들이 있어서 그 때문에 일어나는 비극을 보여주는 문학작품도 적지 않습니다. 그 중 하나로 체코 출신의 천재 작가 프란츠 카프카(Franz Kafka, 1883~1924)가 쓴 《변신》을 들 수 있습니다. 보실까요?

카프카가 들추어낸 무서운 진실 :

직물회사 외판원인 주인공 그레고르가 어느 날 아침, 갑자기 한 마리 흉측한 곤충으로 변합니다. 갑옷처럼 딱딱한 등과 아치형으로 부풀어 오른 갈색의 배, 그리고 불안스럽게 꿈틀거리고 있는 수많은 다리를 가진, 아마도 거대한 바퀴벌레쯤 되는 곤충으로 변신을 한 것입니다. 그러자 그를 발견한 가족들은 놀라고 슬퍼하며, 한편으로는 절망하게 되지요. 그것은 가족들이 그레고르를 사랑해서뿐만 아니라, 5년 전 아버지가 갑자기 파산한 이후 그가 가족의 생계는 물론이고 빚까지도 떠맡고 있었기 때문입니다.

　그래서 가족들은 처음에는 감동적인 가족애를 발휘하여 그 흉측한 곤충을 참아내고, 돌보며, 안락하게 해주고, 그의 인간적인 것을 다시 불러내려고 노력도 하지요. 하지만 시간이 지날수록 차츰 슬픔과 사랑은 사라지고 귀찮아지기 시작합니다. 그리고 나중에는 '저것 때문에' 못살겠으니 '없앨 계획을 세워야 한다.'라고 외치기에 이릅니다.

　이유인즉 그레고르가 더 이상 돈을 벌어 생계를 책임지던 예전의 든든한 아들이자 오빠가 아니기 때문이지요. 한마디로 그의 '어떠어떠함'이 완전히 변한 것입니다. 그러자 그들의 사랑도 따라 변한 거지요. 그를 그렇게 좋아하고 돌보던 누이동생마저 "없어져야 해요. 아버지, 그 방법밖에는 없어요. 저것이 그레고르 오빠라는 생각은 집어치우세요."라고 외칩니다.

　결국 그레고르는 가족들의 냉대와 폭력, 증오 속에서 고독하게 죽습니다. 아니 오히려 스스로 죽음의 길을 선택했다고 해야겠지요. 왜냐하면 "더 이상 이런 식으로 끌고 나갈 수 없다."라고 원망을 퍼붓는 누이동생 때문이라기보다, 자신이 사라지지 않으면 안 된다는 생각이 그에게 훨씬 강했기 때문입니다. 흉측한 외모에다 돈까지 벌지 못하는 인간이 현실세계에 발붙일 곳은 어디에도 없었던 거지요. 그에게는 가정이 더 이상 안식처가 아니었던 것입니다. 그리하여 그레고르는 새벽 3시를 알리는 교회 종소리를 들으며 어둠 속에서 감동과 애정을 간직한 채 집안 식구들을 생각하며 숨을 거둡니다.

　그러자 가족들은 그의 주검 앞에서 신께 감사를 드리고 악몽 같았던 지난 몇 달의 고통을 씻어버리기 위해 교외로 소풍을 가지요. 따뜻

한 봄 햇살이 비쳐드는 전차 안에서 앞으로의 일들을 이것저것 상의하다가 장래의 희망도 이야기하며 그들끼리 훈훈한 가족애를 확인하기도 합니다. 그리고 생각해보니 그들의 장래도 그렇게 어두운 것만은 아니었지요. 그들에게는 어느덧 아름답고 매력적인 여성으로 성장한 딸이 있었고, 이제 그녀가 그레고르를 대신해서 가족의 생계를 떠맡을 수 있을 것이라는 생각이 들었기 때문입니다.

이 작품은 카프카 문학이 가진 특유의 상징성 때문에 여러 가지 해석이 가능합니다. 그 가운데 예를 들어, 곤충으로의 변신을 그레고르의 내면에 감추어진 억압되어 있던 자아가 드러난 것으로 이해하는 심리학적인 해석도 흥미롭습니다.

그레고르는 항상 자신의 일을 더 이상 참을 수 없다고 생각했습니다. 그리고 '힘든 직업, 직업상의 긴장, 기차의 연결에 대한 걱정, 불규칙적이고 나쁜 식사, 자꾸 바뀌는 바람에 결코 지속되지도, 결코 따뜻하지도 못한 인간관계' 등에 대해 불만을 가졌지요. 그래서 당장 회사를 그만두고 인간적인 대우를 받으며 좀더 여유로운 생활을 하고 싶은 마음이 간절했지만 부친이 회사에 진 거액의 빚 때문에 그럴 수가 없었습니다. 가족의 생계를 꾸려 나가면서 동시에 빚을 갚아 그 빚이 모두 청산될 5, 6년 후까지는 도저히 꼼짝할 수가 없었던 겁니다. 그는 마치 저 유명한 셰익스피어의 《햄릿》이나 괴테의 《빌헬름 마이스터의 수업시대》의 주인공들처럼 이러지도 못하고 저러지도 못하는 심각한 내적 갈등에 빠져 있었던 거지요.

그래서 그는 자신의 일상생활에 대해 늘 불평했습니다. "마귀나 와서 쓸어가라지!"라고. 그러던 어느 날 정말로 그런 일이 일어난 겁니다. 비록 흉측한 곤충으로 변했지만, 그것을 통해 정말로 마귀가 와서 쓸어가버린 것처럼 그 지긋지긋한 상황으로부터 해방될 수 있었던 거지요. 그래서 한편으로는 자신의 노동, 직업상의 긴장, 여행의 고달픔을 잊고 좀더 잠을 청하려고 할 정도로 곤충으로의 변신을 편안하게 받아들이기도 합니다. 바로 이것이 그레고르의 변신을 그의 심리적 내면에 오랫동안 억눌렸던 욕망이 한 마리 곤충으로 형상화되었다고 보는 이유인 겁니다.

그러나 이러한 변신은 가족들로부터 또 자기 자신으로부터도 인정받을 수 없기 때문에 결국 죽음이라는 새로운 변신에 이르게 된다는 거지요. 그레고르가 누이동생의 바이올린 연주를 들으며 "음악에 이렇게 감동하는데도 내가 동물이라는 말인가? 마치 그리워하던, 미지의 양식에 이르는 길이 그에게 나타난 것만 같았다."라며 죽음을 자아의 '미지의 양식'으로 받아들이는 것이 이러한 해석을 뒷받침합니다.

흥미롭지요. 하지만 이 작품을 앞서 이미 알아본 '가정의 의미'와 연관시켜 생각해보면, 그 의미가 더욱 넓어지고 깊어집니다. 즉, 만일 우리가 가족을 그의 '어떠어떠함'을 기준으로 평가하고 사랑한다면, 그 '어떠어떠함'이 변했을 경우 일어날 수 있는 일들을 소설 《변신》은 흉측한 곤충으로의 변신이라는 대담하고도 기발한 장치를 이용하여 잘 보여주고 있다는 거지요.

변신으로 인하여 그레고르는 가족을 먹여 살리던 부양자(扶養者)에서 오히려 가족의 보살핌을 받아야 하는 착취자, 벌레로 표현되는 원형적인 기생자(寄生者)로 탈바꿈했습니다. 거대한 벌레라는 모습 자체가 기생생활에 대한 상징이며 과시인 거지요. 그러자 가족에게마저

"옆방의 물건은 치워야 한다."라는 식의 냉대를 받게 되었다는 말입니다. 이 작품이 보여주는 무서운 진실은 가장 순수하고 가장 아름다운 가족간의 사랑조차 경제적인 관계에 토대를 두고 있다는 카프카의 통찰입니다. 그래서 설사 가족이라고 해도 경제적 관계, 곧 그의 '어떠어떠함'이 변했을 경우 그에 대한 사랑도 따라서 변한다는 것이지요.

어떻게 가족간에 그럴 수 있냐고요? 아마도 소설이니까 일어날 수 있는 일이 아니겠느냐고요? 그렇게 믿고 싶습니다. 그런데 요즈음 신문에 보면, 우리 주변에서는 이보다 더한 일들도 자주 일어나고 있지요. 보험금을 타려고 아내나 남편을 살해하는 사람들, 심지어 어린 자식을 버리는 부모들이나, 늙고 병든 부모를 내다 버리는 자식들의 이야기가 심심치 않게 나오고 있습니다. "옆방의 물건은 치워야 한다."라는 것이겠지요. 물론 나름대로 사정이야 있겠지만, 어쨌든 이러한 일들은 가족의 '있음' 그 자체를 사랑해야만 하는 가정에서는 일어날 수 없는 일이고, 또 일어나서도 안 되는 일들이지요.

그렇다면, 한번 생각해보시죠! 왜 이런 일들이 일어날까요? 인간 본성이 원래부터 이악해서일까요? 아니면 오늘날에 와서 가족간의 사랑이 그만큼 줄어든 것일까요? 도대체 웬일일까요? 이러한 질문을 통해서 우리는 오늘날 우리가 당면하고 있는 인간소외의 문제와 만나게 됩니다.

자본주의가 풀어놓은 악령 :

인간소외란 인간이 자기의 본질을 상실하여 비인간적 상태에 놓이는 일을 말하지요. 그런데 카프카의 《변신》이 상징하고 있는 현대인의 인간소외는 자본주의의 본질과 결코 무관하지 않습니다. 예를 들어, 그레고르의 가족들의 태도가 돌변한 것, 어린 자식이나 늙은 부모를 내다 버리는 것에도 알고 보면 모든 가치를 오직 하나의 가치, 곧 경제적 가치로 바꾸어 계산하게 하는 자본주의의 본질적인 문제가 깔려 있다는 말이지요.

자본주의의 본질을 한마디로 정리한다면, '개인의 이기심과 체계적인 이윤 추구의 정당화'입니다. 인류 역사를 두고 자본주의 사회, 특히 그것이 전지구화(globalization)된 오늘날 자본주의 사회를 제외하면 개인의 이기심과 이윤 추구가 이처럼 정당하게 인정받은 적이 결코 없었습니다. 어느 종교에서든 이기심은 지탄의 대상이었고, 어느 시대에나 사람들은 어둠 속에서 돈을 세었지요. 그런데 이들을 밝은 빛으로 끌어내어, 그 몸에 홍포를 입히고 그 머리에 황금관을 씌워준 것이 바로 자본주의입니다.

이에 대한 뛰어난 성찰을 담고 있는 저서가 독일의 유명한 사회학자 막스 베버(Max Weber, 1864~1920)의 《프로테스탄트 윤리와 자본주의 정신》이지요. 이 작품에서 베버는 자본주의 사회가 그 초기부터 어떤 식으로 이윤 추구를 정당화하기 시작했는가를 미국의 정치가이자 과학자였던 벤저민 프랭클린(B. Franklin, 1706~1790)의 다음 같은 글을 통해 명쾌하게 보여줍니다.

"명심하라. 시간은 돈이다. 하루 노동으로 10실링을 버는 자가 산보를 하거나 방 안에서 한나절을 게으르게 보냈다면 설사 6펜스밖에 쓰지 않았다 하더라도 단지 그것만을 쓴 것이 아니라 그에 더해서 5실링을 더 지출한 셈이다. 아니 내다 버린 셈이다. (…) 명심하라. 돈에는 본래 번식력과 결실력이 있다. 돈은 돈을 낳을 수 있으며 그 새끼가 또다시 번식해간다. 5실링은 6실링이 되고 다시 7실링 3펜스가 되어 결국 100파운드가 된다. 돈이 많으면 많을수록 돈은 더욱 늘어나며 결국 효용은 더 급속하게 증가한다. 한 마리 암돼지를 죽이는 것은 그로부터 번식될 1000마리의 새끼돼지를 죽이는 것이다. 5실링 화폐를 사장시키는 자는 그 돈으로 생산될 수 있는 모든 것, 즉 수천 파운드를 없애는 것이다. 명심하라. '빌린 돈을 잘 갚는 자는 모든 사람 돈주머니의 주인이다'라는 속담이 있다. 약속 날짜에 맞추어 지불한다고 소문이 난 사람은 자신의 친구가 당장에 필요하지 않은 모든 돈을 언제든지 빌릴 수 있다. 이는 때로 매우 유용한 것이다."

오늘날 우리에게는 너무도 당연하게 들리는 프랭클린의 이러한 영특한 교훈들을 예컨대 "마음이 가난한 자에게 복이 있나니 천국이 저희 것이요. (…) 그러므로 염려하여 이르기를 무엇을 먹을까 무엇을 입을까 염려하지 말라. (…) 속옷을 가지고자 하는 자에게 겉옷까지도 가지게 하며 (…) 네게 꾸고자 하는 자에게 거절하지 말라. (…) 낙타가 바늘귀로 들어가는 것이 부자가 천국에 들어가는 것보다 쉬우니라."라는 예수의 가르침과 비교해본다면, 자본주의가 얼마나 체계적인 이윤 추구를 적나라하게 정당화하고 있는지를 알 수 있습니다. 베버는 프랭클린의 이 글에 대해서 다음 같은 설명을 덧붙였지요.

"처세술을 담고 있는 앞의 글의 일부를 살펴보면, 신용 있는 신사의 이상이

'탐욕의 철학'의 독특한 형식이며 특히 자기 목적으로 전제된 자본 증대의 관심을 의무적인 것으로 여기게 하는 생각이 담겨져 있다. 그러나 실제로 여기서는 단순한 처세술이 설교되고 있는 것이 아니다. 독특한 '윤리'가 설파되고 있는 것이다. 이 윤리의 불이행은 태만함으로 여겨질 뿐 아니라 일종의 의무 망각으로 취급된다. 바로 이 점이 본질적인 것이다. (…) 이 '윤리'의 '최고선'은 다음과 같은 것이다. 즉 돈을 벌고 더욱더 많이 버는 것이다. (…) 인간은 돈벌이를 자신의 물질적 생활의 욕구를 만족시키기 위한 수단으로 여기는 것이 아니라 삶의 목적 자체로 여기는 것이다."

탐욕, 곧 이기적인 이윤 추구를 사회 윤리로서 확정한 것이 근대 자본주의 정신의 본질이라는 겁니다. 인간의 본성이 탐욕적이라는 사실과 그것을 사회가 정당화한다는 것은 전혀 다른 문제이지요. 인간의 본성이 설사 탐욕적이라 해도 사회는 그것을 조정할 수 있으며 마땅히 조정해야 한다는 말입니다. 그런데 자본주의는 일찍이 거룩한 성인(聖人)들과 위대한 철인(哲人)들이 지하 감옥에 묶어놓았던 탐욕이라는 마성(魔性)을 풀어놓았습니다.

그러자 교활한 그 마성은 합리적이고 체계적인 이윤 추구라는 미명 아래 인간의 모든 다양한 가치, 곧 사회적, 도덕적, 예술적, 종교적 가치까지도 오직 하나의 가치, 곧 경제적 가치로 환산하게끔 재빨리 바꾸어버렸지요. 그 결과 자본주의 사회에서는 모든 인간관계, 심지어는 가족관계마저도 경제적 가치에 의해 좌우되게 된 것입니다. 카를 마르크스(K. Marx, 1818~1883)는 《공산당 선언》에 이렇게 썼습니다.

"부르주아는 역사상 가장 혁명적인 일을 수행했다. 부르주아는 (…) 적나라한 이해관계, 냉정한 현금 계산 외에는 그 어느 것도 남겨두지 않았다. 또한 종교적 열광과 기사도의 열광, 속물적 감상주의 등의 성스러운 황홀경을 이해타산이라는 얼음장같이 차가운 물속에 내동댕이쳐버렸다. 인격의 가치를 교환의 가치로 해소시켜버렸고, 스스로의 힘으로 쟁취했던 무수한 자유를 그 어떤 것으로부터도 방해받지 않는 단 하나의 상업적 자유로 바꾸어버렸다. 한마디로 말하자면 부르주아지는 종교와 정치라는 환상의 장막으로 가려진 착취를 공공연하고, 파렴치하고, 노골적이며, 직접적이고 가혹한 착취로 바꾸어놓은 것이다. 부르주아지는 지금까지 존경스럽고 경외스런 마음으로 보아오던 모든 직업에서도 신성한 후광을 걷어버렸다. 의사도 법률가도 성직자도 시인도 학자도 그들이 고용하는 임금 노동자로 바꿔버렸다. 부르주아지는 가족관계 위에 드리워진 그 감동적인 감상의 포장을 찢어버리고, 그것을 순전히 금전관계로 만들어버렸다."

바로 여기에서 우리는 '어떻게 가족간에 그럴 수 있을까, 아마 소설이니까 그렇겠지'라고 생각되는 그레고르의 가족들의 비인간성을 이해할 수 있는 열쇠를 찾을 수 있는 겁니다. 그의 아버지와 어머니가 그리고 누이동생이 아니라 자본주의가 "가족관계로부터도 그 감동적인 감상의 포장을 벗겨버리고, 그것을 순전히 금전관계로 되돌려버렸다."는 거지요. 아내가 남편을, 남편이 아내를 살해하는 것이 아니고, 부모가 어린 자식의 손을 길거리 한복판에서 놓아버리는 것이 아니며, 자식이 늙은 부모를 관광지에 내다 버리는 것이 아니고 자본주의가 풀어놓은 '악령(惡靈)'이 그렇게 만들었다는 겁니다.

물론, 악령이란 본래 그것을 받아들이는 개체 안에서만 살아날 수 있는 존재이기에 어찌 모든 탓이 자본주의에만 있겠습니까! 하지만 마르크스가 예언한 이 악령이 지금 우리 사회를 떠돌며 우리를 비인간적으로 만들기 위해 호시탐탐 노리고 있는 것은 엄연한 사실이지요. 그렇다면 이제 우리는 어떻게 해야 할까요? 악령과 속절없이 결탁해 이기심과 이윤 추구에 몰두하며 비인간의 길을 계속 가야 할까요, 아니면 다시 인간으로 돌아가는 길을 애써 찾아야 할까요?

이제 우리도 햄릿과 빌헬름 그리고 그레고르와 마찬가지로 '이것이냐 저것이냐'라는 갈림길에 서 있습니다. 그리고 삶의 모든 문제에서 그렇듯이 선택은 오직 우리 자신에게만 달려 있지요. 그런데 만일 우리가 힘들고 어렵지만 인간의 길을 다시 가고자 한다면, 흉측한 곤충으로부터 벗어나 다시 인간이 되고 싶다면, 마르셀의 철학에 조용히 귀를 기울여야 할 것입니다.

인간이기 위해서는 '가족적'이어야 :

마르셀은 모든 인간다움은 가정에서 시작한다고 생각했습니다. 그래서 "인간이 인간이기 위해서는 '가족적'이어야 한다."라고 주장했지요. 그에 따르면, 가정이란 이 세상에서 최초로 가장 순수한 의미로서 '우리(le nous)'라고 부를 수 있는 '공동체'입니다. 그래서 그는 가정을 '시원적 우리(un nous primitif)' 또는 '원형적 우리(un nous archtype)'라고도 불렀습지요. 그런데 이 '시원적 우리', 곧 '사랑의 공동체' 안에서만 각각 '나'라고 부르는 가족 구성원들의 존재가 드러나며, 그것을 통해서만 인간은 비로소 인간이 될 수 있다는 거지요. 무슨 말일까요? 이렇게 한번 생각해보시지요.

어떤 사람이 왕궁처럼 호화로운 집 안에 홀로 있다고 합시다. 그는 스스로 왕이라고 또는 귀족이라고 생각하며 자신의 존재의 의미를 부여할 수 있지요. 심지어 신이라고 생각할 수도 있습니다. 하지만 만일 그가 평생을 그렇게 홀로 지낸다면 그의 존재에는 아무 의미가 없지요. 그는 집 안에 놓인 탁자나 의자, 책상, 옷장, 거울 등과 같이 단지 하나의 존재물일 뿐, 왕이라는 또는 귀족이라는 그의 존재와 그것의 의미는 결코 드러나지 않는다는 말입니다.

존재란 오직 '공동존재(共同存在, le co-esse)'를 통해서만 자신을 드러내기 때문이지요. '나의 존재를 인정해줄 너', '너의 존재를 인정해줄 나', 즉 '우리'라고 부를 수 있는 상호적 관계의 공동체 안에서만 존재의 의미와 가치가 비로소 드러난다는 말입니다. 아내가 있어 비로소 남편이 있는 것이고, 아이가 있어 비로소 부모가 있는 것이지요. 여기에서 마르셀의 사유는 "'나'는 '너'로 인해 '나'가 된다. '나'가 되면서 나는 '너'라고 말한다. 모든 참된 삶은 만남이다."라는 '만남의 철학자' 마르틴 부버의 성찰과 만납니다.

마르셀은 "태초에 관계가 있었다."라는 부버를 따라, '가족'과 같은 상호적 관계의 개념이 '나' 같은 주관적 개념보다 언제나 앞선다고 강조합니다. 내가 있어서 가족이 있는 것이 아니라 가족이 있어 내가 있는 것이며, 내가 있어 가정의 의미와 가치가 생기는 것이 아니라 가정이 있어 내 존재의 의미와 가치가 생긴다는 거지요. 그래서 가정은 그 자체가 '존재의 화신(l'incarnation)'이자 '하나의 신비'이고 '존재의 힘'이며, '긍지(la fiert)의 산실'이라는 것이 그의 주장입니다.

같은 관점에서 가족이란 '나의 존재적 확장'이라고도 하지요. 이 말은 나의 존재가 가족의 존재와 연결되어 있다는 뜻이지요. 때문에 마치 '서로를 비추는 거울'처럼 내 가족에게 고통과 불행이 닥치면 내가 고통스럽고 불행해지며, 나의 기쁨과 행운이 내 가족의 기쁨과 행운이 된다는 겁니다. 뿐만 아니라 가족을 통해서 나는 최초로 세계 안에서 홀로 있는 것이 아니고 '함께' 있다는 나의 '공간적 확장'을 깨닫게 되며, 부모들이 나에게 관여하듯이 나도 그들과 나의 아이들에게 관여되어 있다는 것을 느낌으로써 나의 '시간적 확장'을 경험하게 된다는 거지요.

그리고 바로 여기에서, 오직 여기에서 '인간이 인간으로 사는 길'이 시작한다는 겁니다. 그래서 마르셀은 이러한 관계를 가족이 아닌 다른 사람들에게까지 확장해야 한다고 주장하지요. 그럼으로써 우리가 사는 사회를 '가족적'으로 만들어야 한다는 겁니다. 상대를 그의 '어떠어떠함'으로 판단하지 않고 오직 그의 '있음' 자체를 존중하며, 상대의 고통과 불행을 나의 고통과 불행으로 인식하는 것이 모든 윤리의 바탕이기 때문이지요. 마르셀은 그의 저서 《여행하는 인간》에서 이렇게 주장했습니다.

> "가족은 존재자들을 존재하게 하는 그 무엇이라는 점에서 존재의 진리라고도 할 만하다. 가족이라는 존재 진리에 근거하지 않은 존재자들은 상상할 수 없다. 이러한 범주를 통해 인간이 인간이기 위해서는 '가족적'이어야 한다."

한마디로 인간은 '가족적'으로 됨으로써만 비로소 인간이 된다는 겁니다. 과연 그러냐고요? 말은 그럴듯하지만 실제로 그런지는 의심스럽지요? 만일 그런 생각이 든다면 황석영의 단편소설 〈삼포 가는 길〉과 이정향 감독의 영화 〈집으로〉가 한번 살펴볼 만한 작품들이지요. 이 작품들은 모두 소외된 인간, 그래서 마치 카프카의 《변신》에 나오는 흉측한 곤충처럼 변한 인간들이 어떻게 해서 다시 인간다운 인간으로 돌아가는지를 보여주기 때문입니다.

집으로 돌아가는 길, 인간으로 돌아가는 길 :

1973년 《신동아》에 발표된 황석영의 〈삼포 가는 길〉은 1960, 1970년대 급속한 산업화의 와중에 고향을 떠나 소외된 삶을 살게 된 사람들의 삶의 모습을 진솔하게 그리고 있지요. 이야기는 대강 이렇습니다.

떠돌이 노동자 영달은 공사가 중단되자 밥값을 떼먹고 달아날 기회만 엿보다가 급히 도망을 칩니다. 어디로 갈까 망설이다 들판에서 우연히 삼포로 귀향하는 정씨를 만나지요. 뚜렷이 갈 곳이 없는 영달은 출옥을 해서 고향으로 가는 정씨와 동행하게 되고, 둘이 들른 주점에서 빚을 지고 그날 새벽에 도망친 백화라는 작부에 대해 듣게 됩니다.

주점 주인은 백화를 잡아다 주면 만 원을 주겠다고 하지요. 주점을 나선 두 사람은 역으로 향하는 눈길을 가다가 백화를 만납니다. 백화는 처음에는 두 사람에게 적의를 보이지만, 그들도 역시 자기와 같은 처지임을 알고는 서로 가까워지지요. 특히 눈 덮인 고랑에 빠져 발이 삔 백화를 영달이 업어준 것을 계기로 두 사람 사이에 인간적인 정이

싹틉니다.

　읍에 도착하자 그들은 장터에서 팥시루떡을 사먹는데, 백화가 자기 몫에서 절반을 떼어 영달에게 내밀지요. 역에서 백화는 영달에게 "어차피 갈 곳이 정해지지 않았다면 우리 고향에 함께 가요. 내 일자리를 주선해드릴게."라고 하고, 정씨도 그것을 권하지만 영달은 능력이 없다며 응하지 않습니다. 그리고 숨겨둔 비상금을 털어 기차표와 먹을 음식을 사서 백화에게 주지요. 그러자 백화는 "내 이름은 백화가 아니에요. 본명은요…… 이점례예요."라며 아무에게도 가르쳐주지 않는다는 이름을 대고 떠납니다.

　이 작품에 등장하는 세 사람은 모두 인간으로부터, 또한 자기 자신으로부터 소외된 사람들이지요. 이야기 곳곳에 드러난 것처럼 그들은 본래 따뜻하고 순결한 본성을 가진 사람들이었습니다. 정씨와 영달이 백화를 붙잡아다 주점에 넘기려고 하지 않는 것이 그 한 증거이지요. 하지만 이들은 모두 산업화의 그늘에서 자신도 모르게 인간성을, 그리고 자신의 본성을 상실하고 마치 카프카의 《변신》에 나오는 흉측한 곤충처럼, 전과자, 떠돌이 막노동자, 술집 작부로 변한 겁니다.

　그래서 그들은 고향을 찾아갑니다. 다시 자신의 본성을 찾고 인간으로 돌아가려 하는 거지요. 따라서 이 소설에서 삼포는, 즉 고향은 인간소외로부터의 탈출을 의미하고, 삼포로 가는 길, 고향으로 가는 길은 인간성과 자신의 본성을 회복하는 길을 뜻합니다. 헌데 소설 〈삼포 가는 길〉에서 그 일은 삼포에, 또는 고향에 도달함으로써 이루어지지 않습니다. 그 일은 오히려 그들 사이에 생겨난 '가족적' 유대감으로부터 이루어지지요.

그들은 우선 서로가 상대의 '어떠어떠함'을 문제 삼지 않습니다. 즉 외모나 성격, 재능 또는 재산에 신경 쓰지 않지요. 그런 의미에서 이들은 비록 우연하게 처음 만났지만 이미 서로가 서로에게 '가족적'인 관계가 된 겁니다. 오직 그의 '있음' 자체를 그대로 존중하여 상대의 고통과 불행을 나의 고통과 불행으로 인식하는 것이 벌써 '가족적'이라는 거지요. 그리고 바로 이것이 백화가 아무에게도 가르쳐주지 않는다는 이름을 스스로 대게 한 겁니다.

그렇다면 삼포가, 고향이 어디 따로 있는 것이 아니지요. 업히면서 "무겁죠?"라고 묻는 백화의 마음이, 그런 백화를 업고 어린애처럼 가볍다고 느끼는 영달의 마음이 곧 삼포이고 고향인 게지요. 발이 삔 백화를 업어준 영달의 등에, 자기 몫에서 절반을 떼어 내민 백화의 시루떡에 인간소외로부터 탈출할 수 있는 길, 곧 삼포로 가는 길이 있었다는 겁니다. 작가는 소설의 말미에서 삼포가 개발되어 공사판으로 변했다는 말을 듣고 기차에 오르지 않는 정씨를 통해 그것을 다시 한 번 독자들에게 확인시켜주지요.

같은 이야기를 우리는 몇 년 전 화제가 되었던 영화 〈집으로〉에서도 볼 수 있습니다. 영화는 두메산골에서 평생을 살아온 77세 할머니 집에, 두 달 동안만 아이를 맡기려는 엄마 손에 이끌려 7살 난 외손자 상우가 찾아오는 것으로 시작하지요.

금방이라도 허물어질 것 같은 오두막, 벌레가 나오는 단칸방에서 혼자 살며, 구부러질 대로 구부러진 허리와 추레한 외모, 떨어진 고무신마저 기워 신는 데다 말조차 못하는 외할머니에 대해 서울에서 온 상우는 처음부터 업신여김을 전혀 감추지 않습니다. 할머니에게 대놓고 '병신'이라 내뱉는 것이 그 한 예이지요.

　손으로 김치를 찢어 밥 위에 얹어주는 할머니의 행동이 더럽기만 하고, 밤이면 요강에 변을 보아야 하는 것이 불편하고 불결하기만 합니다. 그래서 상우는 그 김치가 놓인 밥을 수저로 떠서 다시 할머니 밥그릇에 던져놓고, 서울에서 가져온 스팸을 꺼내 쩝쩝거리며, 요강은 발로 걷어차버리지요. 비단 그것만이 아니지만 어쨌든 할머니는 그때마다 화석처럼 굳은 손으로 자기 가슴을 문지르며 그저 '미안하다' 고만 합니다.

　교육적으로나 도덕적으로 보면 결코 옳다고 할 수 없지만, 할머니가 상우의 그 '어떠어떠함'을 전혀 탓하지 않는다는 점, 그 어떤 것도 그저 견딘다는 점, 그 모든 것을 그대로 포용한다는 점, 바로 이러한 점에서 관객들은 윤리적 잣대는 들이댈 짬도 없이, 어떤 묘한 정서와 그 정서에 대한 짙은 향수에 곧바로 빠지게 되지요.

　흔히 '모성', '무조건적 사랑'이라는 단어들로 연상되는 이 특별한 정서에 대한 향수는 알고 보면 우리가 살펴본 가정 또는 안식처라는 개념과 연결되어 있는 것입니다. 인간은 자신의 '어떠어떠함'이 아니라 '있음' 그 자체를 그대로 받아들이는 사랑과 그것이 주는 안식 속에서 비로소 자신의 존재의 의미와 가치를 느끼게 되며, 그럼으로써 인간다운 인간이 되는 것이지요.

　그래서 영화는 차츰 상우의 변화를 보여주기 시작합니다. 처음에는 할머니의 '어떠어떠함'에 대해, 곧 그 병신 같음, 그 초라함, 그 불편함에 대해 마냥 업신여기고 짜증만 내던 상우가 할머니의 그 어떤 것도 탓하지 않는, 그 어떤 것도 그저 견디는, 그 어떤 것도 모두 포용하는 사랑에 의해 점차 바뀌어갑니다.

훔쳤던 은비녀를 다시 돌려주고, 편찮은 할머니에게 이불을 덮어준 다음 밥상도 차리려 하지요. 그리고 엄마를 따라서 다시 서울로 돌아가기 전날 밤에는, 눈이 어두워 바늘에 실을 꿰지 못하는 할머니를 위해 바늘마다 실을 꿰어놓기도 하지요. 글을 몰라 편지를 쓸 수 없고, 말을 못해 전화조차 할 수 없는 할머니를 위해 '보고 싶다', '아프다' 라고 쓴 그림엽서도 미리 마련해놓습니다. 필요할 때 언제든지 부치기만 하면 되게끔 서울 집 주소도 잊지 않고 써놓지요.

버스정류장에서 이별을 하면서는 어린 가슴에 손을 대고 예전에 할머니가 한 대로 둥그런 원을 그리며 문지르기도 하지요. 무엇이 '미안하다' 는 것일까요? 그동안 할머니를 괴롭혀서? 아니면 할머니를 홀로 남겨두고 가서? 알 길이 없습니다. 하지만 분명한 것은 상우가 변했다는 것입니다. 상우와 엄마를 실은 버스가 흙먼지를 날리며 서울을 향해 떠나고, 할머니는 다시 구부러진 허리를 지팡이에 의지하고 산길을 올라 돌아가며 영화 〈집으로〉는 막을 내리지요.

여기에서 우리는 물음 하나를 던질 수 있습니다. 곧 이정향 감독이 작품 제목을 〈집으로〉라고 했을 때, 그 '집' 이 상우가 돌아가는 서울 집일까, 아니면 할머니가 사는 두메산골 집일까 하는 것이지요. 다시 말해, 상우에게 가정은 엄마와 아빠가 이혼하고 스팸과 TV, 전자오락기 그리고 롤러블레이드가 있는 서울 집에 있을까요, 아니면 오히려 사랑과 안식이 존재하는 공간, 그래서 상우가 '미안하다' 는 말을 처음으로 배우는 장소, 곧 할머니의 집에 있을까요?

이 물음에 대한 답을 모르는 한, 영화 〈집으로〉를, 그리고 황석영의 단편소설 〈삼포 가는 길〉을, 나아가 카프카의 작품 《변신》을 이해한 것이 전혀 아니지요. 그런데 혹시 우리 가정은, 또 나는 가족적일까? 이것도 한번 생각해보시죠.

인간이 인간이기 위해서는 '가족적'이어야 한다.
: 가브리엘 마르셀

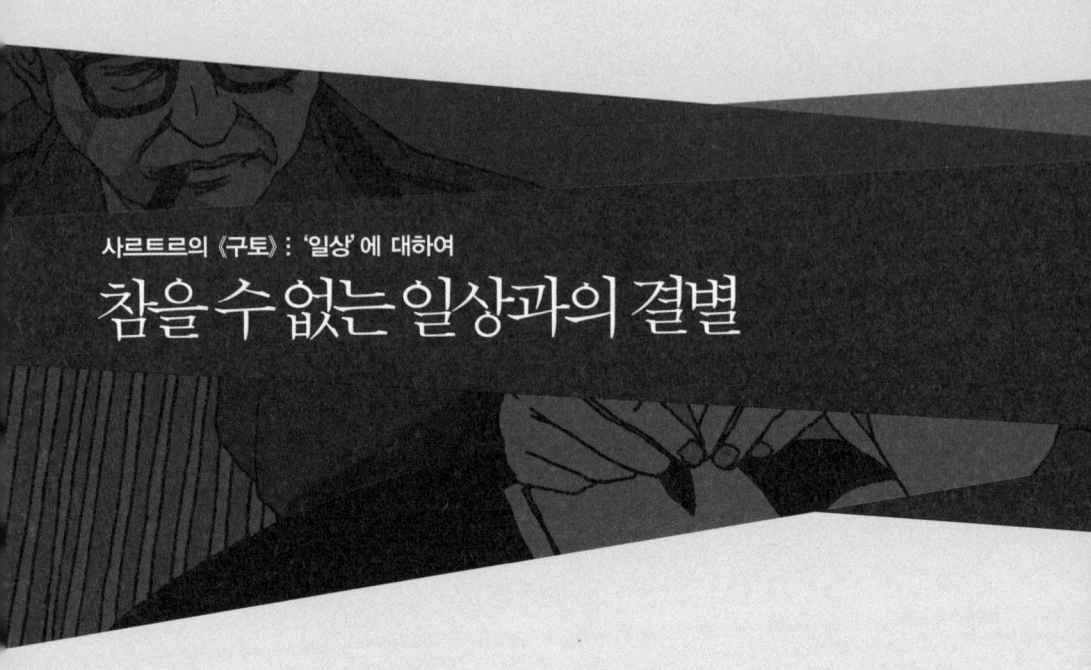

사르트르의 《구토》 : '일상'에 대하여
참을 수 없는 일상과의 결별

나 자신을 총으로 쏘고 싶었다 :

> "나는 방금 파티에서 돌아오는 길이다. 나는 단연 파티의 주인공이었다. 재치 있는 말들이 쉴 새 없이 나의 입에서 흘러나왔고 사람들은 끊임없이 웃음을 터뜨리면서 나를 부러움 섞인 눈초리로 쳐다보았다. ― 그러나 나는 떠나왔다.(이 줄은 지구의 반경만큼이나 길어야 한다.) ― 그리고 나 자신을 총으로 쏘고 싶었다."

혹시 한번쯤 이런 경험을 한 적이 있으세요? 그러니까 남들과 어울려 수다를 떨고 잡담을 나누며, 그들이 사는 대로 조금은 기쁘고 또 조금은 슬프게, 조금은 살맛 나게 또 조금은 살맛 죽이게, 어쨌든 정신없이 일상에 몰두하여 살다가, 어느 날 갑자기 청산가리라도 한 주먹 입에 탁 털어 넣고 싶은 자기혐오를 느껴본 적이 없었나요? 없었다면 다행입니다. 하지만 한편으로는 불행이군요.

다행이라 한 것은 이런 종류의 경험이란 언제나 불쾌하기 짝이 없는 것인 데다, 온 세상이 예전과는 전혀 달리 보이는 생경함, 구토가 날 것 같은 현기증을 종종 동반하기 때문입니다. 그럼에도 불행이라는 것은 당신이 아직은 '자기 자신으로서 사는 것'이 아니라는 것, 아직도 '남들을 따라서' 말하고 '남들을 따라서' 산다는 것, 때문에 자기 자신을 기만하고 있으며, 언젠가는 절망이라는 병, 소위 '죽음에 이르는 병'에 도달할 수밖에 없다는 것이 적어도 위 글을 쓴 사람의 생각이기 때문입니다.

누구냐고요? 아무 문제 없이 살고 있는데 공연히 찬물을 끼얹는 그 사람이? 키르케고르(Søren Kierkegaard, 1813~1855)이지요. 19세기 초 덴마크 코펜하겐에서 태어나 그곳에서 살다가, 죽을 때는 "폭탄은 터져서 그 주위를 불사른다."라는 말을 남긴 철학자입니다. 그는 당시로는 이상하리만큼 예리한 눈으로 100년쯤이나 지난 훗날 하이데거가 '세상사람〔世人〕'과 '잡담(雜談)'이라는 용어로 비판했던 '비본래적 삶', 또는 프랑크푸르트학파가 경고했던 대중적 삶, 즉 오늘날 우리 모두가 경험하고 있는 일상적 삶의 문제들을 간파했지요.

139

그리고 대중적 인간으로 여론이라는 환영을 따라 사는 근대 시민사회의 소시민적 삶에 대해 "겉치레로 살지 말라!", "비본질적으로 살지 말라!" 또는 "네가 마땅히 되려는 것으로 살아라!"라고 외쳤던 겁니다. 그럼으로써 오늘날 우리가 실존주의라고 부르는 철학적·문학적 사조에 불을 붙였지요. 20세기 전반에는 폭탄처럼 터져 한 시대를 불사른 것도 사실입니다. 그 결과 야스퍼스, 하이데거, 사르트르, 카뮈, 마르셀, 베르댜예프 등에 의해 확립된 실존주의는, 형식과 내용에서 각각 다양한 차이가 있음에도 불구하고, 대중에 의한 개인의 노예화에 대한 반항, 자기 자신으로 존재하려는 용기, 자신의 존재의 의미에 대한 탐구라는 성격을 공통적으로 갖게 된 것이니까요.

1938년 5월 21일 출간된 장 폴 사르트르의 첫 소설 《구토》는 바로 이러한 사상적 배경, 곧 키르케고르적 실존주의에 의해서 탄생한 문학작품이지요. 훗날 그의 출세작이자 대표적 철학 저서인 《존재와 무》에서 선보인 사르트르 자신의 실존철학이 이때에는 아직 열매 맺지 못했기 때문입니다. 그런데 이 작품을 잘 설명해주는 시가 한 편 생각났습니다.

"갑자기 나는 사방이 낯설어졌다 / 늘 보던 창이 없고 창에 비치던 낯익은 얼굴이 없다 / 산과 집, 나무와 꽃이 눈에 설고 스치는 얼굴이 하나같이 멀다 / 저잣거리를 걸어도 뜻모를 말만 들려오고 / 찻집에 앉아 있어도 알아들을 수 없는 말뿐이다 / 한동안 나는 당황하지만 웬일일까 이윽고 눈앞이 환해지니 / 귓속도 밝아지면서 /

죽어서나 빠져나갈 황량하고 삭막한 사막에 나를 가두었던 것이 /
눈에 익은 얼굴과 귀에 밴 말들이었던가 / (…) / 비로소 얻게 되는
이 자유와 해방감 / 눈앞에 펼쳐지는 것이 / 또 다른 사막임을 내
왜 모르랴만"

신경림 시인의 〈사막〉이지요. 이 시가 어떻게 《구토》를 설명해주고 있는지는, 우선 《구토》를 보면서 알아보시죠.

혐오스러운 일상들 :
"그 무엇이 나에게 일어났다. 더 이상 의심의 여지가 없다."라는 말로 시작하는 《구토》는 꽤 어렵게 출간되었습니다. 외가로 알베르트 슈바이처(Albert Schweitzer, 1875~1965) 박사의 조카이기도 한 장 폴 사르트르(Jean-Paul Sartre, 1905~1980)는 어려서부터 글로써 유명해지고 싶었고, 스스로 언제나 작가라고 느끼고 있었다지요. 하지만 처녀작인 《구토》의 초기 원고가 몇몇 출판사로부터 퇴짜를 맞았기 때문에 심한 좌절감에 사로잡혔답니다. 한때는 선인장에서 추출한 환각제 메스칼린을 복용해야 할 정도의 우울증을 겪으면서 원고를 수정하곤 했는데, 그래서인지 초고의 원 제목도 《우울증》이었다지요.

그러다가 집필 6년 만에 가스통 갈리마르 출판사에서 출간이 결정되자, 그는 너무나 행복해서 그날 일기에 자랑스럽게 "나는 이제 마치 작가처럼 거리를 거닐었다."라고 썼답니다. 흥미로운 것은 그런 그가 정작 작가로서 유명해지고 나자, 1945년에는 레종 도뇌르 훈장

을 거절했고 1964년에는 노벨문학상을 사양했다는 거지요. 아마도 겉치레로는 살지 않으려고 그랬나 봅니다. 아무튼, 일기 형식으로 쓰인 《구토》의 내용은 이렇습니다.

프랑스 부빌이라는 도시에 사는 앙투안 로캉탱이라는 사람이 있습니다. 부빌은 '지저분하고 불결한 도시'라는 뜻이라지요. 그는 이렇다 할 직업이 없이 물려받은 재산으로 혼자서 살아가는 서른 살 된 사내입니다. 호텔에 살며 생리적 욕구를 해결하기 위해 단골 카페의 여주인과 때때로 성관계를 갖는 일밖에, 그가 하는 일이란 18세기에 살았던 롤르봉 후작이라는 어떤 무명의 역사적 인물에 대한 전기(傳記)를 쓰는 거지요.

그런데 어느 날 그가 물수제비를 뜨려고 집어 든 자갈에서 갑자기 혐오감을 느낍니다. 그리고 이후에 일어난 이상한 일들이 일기 형식으로 전개되지요. 일기가 본격적으로 시작되는 첫 주 월요일에는 늘 보아오던 '독서광'조차 곧바로 알아보지 못했는가 하면, 그가 악수를 하려고 내민 손이 희고 커다란 벌레로 보이는 혐오스러운 경험을 하게 됩니다. 또 화요일에는 길거리에 나뒹구는 종잇조각조차 줍지 못합니다. 종이가 살아 있는 벌레처럼 보였기 때문이지요.

신경림 시인은 이 같은 정황을 "갑자기 나는 사방이 낯설어졌다 / 늘 보던 창이 없고 창에 비치던 낯익은 얼굴이 없다 / 산과 집, 나무와 꽃이 눈에 설고 스치는 얼굴이 하나같이 멀다 / 저잣거리를 걸어도 뜻모를 말만 들려오고 / 찻집에 앉아 있어도 알아들을 수 없는 말뿐이다"라고 읊은 겁니다. 이 같은 낯설음, 이해할 수 없음 앞에서 시인은 시를 썼지만, 로캉탱은 자꾸 구토를 해대지요.

소설 《구토》가 발표되었을 때, 1938년 6월 18일자 〈소설문학〉에는 "내가 보기에는 이전의 어떤 책도 독자들에게 이렇게 심하게 구토를 해대지는 않았던 것 같다. (…) 우리는 지금 막 생겨난 어느 몽상가의 산책에 동행한 것 같은 인상을 받는다."라는 평이 실릴 만큼 로캉탱은 시도 때도 없이 욕지기를 느끼고 구토를 해댑니다. 길을 가다가도 식사를 하다가도 심지어는 정사를 하다가도 욕지기를 느끼거나 구토를 하지요. 그럼에도 불구하고 아직은 자신에게 생긴 이상한 현상에 대해 아는 바가 전혀 없습니다. 넷째 주 수요일이 되어서야, 그는 '독서광'과 함께 점심식사를 하며 토론을 하다가 드디어 자신을 괴롭히는 구토의 정체를 깨닫게 되지요.

"심한 욕지기가 나를 휘어잡는다. 여기에서 나는 무엇을 하고 있을까? 왜 나는 휴머니즘에 관한 토론에 휩쓸려 들었을까? 왜 사람들은 여기에 있나? 왜 그들은 먹었나? 그들은 사실상 자기들이 존재한다는 것을 모르고 있다. 나는 떠나가고 싶다. 어디론지 정말 '나의 자리'라고 할 수 있는 그 속으로 나를 집어넣을 수 있는 그런 곳으로 가고 싶다. 그러나 내 자리는 아무 데도 없다. 나는 여분의 존재이다."

일상에 대한 혐오감! 바로 이것입니다. 23살의 청년 키르케고르가 파티에서 돌아와 "나 자신을 총으로 쏘고 싶었다."라고 말한 바로 그 기분 말입니다. 왜 여기에 있는지, 왜 먹는지, 왜 사는지, 자신을 포함한 모든 인간들은 사실상 자기들이 '존재한다'는 것을 모르고 있다는 거지요. 단지 일상에 빠져, 하루하루를 그저 남들이 사는 대로 따라서 살고, 남들이 말하는 대로 따라 말하면서 무의미하게 살아간다는 겁니다. 그래서 없어도 그만인 남아도는 존재, 곧 '여분의 존재'라는 거지요. 로캉탱은 이렇게 생각합니다.

> "삶이 무엇이냐고 누군가 내게 묻는다면 진심으로 나는 삶이란 아무것도 아니며, 그저 텅 빈 껍데기일 뿐이라고 대답할 것이다. (…) 우리는 자기 자신을 거추장스럽게 달고 다니는 거북한 존재다. 어느 누구도 존재해야 할 이유가 없으며, 모든 존재가 저마다 혼란한 마음과 막연한 불안감을 안고, 다른 사람들에 비해 스스로를 '여분의 존재'라고 느낀다."

이러한 무의미한 일상에 대해 로캉탱은 자신도 모르게 욕지기를 느끼고 구토를 해댄 것입니다. 흔히 '실존의식'이라고 부르는 의식에 도달한 겁니다. 실존의식을 갖는다는 것은 마치 장님이 눈을 뜨는 것과 같은 겁니다. 장님은 눈을 뜨기 전에도 세계와 자신의 삶을 나름대로 이해하고 있었겠지만, 눈을 뜨고 나면 그것이 크게 달라질 수밖에 없겠지요. 문제는 이러한 눈뜸을 통해 새롭게 드러나는 세계와 자신의 삶이 그 이전보다 더 분명하고 의미 있게 보이는 것이 전혀 아니라는 데에 있습니다. 오히려 그것은 모순과 불합리성으로 가득 차 있고 무의미하게 보인다는 거지요.

로캉탱은 4년 전, 6년간의 인도차이나 생활을 청산하고 돌아온 직후에도 유사한 경험을 했습니다. 하지만 당시에는 그 원인이 견딜 수 없을 정도의 권태와 공허감을 주는 고고학이라고 막연히 생각했었지요. 그러나 이제 그것이 아니라는 것이 밝혀진 겁니다. 그래서 "나는 떠나가고 싶다. 어디론지 정말 '나의 자리'라고 할 수 있는 그 속으로 나를 집어넣을 수 있는 그런 곳으로 가고 싶다."라고 느끼는 것이지요. 한마디로 삶의 의미를 찾고 싶다는 겁니다.

바로 여기에서 우리는 사르트르의 《구토》가 키르케고르의 철학을 충실히 따라가는 것을 알 수 있지요. 1846년 3월에 발간된 자기 시대에 대한 통렬한 비판을 담은 《문학평론》에 나타난 키르케고르의 대중과 대중적 삶에 대한 반응은 예민하다 못해 과민했습니다. 그는 대중적 삶의 특성을 '수평화'라고 이름 짓고 혹독하게 비난했지요.

키르케고르에 따르면, 어느 시대이고 그 구성원들을 일정한 관계로 맺어주는 통일의 원리가 필요한데 고대에는 감동이 그 역할을 담당했지만 현대에는 시기(猜忌)가 그 일을 한답니다. 시기란 본래 뛰어난 자, 강한 자에 대한 찬양의 부정적 표현으로서, 그가 가진 어떤 것을 자기도 갖고 싶어하는 마음에서 나온 것이라는 거지요. 하지만 강한 자에 대한 무감동과 냉담이 사람들의 시기를 본래의 의미를 잃고 질적 구분을 흐리게 하여 자기가 강한 자가 되려고 하는 것이 아니라 강한 자를 자기처럼 만들려는 시기, 곧 그가 말하는 '무성격적 시기'로 바꾸어놓았다는 겁니다.

"무성격적 시기는 뛰어난 자를 뛰어난 자로 (적극적으로) 이해하지 못한다. 또 뛰어난 자를 소극적으로나마 인정하여 자기 자신을 이해하려고도 하지 않는다. 오히려 그것을 끌어내려서 하찮은 것으로 만들어 사실상 뛰어난 자가 아닌 것이 되게 한다."

뿐만 아니라 남들과 비교하면서 살아가려는 욕망을 낳는다는 겁니다. 시기심에 의해 사람들은 그의 소유나 생활방식에서, 나아가 의견이나 신앙에서까지 다른 사람들과 같아지길 원하게 된다는 거지요. 키르케고르는 오늘날 우리들의 모습을 미리 내다본 것입니다.

그리하여 시기는 평범하게 살려는 현대인들의 공통적 욕망을 하나로 묶어준다는 의미에서 일종의 사회적 통합을 마련해준다는 겁니다. 사람들은 모두가 동일하고 어느 누구도 자기보다 더 뛰어나지 않다는 생각에 평안을 느끼며, 다른 사람이 이 표준에서 벗어나 뛰어나게 되는 것을 허용하지 않는다지요. 이러한 수평화가 현대인들이 선호하는 대중적 삶의 실체인데, 그 결과 대중만이 살아 있고 개인들은 모두 소멸하게 된다는 겁니다.

"수평화는 개인의 행동이 아니라 추상적 힘의 장악 밑에서 일어나는 반사활동이다. (…) 따라서 개인은 자기 본위로서는 자기가 하고 있는 일을 알고서 하고 있는 것으로 생각하지만, 우리는 이구동성으로 다음과 같이 말하지 않을 수 없다. 곧 집단적 열광에 있어서는 단독자(單獨者)들의 다수가 아닌 다수가 우세한 것처럼, 여기에서도 그러한 다수가 우세하므로 개인은 자기가 하고 있는 일을 알지 못한다. 사람들은 개인으로서는 도저히 이겨내지 못할 악마를 불러낸다. 그리고 개인이 잠시 동안 수평화의 안락 속에서 이기적으로 추상을 즐기고 있는 동안에 그는 동시에 몰락에 서명하게 된다."

그래서 키르케고르는 대중에 의한 수평화에 반항하고 투쟁할 것을 외치며, "대중과의 싸움, 평등이라는 폭정과의 싸움, 피상성, 난센스,

저열성, 야수성이라는 악동과의 싸움에 비하면 왕이나 교황과의 싸움은 오히려 쉽다."라고 탄식했던 거지요. 사르트르가 《구토》에서 바로 이러한 힘겨운 싸움을 시작한 것입니다. 로캉탱이 시도 때도 없이 해대는 구토가 바로 대중적 삶이 가진 이러한 피상성, 난센스, 저열성, 야수성에 대한 거부라는 거지요.

남아도는 존재들 :
사르트르는 남들을 따라서 말하고, 남들을 따라서 살며 그 안에서 평안을 느끼는 현대인들이 즐기는 대중적 삶의 본질, 곧 키르케고르가 수평화라고 파악한 그것을 순응주의(le conformisme)라고 불렀습니다. 《구토》에 등장하는 카페 손님들, 산보하는 군중들이 바로 그 대표적인 사람들이지요. 그들은 평소에는 카페에 모여 자신과 전혀 상관없는 일에 대해 담소하거나 토론을 합니다. 서로 똑같은 생각을 하고 그것을 보호하기 위해서지요. 그럼으로써 그들은 모든 것을 아는 대중의 일원이 되지만 사실인즉 스스로는 아무것도 아는 것이 없는 개인이 됩니다.

그리고 일요일 오전에는 교회에 가거나 장을 봅니다. 점심을 먹고 난 후에는 산책을 하거나 영화관에 갑니다. 영화가 그들을 대신하여 꿈꾸어주고 대변해주고 대리만족도 시켜주기 때문이지요. 한마디로 대신 살아주기 때문입니다. 또한 해변을 따라 산책하는 군중들은 서로 알지 못하면서도 같은 취미를 공유하는 대중이라는 이유로 서로서로 미소 지으며 바라봅니다. 그들은 예를 들어 바닷물에 대해 한 번도 스스로 알아보려 하지도 않고 초록색이라고 믿지요. 왜냐하면 모두가 그렇게 생각하고 그렇게 말하는 대로 믿는 것이 대중의 일원으로 안정감을 갖고 사는 것이기 때문입니다.

이들은 모두, 신경림 시인이 "죽어서나 빠져나갈 황량하고 삭막한 사막에 나를 가두었던 것이 / 눈에 익은 얼굴과 귀에 밴 말들이었던가"라고 한탄한 바로 그 상황을 오히려 원하고 기꺼이 받아들이는 것이지요. 로캉탱은 이런 사람들을 경멸하며 남아도는 '여분의 존재'들이라고 빈정댑니다. 그들의 존재에는 아무런 의미가 없다는 거지요. 그래서 그는 젊은 연인들의 사랑마저도 비웃습니다. 연인들이 서로에게서 찾는 삶의 의미는 일시적이어서, 결국 삶의 부조리를 은폐하는 방법이자 시간을 죽이는 방법에 불과하다는 겁니다. 설사 그들의 사랑이 결실을 맺어 함께 산다고 해도, 개인으로서 아무 자각이 없는 그들은 다른 부부들이 그리하듯이 느리고 미지근한 생활을 하는 대중이 된다는 거지요.

로캉탱은 이러한 대중들의 무의미한 삶이 지도자 내지 지배층에 의해 교육되고 권장된다고도 생각합니다. 존경받는 장학관이고 책을 세 권이나 남김으로써 도서관 광장에 거대한 동상으로 세워진 앙페트라즈, 부빌이 큰 항구로 발전하도록 도움으로써 초상화로 남은 부르주아들, 그리고 법관, 의사, 군인, 성직자 부류에 속하는 현재의 지배층 사람들이 모두 그렇다는 거지요. 그들은 카페에서, 결혼식장에서, 장례식에서 사람들에게 세상에 찌든 자신들의 얼굴을 내보이면서 다른 사람들과 다르지 않게, 되도록 표내지 말고 남들을 따라 평범하게 살라고 설교한다는 겁니다. 그럼으로써 사람들이 의식 없는 삶을 살게 한다는 거지요. 그래서 로캉탱은 말하지요. "더러운 자식들이여 안녕."이라고.

얼핏 보아 휴머니스트이자 지식을 추구하는 '독서광'은 이렇게 교육받은 대중적 소시민의 상징입니다. 지식욕이 강한 그는 백과사전을 순서대로 훑어가며, 유명한 학자들의 말이라면 무조건 수첩에 적어놓지요. 로캉탱이 보기에 '독서광'의 이러한 행동은 자신보다는 타인의 지식에 더 신빙성을 두어, 무비판적으로 기존의 가치를 받아들이는 것에 불과합니다. 동시에 그것은 자신의 삶의 의미를 자신의 행위가 아니라 타인이 축적한 지식에서 찾는 것이기에 무의미하다는 거지요. 때문에 '독서광'은 비록 지식인이지만 여분의 존재라는 겁니다.

여분의 존재로 매우 특별한 인물이 로캉탱의 애인이었다가 6년 전에 헤어진 안니이지요. 그녀는 언제나 '완전한 순간'을 실현시키고 싶어하는 사람이었습니다. 그녀가 말하는 '완전한 순간'이란 그녀가 '특권적 상태'라고 부르는 '어떤 기대했던 상황'에 알맞은 태도나 행위, 그리고 말을 함으로써 경험하게 되는 시간이지요. 한마디로 안니는 삶을 마치 영화를 촬영하거나 연극을 하는 배우의 연기처럼 생각하는 겁니다. 그래서 "특권적 상태마다 해야 할 행위가 있고, 취해야 할 태도가 있고, 해야 할 말이 있다—그리고 다른 태도, 다른 말은 엄격하게 금지되어 있다."는 거지요.

예를 들어 두 사람이 템스 강가에서 첫 키스를 나눌 때에도, 안니는 쐐기풀 위에 앉아 있었기 때문에 허벅지가 몹시 아파 아무것도 느낄 수 없었지만 완전한 순간을 연출하기 위해서 20여 분간이나 고통을 참고 견딘 다음에야 로캉탱에게 키스를 했답니다. "왜냐하면 그것은 형식을 밟아서 해야 했으니까." 이런 특이한 생각 때문에 그녀는 연극배우가 되었는지도 모릅니다. 하지만 삶이란 연극과는 다른 것이어서 한 번도 '완전한 순간'을 경험해보지 못한 그녀의 삶은 무의미한 것이 되었습니다. 형식을 밟아 첫 키스를 했을 때에도 너무나 고통스러웠던 나머지 '아무것도' 느낄 수가 없었지요.

그래서 안니는 연극에서라도 삶의 의미를 찾으려 했으나, 그마저 담당한 역할에 일치감을 얻지 못해 그만두고 말았지요. 그러고는 절망하여 여행이나 다니며 과거를 회상하며 상상 속에서나마 완전한 순간을 실현하며 살아갑니다. 안니를 다시 만난 로캉탱은 그녀에게 삶의 의미는 과거에의 회상이 아니라 현재에의 인식에서, 시나리오나 각본처럼 이미 짜여진 어떤 특권적 상태에서가 아니라 그때그때 선택하고 결정하는 행동에서 온다는 것을 설득하려 하지만 실패하지요. 그래서 두 사람은 다시 헤어집니다.

'독서광'과 마찬가지로 안니도 상식적으로 이해하기 매우 어려운 인물이지요. 사실인즉 로캉탱을 포함한 《구토》에 등장하는 인물들은 모두 그렇습니다. 하지만 사르트르가 이런 '특이한' 인물들을 등장시킨 이유를 이해하기는 매우 쉽습니다. 그는 키르케고르가 제시하고 자신이 훗날 소리 높여 외친 실존주의의 구호들, 즉 생각보다 행동, 과거보다 현재, 외적 조건에 의한 판단보다는 내적 상태에 의한 판단이 중요하다는 것, 한마디로 "실존은 본질에 앞선다."라는 것을 보여주려는 거지요. 그것을 위해 실존보다 본질이 앞서는 인물들을 등장시켜 비판하는 겁니다.

우선 지식인들을 대변하는 '독서광'에 대한 로캉탱의 비판을 통해 사르트르는 "나는 생각한다 고로 존재한다가 아니라 나는 행위한다 고로 존재한다."라는 키르케고르의 실존주의적 명제를 보여줍니다. 키르케고르에 의하면, 인간이 산다는 것은 사유하는 것이 아니라 행위 하는 것입니다. 단순히 인간으로 태어났다는 사실, 그래서 자신이 인간이라는 것을 안다는 사실이 그가 인간임을 의미하지 않는다는 거지요. 그러므로 인간이 되려면 인간적으로 행위 하라는 것이 바로 키르케고르가 말하는 실존의 의미입니다.

그런가 하면, 안니를 통해 사르트르는 행위 하되 과거가 아니라 현재, 외적 조건이 아니라 내적 상태에 따른 행위가 삶의 의미를 찾아주는 실존임을 강조한 거지요. 우선 로캉탱은 과거를 배제한 인물로 설정되어 있습니다. 따라서 독자는 그의 과거에 대해서 아는 것이 거의 없지요. 그는 가족도 없고, 집도 없이 호텔에서 머뭅니다. 따라서 그에게는 추억을 떠올릴 만한 오래된 가구나 사진조차 없지요. 오직 생리적 욕구나 감각적 느낌에만 충실한 인물입니다. 사르트르가 이러한 인물을 주인공으로 선정한 이유는 삶의 의미가 과거가 아니라 현재에서만 찾아진다는 실존주의적 인식을 강조하기 위한 거지요.

이 역시 키르케고르의 사상에서 시작된 겁니다. 키르케고르는 실존이란 언제나 현재의 문제이며 동시에 앞으로의 전향적(前向的)인 문제이기 때문에 과거를 회상하는 후향적(後向的) 운동만으로는 실존에 대한 해답을 얻을 수가 없다고 주장했지요. 그래서 그는 그의 저서 《반복》에서 영혼에 기억된 과거를 회상함으로써 진리를 찾는 플라톤의 상기(想起, anammesis)에도 반대하고, 동시에 예정된 미래에 대한 기대로써만 진리를 구하는 유대교의 대망(待望, Haabet)에도 반대했습니다. 그리고 이 둘을 종합한 '반복(反復, Wiederholung)'이라는, 진리를 찾는 자신만의 새로운 방법을 제시했지요.

'반복'은 전향적 자세로 과거를 상기하는 것이자 후향적 자세로 미래를 대망하는 것, 즉 과거의 기억과 미래의 예정을 모두 현재에 실현하는 겁니다. 한마디로 이것은 아우구스투스의 시간론과 비견되는 심오한 기독교적인 사유이지요. 요컨대, 2000년 전 팔레스타인에서 행해진 그리스도의 십자가 고난과 부활을 현재 나의 삶에 스스로 실현함으로써 미래로 예정된 나의 구원 역시 현재에 실현시킨다는 논리입니다.

키르케고르의 《반복》에서 현재는 이런 특별한 종교적이고 실존적인 의미를 갖고 있습니다. 그러나 무신론자인 사르트르는 여기에서 심오한 종교적 사유는 제거하고 그 가운데 단지 실존적인 의미로서 현재의 중요성만을 받아들였지요. 따라서 사르트르가 말하는 현재는 오히려 기억이든 예정이든 그 어떤 정해진 것을 거부하는 현재, 오직 자신의 행위에 의해서만 드러나는 현재이지요.

뿐만 아니라, 안니와 로캉탱의 차이는 안니가 행위의 근거를 '특권적 상태'라는 외적 조건에 의한 판단에서 찾는 반면, 로캉탱은 내적 상태에 의한 판단에서 찾는 것에서도 나타나지요. 이것은 키르케고르가 인간의 인식을 '객관적 인식'과 '주관적 인식'으로 구분한 사실과 연관됩니다.

키르케고르가 말하는 객관적 인식은 외부세계를 그대로 나타낸다는 의미에서 '반영적(反映的)'입니다. 그것은 단순히 객관들을 비추지요. 과학적 지식이 그 대표적인 예입니다. 때문에 이렇게 획득된 지식들은 외부에 있는 한 인식되며, 때문에 인간이 그 지식에 대해서 행해야 할 모든 것은 단지 그것을 아는 것, 곧 소유하는 것뿐이라는 겁니다. 이러한 지식을 키르케고르는 '비본래적(非本來的) 지식'이라고 했습니다. 삶의 의미, 곧 실존과 관계하지 않는 지식이라는 뜻이지요.

하지만 키르케고르가 말하는 주관적 인식은 다릅니다. 주관적 인식은 일단 획득하면 그것의 실행을 요구한다는 의미에서 실천적입니다. 그것은 인격적으로 받아들여야만 하지요. 윤리적, 종교적 지식이 대표적인 예입니다. 때문에 인간이 그 지식에 대해서 행해야 할 모든 것은 단지 그것을 실행하는 겁니다. 이러한 지식을 키르케고르는 '본래적(本來的) 지식'이라고 했습니다. 삶의 의미, 곧 실존과 관계하는 지식이라는 뜻이지요.

이로써 사르트르가 말하는 실존의 윤곽이 드러났습니다. 실존은 사유가 아니라 행동인데, 그것도 외적 조건이 아니라 내적 상태에 따른 행위, 비본래적 지식에 의한 행위가 아니라 본래적 지식에 의한 행위라는 거지요. 사르트르는 키르케고르로부터 물려받은 이런 생각을 바탕으로 《구토》를 썼고, 1943년에는 《존재와 무》를 출간했습니다. 《존재와 무》는 나오자마자 불티나게 팔려, 13년 만에 46판이라는, 철학책으로는 유래 없는 기록을 세우며 일개 고등학교 교사를 혁명적 철학자의 자리에 올려놓았지요.

탈출구는 어디에 :

본격적 철학서인 《존재와 무》는 《구토》에서 이미 언급한 문제, 즉

이 세계에서 인간으로 존재한다는 것이 어떤 의미를 가졌는지를 중점적으로 다루었습니다. 이 문제에 대한 사르트르의 답변 가운데 하나는, 인간에게는 그를 억압하는 그 어떤 본질이 없다는 것, 그래서 인간은 자유롭다는 것, 어느 누구도, 어떤 사회적 관습이나 제도도, 심지어는 신마저도 인간을 억압할 수 없다는 것, 때문에 운명은 자기 손에 달려 있으며 매순간 스스로 선택하고 결정해야 한다는 것이지요.

여기에서 사르트르는, 하이데거가 그랬듯이 키르케고르와 갈라섭니다. 키르케고르는 이러한 '인간의 자기 창조'에 반대했기 때문이지요. 그가 보기에 인간의 자기 창조는 '멋진 외관'을 갖고 있지만 '그저 공중누각을 쌓을 뿐이며, 끊임없이 공중에 칼을 휘두를 뿐'이라는 겁니다. 왜냐하면 이러한 인간에게 남은 미덕은 오직 '스스로를 선택한 자'로서의 자유와 책임뿐이고, 신도, 보편타당한 도덕률도, 양심도, 우리가 책임져야 할 인격의 왕국도 존재하지 않기 때문이라는 거지요.

한마디로 그는 마치 가출한 소년처럼 자유롭지만 동시에 버림받았다는 겁니다. 그가 얻은 자유는 '~으로부터의 자유'일지언정 '~에로의 자유'가 아니라는 거지요. 그래서 키르케고르는 '스스로를 선택한 자'를 '영토 없는 왕'이라 부르고 이렇게 예언했지요.

> "자아는 절망하여 자기가 창조하는 자신을 자기로 여기고, 자기 자신을 전개하고, 자기 자신임에 만족하고 향락하려 한다. 그는 심지어 자기가 그렇게까지 자기 자신을 이해했다고 생각하는 그 거장다운 시적 소질을 자랑하고 싶어한다. 그럼에도 불구하고 그가 자기 자신을 얼마나 이해하고 있는가 하는

것은 결국 어디까지나 수수께끼이다. 그가 자신의 궁전을 99퍼센트 완성했다고 생각하는 순간에 그는 다시 그 전체를 멋대로 무(無) 속에 해소시킬 수 있다. (…) 그런데 절망하여 그 자신이고자 하는 그러한 고뇌 속에 의식이 많으면 많을수록 그만큼 절망의 정도도 강해져서 그것이 이윽고 악마적인 것에까지 이른다."

이제 아시겠죠? 왜 신경림 시인이 〈사막〉의 마지막에서 "비로소 얻게 되는 이 자유와 해방감 / 눈앞에 펼쳐지는 것이 / 또 다른 사막임을 내 왜 모르랴만"이라고 읊었는지를? 사르트르도 나중에는 이 문제를 인식했습니다. 그래서 가출한 소년이자 영토 없는 왕인 '스스로를 선택한 자'가 누리는 자유를 '저주받은 자유'로 규정하고, 그 자유를 기꺼이 반납하는 작업을 시작했지요.

그것이 소위 '앙가주망(engagement)'입니다. 앙가주망은, 본래 '구속(拘束)'이나 '계약(契約)'을 뜻하는 프랑스 말인데, 사르트르는 이 말에 실존주의적 의미를 부여하여 사용했습니다. 즉, 인간이 자신의 삶의 의미를 살려내기 위해서는 '어떤 것으로부터 벗어나야 함'은 물론이고, '어떤 것에다 자기 자신을 스스로 잡아매는 행위'를 해야 한다는 겁니다. 그러니까 앙가주망이란 현재 상태로부터의 '자기 해방'인 동시에, 스스로 선택한 상태로의 '자기 구속'인 거지요.

그런데 어디에다가 스스로를 잡아매냐고요? 사실인즉 어디에다 잡아매도 그만이지만, 키르케고르는 신에게다 잡아매라고 했고, 사르트르는 역사적 현실이 요구하는 사회 문제에 잡아매라고 했습니다. 그리고 스스로 실천해 보였지요. 그는 마르크스주의에 동감하여 1952~

1956년에는 프랑스 공산당원으로 일했지만, 스탈린 공산당이 보인 폭력에는 적극 반대했고, 미국에 대항하여 쿠바와 월맹을 지지했으며, 1956년에는 헝가리에서 자행된 소련의 조치에 맞서 항변했고, 1958년에는 바르샤바 조약 가입국들이 '프라하의 봄'에 개입한 행위에 대해 신랄하게 비판했습니다. 앙가주망을 보통 '사회 참여'라는 뜻으로 사용하는 것도 이 때문이지요.

에피소드가 있습니다. 1960년 알제리 전쟁이 정점으로 치닫고 있을 때, 사르트르는 프랑스 군인들에게 부정한 전장에서 탈영하라고 호소했습니다. 당시 젊은이들에게 폭발적인 인기를 누리고 있던 이 지성인의 말은 프랑스 정부에 매우 위험한 것이었지요. 그러자 보수 세력들은 분노에 가득 찬 목소리로 일제히 사르트르를 법정에 세우라고 외쳤습니다. 하지만 대통령이던 샤를 드골은 '볼테르 같은 인물을 체포하지 않을 것'을 분명히 선포했다지요.

물론 사르트르의 첫 주인공인 로캉탱은 아직 '앙가주망' 같은 성숙한 실존의식은 갖고 있지 않습니다. 《구토》를 쓸 당시 사르트르의 사유가 아직 여기까지 이르지 못했던 거지요. 때문에 1955년 그는 한 인터뷰에서 이렇게 말했답니다. "나는 내 작품 가운데 어느 것도 부정적으로 보지 않는다. 하지만 난 변했다. 현실을 보는 법을 점점 배우게 되었고, 아이들이 굶주리는 것을 보았다. 죽어가는 아이 앞에서 《구토》는 아무 의미도 지니지 못한다."

그렇다면 로캉탱은 어떻게 했을까요? 일상에 빠져 무의미한 삶을 이어가는 자신과 주변의 사람들을 '여분의 존재'라고 느끼며 절망하여 구토를 해대던 그는 "나는 어렴풋이 나 자신을 없애는 꿈을 꾸기도 했다. 남아도는 존재들 가운데 적어도 하나는 없애기 위해서 말이다."라면서 우선 삶을 포기하려고 합니다. 하지만 그에 앞서 도망가듯 그동안 살던 도시를 떠나려고 하지요.

다섯 번째 수요일이 일기의 마지막 날이자 로캉탱이 부빌을 떠나는 날입니다. 그는 카페 여주인에게 작별인사를 하러 가며 다시 한 번 삶의 무의미성을 체험합니다. 그동안 정붙이고 살았던 부빌이 섭섭하다는 징표 하나 없이 잘 돌아가고 있기 때문이지요. 누구도 그가 떠나는 것을 아쉬워하지 않는다는 겁니다. 그동안 살을 섞어오던 카페 여주인도 마찬가지이지요. "작별하러 왔소." / "떠나세요, 앙투안 씨?" / "기분전환을 하기 위해 파리에서 살려고 하죠." / "팔자도 좋은 사람이야." 단지 이런 식의 말이 오갈 뿐이었습니다. 그러자 로캉탱은 이렇게 탄식하지요.

"제기랄! 이 버섯 같은 존재를 영위하려는 것이 바로 '나'란 말이냐? 나는 매일 무엇을 할 것인가? 나는 산보를 하고, 튈르리 공원의 쇠로 된 의자에 앉거나—돈을 절약하기 위해서 차라리 나무의자에 앉을 것이다. 나는 도서관에서 독서를 할 것이다. 그리고? 일주일에 한 번 영화를 보러 갈 것이다. 그리고? 일요일에 말을 타러 갈까? 뤽상부르 공원으로 퇴직자들과 크리켓을 하러 갈 것인가? 서른 살인데! 나는 내가 가엾다."

그런데 그때, 카페에서 평소 그가 좋아하는 재즈음악을 듣게 됩니다. "머지않아 사랑하는 그대는 내가 없어 외로우리!"라는 가사가 담긴 음악을 들으며, 로캉탱은 전혀 새로운 생각을 하게 되지요. 레코드판에 담겨 있는 음악은 이미 죽어 있었지만, 그것이 축음기에 걸려 돌아갈 때 다시 생생하게 살아난다는 것을 깨달은 겁니다. 그리고 뒤이어 그 노래를 만든 작곡가와 가수는 자기처럼 '여분의 존재로서 존재하는 죄악'으로부터 구원받은 사람이라고 생각합니다. 그들은 지구 어느 한구석에서 이미 죽었는지도 모르지만, 레코드판의 음악이 축음기에서 재생되어 돌아가는 행위로써 다시 살아나기 때문이지요.

생각이 여기에 미치자, 로캉탱은 전혀 기대하지 못했던 전율과 기쁨을 느낍니다. 아마, 그는 판에 박힌 듯 똑같이 반복되는 무의미한 자신의 삶도 그 어떤 '행위를 함'으로써 의미가 드러나게 할 수 있다는 것을 불현듯 깨달았을 겁니다. 로캉탱은 이때 자기의 심정을 "그것은 내가 더 이상 알지 못했던 그 무엇이었다. 일종의 기쁨이었다. (…) 나는 눈 속을 걸어와 완전히 얼어붙었다가 갑자기 따뜻한 방으로 들어온 사람과 같았다."라고 표현합니다.

그리고 책을 써야겠다고 결심하지요. 하지만 그것은 지금까지 해오던 어떤 죽은 사람의 전기(傳記)가 아니고, '아무런 생각도 없이 그저 하루하루를 살아가는 사람들로 하여금 그들의 존재에 대해서 부끄러워하도록' 인간을 깨우쳐줄 '의미 있는' 소설책을 말입니다. 로캉탱은 이렇게 스스로 새로운 의미를 부가한 글쓰기를 하면, 겉으로는 이전과 달라진 것이 조금도 없겠지만 지루함이나 피곤함 그리고 부조리를 느끼는 일이 없을 것이며 구토도 치밀지 않을 것이라고 생각합니다. 그리고 《구토》는 끝이 납니다. 프루스트의 《잃어버린 시간을 찾아서》가 그렇듯, 로캉탱이 쓴다고 한 그 소설이 바로 《구토》이지요.

159

삶은 무의미하기 때문에, 오히려 의미가 있다 :

정리하자면,《구토》는 인간의 실존적 상황에 대한 뛰어난 고발과 설익은 해결책으로 구성된 작품입니다. 낯익은 사물과 세계가 갑자기 낯설고 흉측하게 보이는 특이한 현상으로 서두부터 독자들의 관심을 촉발한 것, 다른 사람들을 따라서 말하고, 따라서 사는 대중적 삶을 사는 사람들을 '여분의 존재'로 규정하고 묘사한 것, 그러한 일상에 대한 거부를 '구토'로 표현한 것 등이 이 작품이 가진 뛰어난 미덕이지요. 따라서 소설로서는 매력적인 요소를 충분히 갖추었다고 볼 수도 있겠습니다.

그러나 이러한 실존적 상황에 대해 제시한 해결책은 아직 애매모호하지요. 키르케고르가 제시한 '신 앞에 나섬'도 아니고 사르트르 자신이 훗날 제시한 '앙가주망'도 아니라는 말입니다. 때문에 철학적으로는 아직 설익었다는 거지요. 그럼에도 불구하고 우리는《구토》와 함께 이에 대한 해결책에 대해 좀더 이야기할 수 있습니다.

로캉탱의 숱한 구토가 상징하듯, 우리의 삶에는 아무런 의미가 없답니다. 하지만 이 말은 어디까지나 그저 주어진 대로 남을 따라 사는 사람들에게 맞는 말이라는 거지요. 야스퍼스, 하이데거, 사르트르, 카뮈 등 소위 실존주의자들의 사유들을 종합해보면, 우리의 삶은 무의미하기 때문에 '오히려' 의미가 있다는 결론에 도달하게 됩니다. 즉, 삶에는 아무런 고정된 의미가 없기 때문에 우리가 스스로 그 의미를 만들 수 있는 자유가 주어진다는 거지요.

물론 사르트르는 이 자유를 '저주받은 자유'라고도 불렀지만, 만일 우리의 삶에 이런 자유가 없다면, 즉 어떤 정해진 의미가 있어서 단지 그것만을 좇아서 살아야 한다면, 우리는 더 이상 자유롭지도 않고 또 자기 자신을 스스로 만들어갈 수도 없을 것입니다. 철학자들이 본질이라고 부르는 그런 고정된 의미가 없기 때문에, 자기의 삶을 매순간 선택함으로써 자기 자신을 스스로 만들어갈 수 있는 거지요. 그래서 카뮈는 자신의 삶이 무의미하다는 것을 알아차리는 그 '아찔한' 순간을 오히려 '위대한 의식의 순간'이라고 이름 붙인 겁니다.

어떠세요? 아직도 남들을 따라서 말하고, 남들을 따라서 사는 일상적 삶이 편안하세요? 한 번쯤은 그 아찔하고도 위대한 의식의 순간을 맛보고 싶지 않으세요? 만일 그렇다면, 우선 신경림 시인의 《사막》을 다시 한 번 읽어보시지요. 그리고 생각해보시지요. 그가 읊은 '또 다른 사막'에서 벗어나는 방법이 무엇인지! 혹시 그것이 궁금해지면 이어지는 두 편의 글도 한번 보시지요.

> 자신의 힘을 다하여 생산적으로 살아가는 사람의
> 의미 있는 삶을 제외하면 삶에는 의미가 없다.
>
> : 에리히 프롬

사뮈엘 베케트의 《고도를 기다리며》 : '권태'의 의미
텅 빈 무대의 대본 없는 배우, 인간

시간마저 녹이는 권태 :

"폭 좁은 철도를 끼고 있는 어느 초라한 기차역에 우리는 앉아 있다. 다음 기차는 빨라야 네 시간이나 지나서야 온다. 기차역 일대는 삭막하기만 하다. 우리는 배낭 속에 책 한 권을 가지고 있다. 그래 꺼내 읽어볼 것인가? 아니다. 그러면 어떤 물음이나 문제에 관해 골똘히 사색에 잠겨볼 것인가? 그렇게 되지도 않는다. 기차 운행 시간표를 훑어보거나 또는 이 역과 ― 우리는 더 이상 잘 모르는 ― 다른 낯선 곳과의 거리가 다양하게 표시되어 있는 안내

도를 자세히 살펴본다. 그러다 우리는 시계를 들여다본다. 겨우 15분이 지났다. 그래서 우리는 국도 쪽으로 건너가본다. 우리는 그저 무언가를 하기 위해서 이리저리 뛰어다녀본다. 그러나 그것 역시 아무런 도움이 안 된다. 이제는 국도변의 나무들을 세어본다. 다시 시계를 들여다본다. 처음 시계를 보았을 때보다 5분이 더 지났다. 이리저리 거니는 것도 싫증이 나 우리는 돌 위에 앉아 갖가지 형상들을 모래 위에 그려본다. 그러다가 우리는 문득, 우리가 또다시 시계를 들여다보았다는 것을 알아차린다. 반시간이 지났다. 그리고 그렇게 시간 죽이기는 계속된다."

누구나 한 번쯤은 체험해보았을 것 같은 기분이 드는 이 이야기는 일생을 오직 '존재의 의미'에 대해서만 사유하는 데 보냈던 독일의 철학자 마르틴 하이데거(M. Heidegger, 1889~1976)의 저서 《형이상학의 근본 개념》에 나오는 글입니다. 이 책에서 하이데거는 '삶의 무의미성'과 그것의 극복을 '권태(倦怠, Langweile)'의 문제와 연관하여 다루고 있지요. 그러고 보면 때로는 사는 일이 소름끼치게 지겨운 것이 저만의 일은 아닌가 봅니다. 카뮈도 "권태는 그 자체 속에 무엇인가 진저리나게 하는 것을 지니고 있다."라고 했다니까요.

그런데 어떠세요? 이런 '진저리나게 하는' 권태를 느껴본 적이 있으세요? 만일 그런 적이 전혀 없다면 혹시 이런 그림은 기억하세요? 구름 한 점 없는 파란 하늘 밑으로 파도조차 전혀 없는 바다와 풀 한 포기마저 없는 민둥산이 펼쳐져 있지요. 왼편 중앙쯤에 난데없는 탁자가 하나 놓여 있고, 그 모서리에는 마치 물렁거리는 고무판에 찍어낸 것 같은 회중시계가 하나 걸쳐져 있습니다. 그뿐인가요. 탁자에서 솟아난 잎새 하나 없는 나뭇가지에도 그런 회중시계가 빨래처럼 걸쳐져 있고, 그림 중앙에 놓인 '뭔가 알 수 없는 형체' 위에도 역시 이 놀라운 시계가 천 조각처럼 덮여 있지요.

이제 아시겠죠? 누구나 한 번만 보면 잊지 못하는 살바도르 달리(Salvador Dali, 1904~1989)의 〈기억의 지속〉이지요. 개인적으로는 오래전부터 이 작품이 권태, 곧 시간마저 흐물흐물 녹아내리게 하는 지루함을 표현했다고 생각해왔습니다. 그래서 혹시 도움이 될까 싶어 권태라는 개념을 이 작품을 통해 떠올려보라는 것인데, 달리는 자서전에 이 그림에 대해 이렇게 썼답니다.

"예술가를 압박하는 현실은 하나의 소라게처럼 나를 딱딱하게 만들었다. 따라서 나를 철옹성이라고 부르는 사람도 있다. 하지만 나의 내면은 정작 물렁거리는 조갯살처럼 늙어가고 있다. 그런 상태가 이어지던 어느 날 나는 시계를 그리기로 했다."

이 글을 꼼꼼히 살펴보면, 뜻밖의 수확을 얻을 수 있습니다. 그림 중앙에 있는 '뭔가 알 수 없는 형체'의 정체를 깨닫게 되는 횡재지요. 그동안 미술 비평가들조차 그것이 무엇인지 몰라 사람의 얼굴이라고도 하고, 또는 죽은 새나 고래라고도 해왔습니다. 하지만 사실인즉 그것은 '물렁거리는 조갯살', 곧 달리의 내면인 거지요. 달리는 시간마저 녹아내리게 하는 권태 속에서 도저히 벗어나지 못하는 자신의 내면을 흐물거리는 시계판을 덮고 누워 있는 조갯살로 그려놓은 겁니다. 그런데 말입니다, 이처럼 하이데거를, 카뮈를, 달리를, 그리고 우리 모두를 흐물거리게 하는 권태란 도대체 무엇일까요?

하이데거는 권태란 자신의 '존재의 의미'에 대해 끊임없이 염려하는 현존재(Dasein)로서의 인간이 가지는 가장 '근본적인 기분(Grundstimmung)'이라 했습니다. 그리고 그것의 구조는 '붙잡고 있음(Hinhaltende)'이자 동시에 '공허 속에 놓아둠(Leerlassende)'이라 했지요. 그리고 위 글에서 우리가 어느 초라한 기차역에서 빨라야 네 시간이나 지나서야 오는 기차를 기다릴 때를 예로 든 겁니다. 이때 우리는 기차 시간에 의해 붙잡혀 있으면서도 동시에 공허 속에 놓여져 있는데, 이것이 우리가 느끼는 권태의 존재론적 구조라는 거지요. 이럴 때 우리는 권태에서 벗어나기 위하여 '시간 죽이기(Zeitvertrieb)'를 시작한다고 합니다.

그런데 생각해보면, 바로 이것이 우리의 삶이 가진 근원적인 모습이 아니던가요? 우리는 누구 하나 예외 없이 언제 올지도 모르고 또 무엇인지도 모르는 죽음에 의해 붙잡혀 있으면서도, 동시에 공허 속에 놓여져 있는 존재가 아니던가요? 그래서 하염없는 권태 속에서 시간 죽이기를 하는 참으로 권태로운 존재가 아니던가요? 그래서 하이데거도 권태를 인간의 가장 '근본적인 기분'이라고 규정한 것이 아니던가요?

사뮈엘 베케트(Samuel Beckett, 1906~1989)의 《고도를 기다리며》는 하이데거가 제시한 바로 이 '예사롭지 않은' 권태에 관한 문제들을 그 어떤 작품보다 적나라하게 보여주는 희곡이지요. 1953년 1월, '바빌론'이라는 파리의 한 소극장에서 처음으로 공연된 이 작품 속의 두 주인공은 '고도(Godot)를 기다리는 일'에 붙잡혀 있으면서도 동시에 공허 속에 놓여져 있는 사람들입니다. 그래서 그들은 연극 내내 그들이 할 수 있는 모든 방법을 동원하여 '시간 죽이기'를 하지요.

이러한 모습을 보면서 관객들은 '일단' 그들의 행동이 무엇을 의미하는지는 이해하지 못합니다. 그래서 지루함을 느끼지요. 하지만 그 지루함이 왠지 전혀 낯설지는 않습니다. 이것이 다른 흥미롭지 못한 작품들이 주는 지루함과 다른 점이죠. 알고 보면, 베케트의 《고도를 기다리며》가 주는 지루함은 단순히 '흥미 없음'에서 나온 것이 아니라, 우리 삶의 근본적 구조에서 나온 '존재론적 권태' 바로 그것이기 때문이지요.

그렇다면 이 작품은 우리 모두가 언제나 외면하고 살지만 사실인즉 항상 끌어안고 있는 근본적인 문제에 대해 이야기하고 있는 겁니다. 그래서 폐관 직전에 있었던 바빌론 소극장에서의 공연만 400회를 넘기고, 곧이어 수십여 개 국어로 번역, 공연되어 20세기를 대표하는 희곡으로 자리 잡게 된 것이 아닐까요? 아마도 그래서 이 사건도 이야기도 없는 연극을 보며 한없이 지루해하면서도 우리가 결코 자리를 뜨지 못하는 것 아닐까요? 한번 보시죠.

견딜 수 없이 무거운 삶의 무의미성:

막이 오르면, 무대 위에는 말라비틀어진 나무가 한 그루 덩그러니 서 있습니다. 희곡에도 '시골 길, 나무 한 그루', 이 두 마디만 쓰여 있지요. 거기에 등장한 블라디미르(Vladimir)와 에스트라공(Estragon)이라는 두 인물은 어디에서 오는지, 왜 오는지, 언제 오는지, 누구인지도 모르는 고도(Godot)를 하염없이 기다립니다. 그러나 온다는 고도는 끝내 오지 않고, 그렇다고 별다른 사건도 일어나지 않지요. 권태롭지요. 이런 점에서 보면, 무대를 달리의 〈기억의 지속〉처럼 꾸며도 좋겠다는 생각이 듭니다.

두 사람은 그저 시간을 보내면서 지난 일을 회상하기도 하고, 고도에 대해 이야기를 하며, 잠을 자기도 하고, 다투기도 하고, 스스로 목을 맬까 공상도 합니다. 그런 가운데 럭키와 포조라는 인물들이 그곳을 지나가지만 역시 아무런 사건도 없고 변화도 일어나지 않지요. 두 사람에게는 혼란과 권태를 더할 뿐입니다. 이어 한 소년이 나타나 고도가 오늘 저녁에는 오지 못하고 내일은 틀림없이 올 것이라고 전하고 갑니다. 그러자 두 사람은 밤을 보내기 위해 어디론가 가며 1막이 끝나지요. 그리고 2막에서 다시 한 번 거의 같은 내용을 반복한 다음, 연극이 아주 끝나지요. 이게 전부냐고요? 그게 전부입니다.

싱겁다고요? 그렇습니다. 이 연극은 권태를 주제로 관객들을 흥미롭게 하려는 것이 아니라 권태 자체를 보여줌으로써 관객들이 권태를 스스로 체험하게 하지요. 그 탓에 사람들은 이 작품을 흔히 반(反)연극, 신(新)연극, 부조리 연극 등으로 다양하게 부릅니다. 전통적인 연극이 무엇인가 무대 위에서 일어나는 사건을 중심으로 전개된다는 것을 감안하면, 이 연극을 반연극이나 신연극이라고 부르는 것은 어렵지 않게 이해할 수 있지요. 그런데 이 연극을 '부조리 연극'이라고 부르는 까닭은 무엇일까요?

부조리(不條理)란 '조리에 맞지 않음', 또는 '이성에 의해 파악되지 않음', '비합리적임'을 뜻하는 말입니다. 그래서 카뮈나 사르트르 같은 실존주의 작가들이 부조리(l'absurdite)를 말할 때는 보통 '세계와 그 안에서의 삶이 가진 이해할 수 없음'을 뜻하지요. 이들의 작품들, 예컨대 사르트르의 《존재와 무》와 《구토》, 카뮈의 《이방인》이나 《페스트》 등은 바로 이것을 철학적 또는 문학적으로 설명하며 이해시키려 합니다.

그런데 베케트의 《고도를 기다리며》는 이와 다르지요. 이 매우 특이한 작품은 부조리를 설명하거나 이해시키려고 하는 대신 부조리 그 자체를 있는 그대로 보여주려 합니다. 그럼으로써 관객들 스스로 부조리와 맞부딪혀 그 자체를 느끼게끔 하는 형식과 내용을 갖고 있다는 말이지요. 그래서 이 연극을 예컨대 카뮈의 《칼리큘라》나 사르트르의 《출구 없음》처럼 '실존주의 연극'이라 하지 않고, '부조리 연극'이라 부르는 겁니다. 그런데 말이 그렇지 '부조리 그 자체'를 보여주는 일이 도대체 어떻게 가능할까요?

베케트가 한 일은 적어도 두 가지입니다. 하나는 '변화 없는 시공간(視空間)'을 창조한 일이지요. 전통적 연극에서 시간의 흐름이나 공간의 변화는 사건의 전개를 통해 표현됩니다. 하지만 베케트의 《고도를 기다리며》에서는 아무런 사건도 전개되지 않지요. 에스트라공의 말대로 '아무 일도 일어나지 않고, 아무도 오지 않는' '끔찍한' 시공간에 두 사람이 그저 내던져져 있습니다.

그들도 나름대로 무엇인가 대화를 나누고 행동을 하지만, 그 대화나 행동은 아무런 의미를 갖고 있지 않지요. 때문에 사건이 전개되지 않는 것이고 전통적 연극에서 보여주는 시간의 흐름이나 공간의 변화가 일어나지 않는 겁니다. 베케트의 《고도를 기다리며》에서 시간은 반복되고 공간은 고정되어 있지요. 여기에서는 "근본적으로 아무것도 바뀌지 않는다."는 겁니다. 이 자체가 부조리인 것이죠. 예를 들면 다음 두 대화들은 1막과 2막에 똑같이 반복되는데, 그 내용이 '근본적으로 아무것도 바뀌지 않는' 시공간의 무의미성을 잘 보여줍니다.

에스트라공 : 자, 그만 떠나자.

블라디미르 : 안 돼.

에스트라공 : 왜?

블라디미르 : 고도를 기다리고 있으니까.

에스트라공 : 참, 그렇군.

(…)

에스트라공 : 자, 그럼 가볼까?

블라디미르 : 응, 가세나.

(그들은 꼼짝 않는다.)

형식을 보면, 이 작품은 1막과 2막이 나뉘어 있습니다. 하지만 막이 바뀌어도 역시 아무런 변화가 일어나지 않지요. 나무에 잎이 네댓 개가 돋아 있고, 럭키와 포조가 각각 눈이 멀고 실어증에 걸렸다는 것 같은 약간의 외관상 변화는 있지만, 그 역시 아무 의미를 갖고 있지 않기 때문에 무대에서는 1막에서와 같은 시간, 같은 공간, 같은 행위가 반복됩니다. 베케트는 이렇듯 무의미한 대화와 행동을 통해 과거, 현재, 미래로 흘러가는 역사적 시간의 전개가 불가능한 시공간을 창조했지요. 이것이 그가 보여주는 첫 번째 부조리인 겁니다.

'부조리 그 자체'를 보여주기 위해 베케트가 한 또 하나의 일은 '성격 없는 인물'을 창조한 것입니다. 전통적 연극에서 인물은 성격에 의해 창조되지요. 하지만 베케트의 《고도를 기다리며》에 등장하는 인물들은 전통적 의미에서 보면 성격을 전혀 갖고 있지 않습니다. 이것 역시 부조리하지요.

연극에서 한 인물이 어떤 성격을 갖기 위해서는 그가 하는 말과 행동(action)에 확실한 의미와 목적이 있어야 합니다. 그런데 베케트의 인물들의 말과 행동에는 어떤 의미도 목적도 없지요. 고도를 기다리는 것이 목적이 아니냐고 할 수 있지만, 블라디미르와 에스트라공은 왜 고도를 기다리는지, 고도가 누구인지, 그가 오면 어떻게 할지도 모릅니다. 때문에 사실은 기다리는 것도 아니지요. 베케트의 두 인물은 고도를 간절히 기다리는 것 같지만, 이 기다림 역시 아무런 의미와 목적을 갖고 있지 않다는 말입니다. 그래서 《고도를 기다리며》에는 전통적 의미에서의 대사와 행동이 없는 겁니다. 인물들은 단지 '수동적' 또는 '반사적'으로 대화하고 행동할 뿐이지요.

에스트라공 : 아이구 배고파!

블라디미르 : 당근이라도 먹겠나?

에스트라공 : 그것밖에는 없나?

블라디미르 : 순무도 좀 있을지 몰라.

에스트라공 : 당근 좀 줘봐. (…) 이건 순무잖아!

블라디미르 : 아, 미안하이! (…) 틀림없이 당근인 줄 알았어.

(…)

블라디미르 : 참을 수 없대.

에스트라공 : 더 이상은.

블라디미르 : 미치려나 봐.

에스트라공 : 끔찍한 일이야.

이러한 인물에게 성격이 없는 것은 당연합니다. 따라서 베케트의 이 드라마는 매우 연극적임에도 불구하고 거기에는 갈등이 없습니다. 햄릿과 클로디오스 왕, 오셀로와 이아고 사이에서 생기는 그런 대립이 없다는 거지요. 그래서 《고도를 기다리며》에는 엄밀한 의미에서의 '프로태거니스트(Protagonist, 주인공)'도 없고, 이와 갈등하는 '앤태거니스트(Antagonist, 대립자)'도 없다고 하는 겁니다.

베케트는 결국 '변화 없는 시공간' 안에 '성격 없는 인물'들을 그저 내던져놓은 겁니다. 마치 텅 빈 무대 위에 아무 대본도 없이 배우들을 올려놓은 것과 같지요. 이것이 베케트가 관객들에게 부조리를 그 자체로 보여주는 방법이었습니다. 그런데 바로 이러한 상황은 일찍이 하이데거를 비롯한 실존주의자들이 "인간은 피투성(被投性; 내던져져 있음)이다."라는 말로 묘사한 인간의 실존적 상황이 아니겠습니까?

무한한 공간, 영원한 침묵:
하이데거의 출세작이자 대표작인 《존재와 시간》에 의하면, 인간은 그 어떤 특별한 의미(本質) 없이 그저 세계로 '내던져진 자' 입니다. 이 '내던져짐(Geworfenheit)' 에는 거룩한 신의 섭리도, 정해진 운명도 없지요. 인간의 모든 것은 오직 자신에게 맡겨져 있는 겁니다. 하이데거가 인간을 그저 인간이라고 부르지 않고 '현존재(Dasein)' 라고 부르는 뜻이 여기에 있지요.

우리말로 '현존재' 라고 번역되는 독일어 'Dasein' 은 '거기(da)에 있는 존재(Sein)' 라는 뜻을 갖고 있습니다. 그런데 '거기' 가 어디일까요? 하이데거가 말하는 '거기' 란 인간이 아무 의미 없이 그저 내던져진 자리, 그래서 자신의 모든 것이 오직 자기의 선택과 결단에만 맡겨져 있는 자리, 이 선택과 결단에 의해서 비로소 존재의 의미가 밝혀지는 자리, 블라디미르와 에스트라공 그리고 우리 모두가 서 있는 바로 그 자리입니다.

이 자리에서 인간은 일단 자신의 '내던져짐' 에 대해서, 그리고 모든 것이 자신의 선택과 결단에만 맡겨져 있음에 대해서 언제나 '불안(Angst)' 해하며, 자신의 선택과 결단에 의해서만 존재의 의미가 비로소 밝혀지기 때문에 항상 '염려(Sorge)' 하지요. 이 불안과 염려는 일찍이 파스칼이 《팡세》의 제1부, 〈신 없는 인간〉에서 "이 무한한 공간의 영원한 침묵이 나를 두렵게 한다."라고 고백한 바로 그 두려움과도 그리 다르지 않습니다. 베케트는 이러한 인간의 실존적 상황을 '텅 빈 무대' 위에 내던져진 '대본 없는 배우'처럼 '무의미한 시공간' 안에 '성격 없는 인물'로 구성하여 우리에게 보여준 겁니다. 가히 천재적이라 할 수 있지요.

그럼으로써 모든 문제는 대본도 성격도 없는 배역을 맡은 사람들에게로 넘겨져 버렸습니다. 한번 무대에 오른 배우는 아무리 무대가 비었더라도, 설사 대본이 없더라도, 그가 무대에 서 있는 한, 무엇인가를 해야만 하지요. 연극이 끝나 무대에서 내려가기 전까지는 시간을 때워야 한다는 말입니다. 바로 이것이 인간이 '붙잡혀 있으면서도 동시에 공허 속에 놓여져' 있는 방식이기도 하지요.

《고도를 기다리며》의 블라디미르와 에스트라공이 그래서 '시간 죽이기'를 하는 겁니다. 근본적으로 보면, 오지도 않는 고도를 기다리는 것 자체가 '시간 죽이기'이지만, 우선은 그보다 더 급한 일이 있지요. 기다리는 동안에라도 당장 지루함을 달래고 시간을 보내기 위해 무엇인가를 해야 하는 겁니다.

블라디미르: 이제 무엇을 하지?
에스트라공: 기다리지.
블라디미르: 기다리는 동안에 말이야.
(침묵)

그래서 이들은 '시간 때우기 삼아서', '일종의 휴식 삼아', '기분전환용으로' 온갖 방법을 통해 '시간 죽이기'를 합니다. 심지어는 그들이 놀리던 포조와 럭키를 흉내 내는 놀이도 합니다. 연극 속에서 다시 연극까지 벌이는 거죠.

이러한 장면들을 보면서 관객들은 지루해지거나 충격을 받게 됩니다. 지루해지는 것은 베케트의 인물들이 벌이는 '시간 죽이기'가 전통적인 연극에서 전개되는 사건들이 자연스럽게 이끄는 몰입을 철저하게 거부하기 때문이지요. 충격을 받는 것은 그 '시간 죽이기'가 우리의 일상적 삶의 무의미함과 허망함을 그대로 보여주기 때문입니다.

하이데거가 베케트의 《고도를 기다리며》를 보았는지에 대해서는 아는 바가 없습니다. 하지만 만일 그가 이 연극을 보았다면 매우 흥미로워했을 것입니다. 왜냐하면 바로 그가 우리의 '일상적 삶 자체'를 이러한 '시간 죽이기'로 규정하고 철학적으로 분석한 장본인이기 때문이지요.

하이데거에 의하면, 우리의 일상생활이란 자기 자신의 '내던져짐'과 모든 것이 자기에게 '맡겨짐'에 대해서 언제나 불안해하고 염려하는 현존재가 '시간 죽이기'를 하는 것에 불과합니다. 사람들은 우선 보통 남들이 살아가는 방식을 따라, 즉 '평균적 일상성'을 따라 살아갑니다. '대개 사람들이 그리하듯' 자기 자신보다는 자기 밖의 세상 모든 것에 대해 '호기심(die Neugier)'을 가지며, 다른 사람들이 말하는 것을 따라 '잡담(das Gerede)'을 하고, 그들을 따라 '애매하게(Zweideutig)' 행동함으로써, 서로서로 동질화 및 평균화를 꾀한다는 겁니다. 그럼으로써 위안을 얻는 거지요.

175

하이데거는 이러한 일상적 삶을 '비본래적 삶(uneigentliches Leben)'이라고 불렀습니다. 진정한 자기 자신으로서 사는 '본래적 삶(eigentliches Leben)'이 아니라는 뜻이지요. 그리고 이렇게 살아가는 사람들을 '세상사람(das Man)'이라고 하고, 이렇게 살아가는 것을 '퇴락(頹落, Verfallen)', 곧 '무너져 내림'이라고 했습니다. '세상사람'들은 그저 남들이 말하는 대로 따라 말하고, 남들이 행동하는 대로 따라 행동하기 때문에, 자기 자신의 진정한 삶은 무너져 내린다는 의미이지요. 마치 베케트의 인물들이 '반사적'으로 말하고 '수동적'으로 행동하면서 그런 것처럼 말입니다. 이것이 바로 하이데거가 분석한 '시간 죽이기'의 존재론적 구조이지요.

그러면서도 사람들은 '시간 죽이기'에 불과한 자신의 비본래적인 삶이 마치 자기가 선택하고 결단한 자신의 본래적 삶인 것처럼 위장도 하고 활기를 불어넣어 스스로를 위안도 한답니다. 그렇게 함으로써 '시간 죽이기'에 분주히 몰입하는 동안에는 살아 있음을 느끼기도 한다는 거지요.

블라디미르 : 사실이 그렇지 않더라도 그렇다고 좀 해봐.

에스트라공 : 뭐라고 얘기하라는 거야?

블라디미르 : '나는 행복하다'라고 말해봐.

에스트라공 : 나는 행복하다.

블라디미르 : 나도 그렇다.

에스트라공 : 나도 그렇다.

블라디미르 : 우리는 행복하다.

에스트라공 : 우리는 행복하다. (침묵) 이제 우리는 행복하니까, 이제 뭘 한다?
　　블라디미르 : 고도를 기다려야지.

　하지만 이러한 '시간 죽이기'는 단순히 다른 사람들을 따라 사는 것이 아니라 결국에는 진정한 자기로서 살 수 있는 기회를 상실하는 것이기 때문에 하이데거는 비본래적 삶은 인간을 점차 '전락(Absturz)' 시킨다고 했습니다. '나쁜 상태로 굴러 떨어진다'는 말이지요.

　베케트도《고도를 기다리며》에서, 등장인물들이 신체적으로 점점 불구가 되어가고, 의사소통은 더욱 불가능해지며, 절망은 한없이 깊어만 가는 것을 보여줍니다. '시간 죽이기'를 통해 점차 퇴락해가고 전락해가는 모습이지요. 특히 흥미로운 것은, 1막과 2막에 똑같이 반복되는 대사들이 여러 번 있는데 이러한 반복이 오히려 등장인물의 '전락'을 드러내 보인다는 겁니다.

　이는 마치 나무에 박힌 나사못이 제자리에서 돌 때에도, 그때마다 점점 더 깊게 박히는 것과 같지요. 예를 들어, "(에스트라공) 자, 그럼 가볼까? (블라디미르) 응, 가세나. (그들은 꼼짝 않는다.)"라는 대사는 1막과 2막의 마지막에 똑같이 반복되어 나옵니다. 그럼에도 2막에서 이 대화가 가진 절망감과 허망함은 1막에서와는 비교할 수 없이 깊어진다는 거지요.

전락할 것인가, 실존할 것인가? :

베케트의 《고도를 기다리며》를 보며, 가장 많이 갖는 의문이 '고도(Godot)는 누구인가' 라고 합니다. 이름이 그래서인지 사람들은 보통 고도가 신(God)이라고 생각하지요. 생각해보면, 우선 그가 어디에서 오는지, 왜 오는지, 언제 오는지, 누구인지도 모르는데도 불구하고 기다려야만 한다는 상황 설정부터가 그렇게 생각할 수 있는 실마리를 던집니다. 뿐만 아니라 작품 안에는 종교적 문구들이 셀 수 없을 만큼 자주 나타나지요. 예를 들면 이런 식입니다.

블라디미르 : 구세주 말일세.

에스트라공 : 왜?

블라디미르 : 왜냐면 구세주가 자기들을 구해주지 않았다고.

에스트라공 : 지옥으로부터 말인가?

블라디미르 : 멍청하기는! 죽음으로부터.

특히 1막에서 럭키가 읊는 장황한 대사는 고도를 기독교의 신으로 풍자하고 있는 것처럼 보이지요. "그 존재가 알려진 콰콰콰 흰 수염을 단 콰콰콰 인격신은 그 형체가 변함이 없이 시간을 초월하여 존재하는데 신성한 무관심 신성한 무공포 신성한 무언어의 극치로서 몇 가지 예외를 빼고는 우리를 지극히 사랑하시나니." 라는 식으로 말입니다. 그래서 이 작품이 신의 구원을 기다리는 인간들의 절망적인 모습을 그렸다는 해석들이 나온 겁니다.

하지만 베케트는 자기가 그 의미를 안다면 작품 속에 묘사해놓았을 것이라고 언급했을 뿐, 고도가 신이라고 말한 적이 없답니다. 게다가 설사 고도가 신이라고 해도 그는 100세가 넘은 아브라함에게 아들을 주었던 신, 모세와 그의 백성들을 위해 바다를 갈랐던 그런 신은 분명 아니지요. 오히려 빛나는 아침에 등불을 켜들고, "나는 신을 찾는다!"라고 외치며 찾아다녀도 보이지 않아 "우리가 그를 죽였다."라고 고백하게 하는 니체의 '죽은 신', 또는 그토록 애타게 기다려도 나타나지 않아 "이제 우리는 신이 없이 사는 것을 배우지 않으면 안 된다."라고 외치며 나치 수용소에서 죽어간 독일 신학자 본회퍼(Dietrich Bonhöffer, 1906~1945)의 '숨은 신'에 가깝습니다. 고도는 자신을 드러내지도 않고, 자기의 약속을 지키지도 않으며, 등장인물들을 전혀 돌보지 않기 때문이지요.

한마디로, 《고도를 기다리며》를 통해 베케트가 보여준 인간 상황은 하이데거가 규정한 그대로 '내던져짐' 이외에 그 어떤 것도 아닙니다. 그렇다면 우리는 어떻게 해야 할까요? 우리도 블라디미르나 에스트라공처럼 그냥 그렇게 '시간 죽이기'에 몰두하며 전락하는 수밖에 없을까요? 텅 빈 무대에 대본도 없이 올라선 불안과 염려로부터 도피하기 위해서 일상생활에 분주하게 몰입하여 때로는 행복한 것처럼 스스로를 위안도 하고 위장도 하며, 그냥 그렇게 굴러 떨어져 내려야만 할까요? 아니면 다른 어떤 방법이 아직 남아 있을까요?

베케트는 도저히 잠 못 이루게 하는 문제를 독수리처럼 날카로운 시선으로 파헤쳐 무대 위에 올려놓았지만, 바위처럼 굳게 다문 입으로 아무런 대답도 하지 않았습니다. 그래서 하는 수 없이 다시 하이데거에게로 돌아가 알아보려 합니다. 어쩌면 문제를 던지는 일은 작가의 일이고, 답을 하는 것은 철학자의 몫인지도 모르지요.

하이데거는 《형이상학의 근본 개념》에서 권태를 '표면적 권태(ober-flchige Langweile)'와 '깊은 권태(tiefe Langweile)'로 나누었습니다. 자기 자신이나 상대 때문에 생기는 이런저런 특수한 상황에 의해 붙잡혀 있으면서도 동시에 공허 속에 놓여져 있기 때문에 지루해지는 것이 '표면적 권태' 또는 '비본래적 권태'이지요. 이런 권태는 어떤 식으로든 그것에 대항하는 '시간 죽이기'가 가능하다고 했습니다. 위에서 말했듯, 비본래적인 일상생활에 몰입하여 진정한 자기 자신으로부터 도피함으로써 권태를 잊는 것이지요.

호기심 가는 대로 관광, 관람, 패션, 레저, 관음증, 인터넷 서핑, 대중잡지 등으로 분주하게 옮겨 다니며, '누가 … 했대'라는 어법으로 잡담을 나누고 또 퍼트리면서, 시간을 죽이는 겁니다. 사회문제와 같은 자기 밖의 문제는 물론이고 자기 자신의 문제마저도 스스로 선택하고 결정하는 대신 잡담이나 호기심에 의존하여 '다른 사람들도 다 그런대' 하는 식으로 애매하게 결정하면서 살아간다는 거지요. 물론 이러한 '시간 죽이기'는 그 대가로 퇴락과 전락을 반드시 치르게 되겠지만 말입니다.

이에 반해, 아무런 이유가 없이 "아무튼 그냥 지루해(es ist einem langweilig)."라고 표현되는 무조건적인 권태가 있는데, 이것은 '깊은 권태' 또는 '본래적 권태'입니다. 그런데 문제는 이 권태에 대해서는 '시간 죽이기'가 불가능하다는 거지요. 아무리 비본래적인 일상생활에 분주하게 몰입해보아도 '깊은 권태'는 결코 사라지지 않는다는 겁니다.

베케트의 《고도를 기다리며》에서 블라디미르와 에스트라공이, 그리고 다른 누구보다도 우리 모두가 근원적으로 끌어안고 있는 권태가 바로 '깊은 권태' 입니다. 알고 보면 이 권태는 언제 올지도 모르고 무엇인지도 모르는 죽음에 의해 붙잡혀 있으면서도 동시에 공허 속에 놓여져 있는 인간의 상황이 가진 근원적이면서도 숙명적인 권태이지요. 따라서 이 권태는 그 어떤 '시간 죽이기'로도 벗어날 수 없는 겁니다. 블라디미르와 에스트라공의 '시간 죽이기'가 실패로 끝나는 것도 그래서이지요.

하이데거는 '깊은 권태'를 벗어나는 방법은 오직 하나, 곧 '실존(Existence)'하는 것이라고 잘라 말했습니다. 실존이란 다른 사람을 따라 말하고 행동하는 '세상사람'으로 사는 것이 아니라, 자기 스스로 자신의 '존재가능성(Seinsknnen)'을 기획하고 그것을 따라 산다는 것을 말하지요. 그는 이러한 행위를 '기획투사(Entwurf)' 라는 용어로 표현했습니다. 기획투사는 단순히 미래에 대한 계획을 세운다는 말이 아닙니다. 기획투사는 자신의 존재가능성에 스스로를 던져 그것을 자신의 것으로 만듦으로써 자기 자신을 새롭게 구성하는 행위이지요. 한마디로 진정한 자기, 본래적 자기로 살아간다는 말입니다.

그렇다면 비로소 분명해진 것이 하나 있습니다. 자기 자신으로 살 것인가, '세상사람'으로 살 것인가? 본래적 삶을 살 것인가, 비본래적 삶을 살 것인가? 실존할 것인가, 전락할 것인가? 이 두 가지 길이 갈라서는 갈림길에 우리가 서 있다는 사실이 말입니다. '현존재(Dasein)'로서 인간은 '언제나 그리고 매순간' 이 갈림길, 바로 '거기(da)'에 서 있지만, '세상사람(das Man)'으로서 우리는 그것마저도 망각한 채 매일매일 '시간 죽이기'에 몰입하여 분주하게만 살아가지요. 바로 이것이 《고도를 기다리며》를 통해서 드러난 우리들 모두의 가엾은 모습이랍니다.

그래서 이런 생각도 해보지요. 어느 함박눈 내리던 밤, 베케트의 《고도를 기다리며》를 보고 마음 둘 곳을 찾지 못해 차마 찻집에도 들어가지 못하고 마냥 걸었던 아픈 기억이 분명 나만의 것은 아닐 것이라고. 그럼, 이제 결정하시죠! 전락할 것인가, 실존할 것인가?

현존재의 '본질'은 그의 실존에 있다.
: 마르틴 하이데거

알베르 카뮈의 《페스트》 : '반항'의 의미
나는 반항한다, 고로 존재한다

가끔은 나도 사막에 서 있다 :

지독한 사디스트나 할 것 같은 질문입니다만, 혹시 이런 생각을 해본 적이 있나요? 인간이 가장 고통스러워하고 견디기 힘들어하는 것이 무엇인지? 물론 사람에 따라, 처지에 따라 또는 상상력에 따라 달리 대답하겠지요. 그런데 1957년 44세의 젊은 나이로 노벨문학상을 받은 프랑스 작가 알베르 카뮈(Albert Camus, 1913~1960)는 그것이 '무용하고 희망 없는 노동'이라고 단정했습니다. 뿐만 아니라 그것에 '시지프의 형벌'이라는 이름까지

붙였지요. 그가 그렇게 답할 수 있게 한 상상력은 그리스 신화에 등장하는 시지프스에 관한 기막힌 이야기에서 나왔습니다.

프랑스어로 시지프라고 불리는 시지프스는 바람의 신 아이올로스와 에나레테 사이에서 태어났습니다. 《일리아스》와 《오디세이아》를 쓴 그리스의 위대한 시인 호메로스(Homeros, B.C. 800경~750)는 시지프스를 '인간 중에서 가장 현명하고 신중한 사람'이었다고 평했다지요. 그러나 그는 바로 그 현명함 때문에 가장 교활한 인간으로 낙인 찍히고, 신들의 미움을 사고 말았답니다. 사연은 이렇지요.

시지프스는 우선 아폴론의 소를 훔친 전령의 신 헤르메스의 범행을 아폴론에게 알려주었습니다. 또 제우스가 독수리로 변해 요정 아이기나를 납치해 간 사실을 아이기나의 아버지인 아소포스에게 가르쳐주었지요. 그리고 그 대가로 아소포스에게 그가 다스리는 코린토스에 '물이 마르지 않는 샘'을 만들게 하였습니다. 왜냐하면 당시 코린토스는 제우스의 미움으로 물이 말라버려 백성들이 몹시 고생하고 있었기 때문이었지요. 이렇게 보면 그는 현명하고 신중할 뿐 아니라 인간에 대한 한 조각 따뜻한 마음까지 가졌던 것 같습니다. 하지만 그럴수록 신들에게는 더할 수 없는 말썽꾸러기이자 골칫덩어리였던 거지요.

인간인 주제에 신들의 일에 자꾸 끼어들어 골탕 먹이는 시지프스에게 화가 난 제우스가 그를 당장 잡아오라고 죽음의 신 타나토스를 보냈습니다. 그러나 꾀 많은 시지프스는 오히려 타나토스를 쇠사슬로 묶어 돌로 만든 감옥에 가두어버렸지요. 이에 더욱 화가 치민 제우스가 이번에는 전쟁의 신 아레스를 보냈습니다. 그러자 시지프스는 아레스에게만은 조용히 항복하고 저승으로 따라갔다지요. 잔인하고 호전적인 전쟁의 신에게 다른 사람들까지 피해를 입을까 걱정해서였답니다.

하지만 시지프스는 그곳에서도 저승의 왕 하데스를 속여 다시 세상으로 도망 나왔습니다. 세상에 다시 나온 그는 반짝이는 태양 아래 천천히 흐르는 강물과 밤마다 별빛이 잠기는 밤바다, 금수초목을 품어 기르는 산과 그 속에서 뛰노는 온갖 짐승들과 더불어 날마다 새롭게 미소 짓는 대지 위에서, 삶의 기쁨에 충만하여 한동안 행복하게 살았다지요. 그러다 마침내 다시 붙잡혀 저승으로 끌려갔을 때, 신들은 고약한 시지프스를 위해 인간으로서 가장 견디기 힘든 가혹한 형벌을 준비했답니다.

그것은 그곳에 있는 높은 바위산 위로 거대한 바위를 계곡으로부터 밀어 올리는 것이었지요. 하지만 그 바위는 시지프스가 온 힘을 다해 밀어 정상에 올려놓으면, 바로 그 순간 제 무게로 인해 다시 반대편 계곡으로 굴러 떨어져버리게 되어 있었습니다. 시지프스는 바위가 항상 정상에 있도록 해야만 하기 때문에, 다시 계곡으로 내려와 매번 처음부터 다시 바위를 밀어 올리는 일을 영원히 계속해야만 했답니다. 말 그대로 '하늘 없는 공간, 깊이 없는 시간'과 싸우는 형벌을 받게 된 것이지요.

이에 대해 카뮈는 그의 《시지프의 신화》에 이렇게 썼습니다. "무용하고 희망 없는 노동보다 더 끔찍한 형벌은 없다고 신들이 생각한 것은 일리 있는 일이었다." 그런데 그는 어이 된 일인지 오늘날 우리도 바로 그 끔찍한 '시지프의 형벌'을 받고 있다는 겁니다. 무슨 말이냐고요?

"무대장치들이 문득 붕괴되는 일이 있다. 아침에 기상, 전차를 타고 출근, 사무실 혹은 공장에서 보내는 네 시간, 식사, 전차, 네 시간의 노동, 식사, 수면 그리고 똑같은 리듬으로 반복되는 월, 화, 수, 목, 금, 토, 이 행로는 대개의 경우 어렵지 않게 이어져 간다. 다만 어느 날 문득, '왜?'라는 의문이 솟아오르고 놀라움이 동반된 권태의 느낌 속에서 모든 일이 시작된다."

카뮈는 현대인들의 권태롭고 전망 없는 일상이 시지프의 무용하고 희망 없는 형벌과 같다고 생각한 겁니다. 시지프가 형벌을 견디기 힘든 이유는 산 정상으로 바위를 밀어 올리는 그 일이 너무 가혹해서뿐만은 아니지요. 힘들여 밀어올린 바위가 항상 곧바로 굴러 떨어져 그 힘겨운 노동을, 그리고 결국에는 삶 전체를 무의미한 것으로 만들어버리기 때문입니다. 그런데 우리들의 삶이 바로 그렇다는 거지요. 물론 아니면 그만입니다. 하지만 혹시라도 그렇다면, 아니 적어도 그렇다고 느낀다면 이건 보통 문제가 아니지요.

그래서 알아보니, 카뮈는 '사막에서 버티기'를 제안했습니다. 그는 무용하고 희망 없는 우리의 삶을 '사막'이라 하고, 그것의 고단함과 무의미함을 극복하는 법을 '버티기'라고 했지요. 그런데 《먼 그대》로 이상문학상을 받은 작가 서영은은 같은 문제에 대한 해법으로 '사막을 건너는 법'을 내놓았더군요. 자세한 내용이야 어떻든 '버틴다는 것'은 그곳을 벗어나지 않고 꿋꿋이 견딘다는 것을 뜻하지요. 그러나 '건넌다는 것'은 그 장소를 벗어나는 것을 의미합니다. 그렇다면 '사막에서 버티기'보다는 '사막을 건너기'가 훨씬 희망적이고 바람직하겠지요.

과연 그런지 아닌지 한번 알아볼까요? 우선 '사막에서 버티기'가 무엇인지, '사막을 건너기'가 도대체 무엇인지, 또 그것들이 어떻게 가능한지부터 말입니다. 그 다음, 생각해보지요. 가끔은 나도 사막에 서 있다고 느끼고 있지 않는가를! 먼저 카뮈의 《페스트》를 보시죠.

부조리, 삶과 세계의 무의미성 :

"유일하게 일관성 있는 철학적 태도는 반항이다."라는 말로 카뮈는 자신의 실존주의 철학을 대변했습니다. 그는 《이방인》, 《시지프의 신화》, 《페스트》 등을 포함한 그의 모든 작품에서 삶의 부조리성, 무의미성에 대해 그 어떤 타협이나 도피도 하지 않고 정면으로 대항하는 인간의 모습을 묘사하여 세상의 주목을 끌었지요. 1947년 6월 10일 갈리마르 출판사에서 출간된 《페스트》는 초판 2만 부가 한 달 만에 매진되었고, 현재까지 프랑스어 판으로만 500만 부가 훨씬 넘게 팔렸다고 합니다. 그래서 '베스트셀러'라는 단어를 설명하는 데 이 소설을 예로 든 프랑스어 사전까지 있다지요.

《페스트》는 프랑스의 영토인 알제리의 '오랑'이라는 한 도시에 무서운 전염병인 페스트가 발생하면서 시작합니다. 시에서는 페스트가 더 퍼져 나가지 못하도록 시의 외부로 통하는 모든 도로를 막고 도시를 봉쇄시키지요. 이 도시 안의 사람들은 갑자기 갇혀 사랑하는 이들과 생이별을 하게 되었고, 절망 속에서 결국에는 생명마저 잃게 될 상황에 빠지게 된 겁니다.

우선 여기에서 흔히 이야기되는 것이 페스트가 과연 무엇을 의미하냐는 겁니다. 어떤 사람들은 페스트가 전쟁이나 감옥살이와 같은, 인간의 삶을 억압하고 파괴하는 모든 종류의 강압과 폭력을 의미한다고 주장하지요. 카뮈가 처음에는 이 작품의 제목을 '죄수들(Les Prisonniers)'이라고 붙이려고 했다는 사실이 이러한 주장을 뒷받침해 줍니다. 카뮈가 이 작품을 구상할 당시는 실제로 전쟁 중이었고요. 그때 쓴 《작가수첩》을 보면 그는 갑자기 실행된 군 작전 때문에 상봉에 갇혀 배표까지 마련해놓고도 먼저 알제리로 간 아내 프랑신느를 따라가지 못해 약 2년간이나 만날 수가 없었던 체험을 했답니다. 이때의 경험이 《페스트》의 2부 1장에 담겨져 있지요.

"그러나 시의 문들이 폐쇄되자 그들은 모두 독 안에 든 쥐가 되었으며, 거기에 그냥 적응하지 않을 수 없게 되었다. (…) 어머니들과 자식들, 부부들, 애인들, 며칠 전에 그저 잠깐 동안의 이별이거니 하고 생각하면서 우리 도시의 플랫폼에서 몇 마디 부탁 말을 일러주고는 서로 키스를 주고받았으며, 며칠 혹은 몇 주일 후에는 다시 보게 되리라고 확신한 채 저 어리석은 인간적 믿음에 사로잡힌 나머지 그 작별로 인하여 평소에 마음을 사로잡던 근심들조차 잊고 있었던 그들이 단번에 호소할 길도 없이, 멀리 떨어진 채 만나거나 소식을 주고받을 길도 없이 헤어지고 말았던 것이다."

하지만 일반적으로는 페스트가 더 넓은 의미로 모든 인간의 삶에 도사리고 있는 절망, 곧 죽음에 갇혀 삶과 세계에 대해 어떤 희망이나 의미가 없는데도 불구하고 살아야만 하는 '부조리'를 뜻한다고 해석하지요. 이유인즉, 그것이 카뮈가 평생 천착해온 과제였기 때문입니다. 카뮈도 《작가수첩》에 "나는 페스트라는 질병을 통해서, 우리들이 고통스럽게 겪은 그 질식 상태와 우리들이 몸담고 있었던 그 위협과 귀양살이의 분위기를 표현하고자 한다. 나는 동시에 그 같은 해석을 삶 전체라는 일반적인 차원으로까지 확대하고 싶다."라고 자기의 뜻을 밝혔답니다. 그렇다면 페스트는, 그것이 전쟁에서 왔든 아니면 우리의 삶 자체에 도사리고 있었든 관계없이, 우리를 절망에 빠트리는 '부조리'로 이해해야 할 것입니다.

그럼 카뮈가 말하는 부조리(l'absurdite)란 과연 무엇일까요? 앞서 몇 차례 이 용어가 이미 나왔습니다. 예를 들어 〈텅 빈 무대의 대본 없는 배우, 인간〉에서는, 부조리란 '조리에 맞지 않음' 또는 '비합리적임', 곧 '이성에 의해 파악되지 않음'을 뜻하는 말이라고 했지요. 그렇지만 카뮈나 사르트르 같은 실존주의 작가들이 부조리를 말할 때는 보통 '세계와 그 안에서의 삶이 가진 이해할 수 없음'을 의미한다고 했습니다. 물론 맞는 말입니다. 하지만 충분하지는 않지요.

우선, 세계와 그 안에서의 삶을 이해할 수 없다는 말이 무엇을 뜻할까요? 그것은 우리가 세계와 인간의 삶을 과학적으로 이해할 수 없다는 것이 결코 아닙니다. 이 말이 뜻하는 바를 한마디로 요약하면, 우

189

리는 세계와 인간이 존재하는 의미가 무엇인지를 도저히 이해할 수 없다는 겁니다. "도대체 왜 무(無)가 아니고 존재자인가?(Warum ist berhaupt Seiendes und nicht vielmehr Nichts?)"라는 하이데거의 말이 바로 이러한 생각들을 포괄적으로 대변하지요.

인간은 이러한 존재질문을 하는, 곧 세계와 자신이 존재하는 의미를 묻는 유일한 존재자입니다. 풀도, 나무도, 소도, 양도, 그 어떤 존재자들도 이런 질문을 하지 않지요. 인간만이 자신의 존재에 대해 염려하며, 존재에 대한 질문을 하지요. 그래서 하이데거는 인간을 '존재하면서 스스로 자신의 존재 자체를 가장 큰 문제로 삼고 있는 존재자(das Seiende, dem in seinem Sein um dieses selbst geht)'라고 규정하기도 했습니다. 하지만 문제는 정작 그렇게 간절하게 존재의 의미를 묻고 있는 우리가 그것에 대해 도대체 아무것도 알 수가 없다는 것이지요.

중요한 것은, 이때 '알 수 없다'라는 말의 의미가 무지(無智)가 아니라 무의미(無意味)라는 겁니다. 즉, 자신과 세계가 존재하는 의미가 있기는 한데 그것이 무엇인지 알 수 없다는 뜻이 아니라, 아무리 찾아보아도 그런 것 자체를 아예 발견하지 못했다는 겁니다. 카뮈는 '단 하나의 의미조차' 찾지 못했다고 탄식합니다.

"나는 모든 것이 설명되거나 아니면 무(無)이기를 바란다. 그런데 이성은 마음의 이 외침 앞에 무력하다. 이러한 요구에 의하여 정신은 탐구를 계속하지만 모순과 헛소리(draisonnement)밖에는 발견하지 못한다. 합리적인 것이 아니면 나는 이해할 수가 없다. 그런데 세계는 비합리로 가득 차 있다. 단 하나의 의미조차 발견하지 못하는 이 세계는 거대한 비합리의 덩어리에 지나지 않는다. 단 한 번만이라도 '이것은 분명하다'라고 말할 수 있으면 모든 것은 구원될 수 있으리라. 그러나 사람들은 아무것도 분명한 것이 없고 모든 것은 혼돈이라는 것, 인간은 다만 자신의 통찰과 그를 둘러싼 부조리의 벽에 대한 분명한 인식을 지키고 있을 뿐이라는 것을 앞 다투어 선언한다."

이러한 '삶과 세계의 무의미성' 또는 간단히 '존재의 무의미성'이 바로 부조리라는 말이 가진 진정한 뜻입니다. 그래서 《페스트》를 읽을 때, 종종 '페스트'라는 말 대신 '부조리' 또는 '삶과 세계의 무의미성'이나 '존재의 무의미성'으로 바꾸어 읽으면 카뮈가 이 작품을 통해 말하고자 하는 숨은 뜻이 분명하게 드러나지요. 한번, 시도해보세요.

어쨌든, 카뮈는 '아무것도 분명한 것이 없고 모든 것은 혼돈'이라서 부조리에 대한 논리적 해명은 할 수 없다고 합니다. 그렇지만 '자신의 통찰과 그를 둘러싼 부조리의 벽에 대한 분명한 인식'을 갖고 있기 때문에 일상에서 체험하는 부조리한 감정들에 대해서는 단편적이나마 말할 수 있다고 생각했지요. 그리고 그 새로운 희망을 길어 올리는 작업을 감행했습니다. '부조리에 관한 시론'이라는 부제가 붙은 《시지프의 신화》에서 그가 한 일이 그것입니다.

그 결과 《시지프의 신화》는 부조리에 관한 개념과 구조를 논리적으로 밝히는 '부조리의 형이상학'이 아니라 부조리가 나타나는 현상을 밝히는 '부조리의 현상학'이 된 거지요. 잠시 들여다볼까요? 카뮈는 부조리 앞에 선 인간에게 나타나는 현상으로 무엇보다도 '야릇한 상태'와 '낯설음'을 들었습니다.

191

과정을 살펴보면, 부조리 앞에서는 우선 기존의 의식이 붕괴된다고 합니다. 기존 의식이란 지금까지 자기 자신이나 사물들에 대해 가졌던 인식을 말합니다. 그런데 그것은 스스로 얻은 것이 아니고 타인들에 의해서 만들어진 거지요. 왜냐하면 우리는 바다 물빛에 대해 스스로 관찰해보지 않고도 초록색이라고 생각하고 말한다고 사르트르가 지적했듯이 언제나 남들을 따라 생각하고 따라 말하기 때문이지요. 그래서 카뮈는 우리가 가진 기존 의식을 '무대장치들'이라고 불렀습니다. 그런데 그것이 부조리에 의해 맨 먼저 '금이 가고 무너진다'는 거지요.

이때 우리의 정신은 자기 자신과 타인, 그리고 세계가 낯설어지는 '야릇한 상태'에 빠진다는 겁니다. 그래서 일어나는 것이 '낯설음'이지요. 자기 자신을 '거울 속에서 만나러 오는 이방인'으로 느끼는 낯설음, 타인의 행위들이 이해할 수 없는 '무언극'을 보고 있는 것같이 느끼는 낯설음, 친근하게만 느껴졌던 푸른 언덕과 하늘의 부드러움, 나무의 신록 등이 '수천 년에 걸친 세계의 원초적인 적의'로 밀려오는 것 같은 낯설음을 느끼게 된다는 겁니다. 사르트르가《구토》에서 예민하게 그리고 장황하게 묘사한 바로 그대로, 모든 것이 예전과 달라 보이고 낯설어 보이며 욕지기와 구토가 나올 정도로 야릇한 상태에 빠진다는 거지요.

부조리 앞에 선 사람들 :
카뮈는《페스트》에서 이렇듯 '무대장치들'을 송두리째 부숴버리는 부조리 앞에서 '야릇한 상태'에 놓인 인간의 반응을 다양하게 표현했습니다. 하지만 그 중에 중요한 인물들은 기자 랑베르와 신부 파눌루, 그리고 의사 리유, 세 사람이지요. 우선, 아랍인들의 생활을 취재하러 잠시 이 도시에 온 신문기자 랑베르는 무슨 수를 써서든 그곳을 벗어나려고 합니다. 자기와 아무 관계도 없는 죽음의 도시에서 벗어나 사랑하는 여인이 기다리는 파리로 돌아가 행복을 찾으려는 겁니다. 부조리, 즉 '삶과 세계의 무의미성' 앞에서 안일한 일상으로 '도피'하려는 인간의 태도를 상징하는 거지요.(〈텅 빈 무대의 대본 없는 배우, 인간〉에서 보았듯, 하이데거는 이러한 삶의 태도를 '전락' 또는 '퇴락'이라고 했지요.)

파눌루 신부는 페스트가 사악한 인간들에게 내리는 신의 징벌임을 강조합니다.(이 말도 '페스트'라는 말 대신 '부조리' 또는 '삶과 세계의 무의미성'으로 바꾸어보면 흥미롭습니다. '삶과 세계의 무의미성'이 신이 인간에게 내린 징벌이라는 의미이니까 말입니다. 이것이 바로 '시지프의 형벌'이 아니겠습니까!) 그리고 이 재앙이 오히려 악한 사람들과 선한 사람들을 갈라놓는 길을 제시할 것이라는 부질없는 희망을 갖지요. "오늘 페스트가 여러분에게 관여하게 된 것은 반성할 때가 왔기 때문입니다. 올바른 사람은 조금도 그것을 두려워할 필요가 없습니다. 그러나 사악한 사람은 떠는 것이 당연한 일입니다. (…) 여러분을 괴롭히고 있는 그 재앙이 도리어 여러분을 향상시키고, 여러분에게 길을 제시하고 있는 것입니다."라고 설교합니다. 부조리 앞에서 헛된 '희망'을 갖는 인간의 태도를 보여주는 거지요.

그러나 의사 리유는 파눌루 신부의 이러한 태도를 비난하며, '침묵

하고 있는 하늘'만을 쳐다보는 대신에 '있는 힘을 다하여 싸우는 것'이 합당하다고 주장합니다. 물론 희망 없는 싸움이지만, 악과 질병, 전쟁과 죽음 같은 절망적 상황을 거부하며 투쟁하는 것만이 인간이 걸어갈 바람직한 길이라는 거지요. 그리고 동료인 타루와 함께 '보건대'를 조직합니다. 리유는 부조리 앞에서 '반항'하는 인간의 태도를 뜻하는 겁니다.

그렇다면 부조리에 대해, 또는 그 지긋지긋한 '삶과 세계의 무의미성'에 대해 어떤 태도를 갖는 것이 바람직할까요? 카뮈는 《시지프의 신화》의 서두를 이렇게 시작합니다.

"참으로 진지한 철학적 문제는 오직 하나뿐이다. 그것은 바로 자살이다. 인생은 살 가치가 있는지 없는지를 판단하는 것이야말로 철학의 근본적인 문제인 것이다. 그 밖에, 세계가 3차원으로 되어 있는가 어떤가, 이성의 범주가 아홉 가지인가 열두 가지인가 하는 문제는 그 다음 일이다. 인생이 살 만한 보람이 없기 때문에 자살한다는 것, 그것은 필경 하나의 진리이다. 그러나 너무나 자명하기에 아무 데도 쓸모없는 진리이다. 삶에 대한 이러한 모욕, 삶을 수렁으로 빠뜨리는 이런 부정은 과연 삶의 무의미에서 유래하는 것일까? 삶의 부조리는 과연 희망이라든가 자살 같은 길을 통해서 삶으로부터 벗어나길 요구하는 것일까? 이런 질문이야말로 모든 군더더기를 치워버리고 우선 밝히고 추적하고 해명해야 할 문제인 것이다."

부조리 앞에서 사람들이 흔히 취할 수 있는 태도가 우선 '자살'과 '희망'이라는 거지요. 그런데 카뮈는 희망이란 자기기만적인 것으로서, '현재의 삶 자체를 위한 것이 아니라 어떤 거창한 관념, 삶을 초월하고 그 삶을 승화시키며 삶에 어떤 의미를 주는, 그러다 결국은 삶을 배반하게 하는 거창한 관념을 위해서 사는 사람들의 속임수'일 뿐이라고 규정합니다. "자신을 짓누르고 있는 것을 신격화하고 자신을 헐벗겨놓은 것에서 희망의 이유를 발견한다."는 거지요.

《페스트》에서 파눌루 신부가 한 일이 바로 이것입니다. 카뮈는 "부조리는 인간의 호소와 세계의 비합리적 침묵과의 대면에서 일어난다."라고 파악하기 때문에 '인간의 정신 밖으로 벗어나면', '세계 밖으로 벗어나도' 부조리는 있을 수 없다고 단정하지요. 따라서 희망은 부조리에 대한 정당한 대처 방안이 아니라 '치명적 회피', '투쟁의 기피', '기권' 혹은 '철학적 자살'이라는 겁니다.

반면, 자살은 죽음과 함께 부조리도 끝나기 때문에 "부조리 자체를 죽음으로 끌고 들어간다."는 겁니다. 따라서 자살도 부조리에 대한 승리는 결코 아니지요. 그것은 문제의 소멸일 뿐 해결은 아니라는 말입니다. 카뮈는 "산다는 것, 그것은 부조리를 살게 하는 것이다(faire vivre l'absurde). 부조리를 살게 한다는 것은 먼저 부조리를 바라보는 것이다."라고 합니다. 자살도 부조리에 대한 대처 방안이 아니라는 거지요.

그렇다면 도대체 어쩌란 말인가요? 부조리에 대한 대처 방안이 없다는 말인가요? 우리는 그저 무의미한 세계에서 무의미한 삶을 살아야 한다는 건가요? 그건 아닙니다. 그는 부조리를 극복할 수 있는 길이 오직 하나 있다고 했습니다. '반항'이지요. 그리고 반항을 '사막에서 벗어나지 않은 채 그 속에서 버티는 것'이라고 풀이합니다. 이때

197

그가 말하는 사막이란 '사유가 극한에 도달하게 되는 물 한 모금 없이 황량한 장소', '사유가 비틀대는 그 마지막 전환점', 곧 '부조리의 세계'이지요. 따라서 '사막에서 버티기'는 삶과 세계의 무의미성, 곧 부조리 앞에서 '희망을 갖지 않는 법을 배우는 것'이고 '구원을 호소함 없이 사는 것'이라고 말합니다. 그러면서도 자살로써 회피하거나 기권하지 않는 것, 그리고 '쓰라리고도 멋진 내기를 지탱하는 것'이라 하지요. 카뮈는 이렇게 말합니다.

> "이리하여 일관성 있는 유일한 철학적 입장은 반항이 된다. 반항은 인간이 자신의 어둠과 벌이는 끊임없는 대결이다. 그것은 불가능한 투명성(transparence)에의 요구이다. 반항은 순간순간마다 세계를 문제 삼는다. 위험이 인간에게 반항을 파악할 기회를 마련해주었듯이 형이상학적 반항은 경험 전반을 통해서 우리의 의식을 넓히는 것이다. 반항은 인간 자신에 대한 인간의 끊임없는 현존(現存, prsence)이다. 반항은 갈망이 아니다. 그리고 반항에는 희망이 없다. 이러한 반항은 짓누르는 운명의 확인일 뿐, 그에 따르게 마련인 체념은 아니다."

반항하는 인간:
카뮈는 반항하는 인간의 표본으로 시지프를 들었습니다. 그는 본래부터 신들에게 반항하는 인간이었지요. 그리고 마침내 붙잡혀 '하늘 없는 공간, 깊이 없는 시간'과 싸우는 형벌을 받게 되었는데, 여기에

서마저 이렇게 반항했다는 겁니다.

"경련된 얼굴, 바위에 밀착한 뺨, 진흙에 덮인 돌덩이를 떠받치는 어깨와 그것을 고여 버티는 한쪽 다리, 돌을 되받아 안은 팔, 흙투성이가 된 두 손 등 온통 인간적인 확신이 보인다. 하늘 없는 공간과 깊이 없는 시간으로나 헤아릴 수 있는 이 기나긴 노력의 끝에 목표는 달성된다. 그때 시지프는 돌이 순식간에 저 아래 세계로 굴러 떨어지는 것을 바라본다. (…) 그는 또다시 들판으로 내려간다. 바로 저 정상에서 지상으로 되돌아오는 걸음, 잠시 동안의 휴식 때문에 특히 시지프는 나의 관심을 끄는 것이다. 돌덩이에 바싹 붙은 채 고통스러워하는 얼굴은 이미 그 자체가 돌이다! 나는 이 사람이 무겁지만 한결같은 걸음걸이로, 아무리 해도 끝장을 볼 수 없는 고통을 향하여 다시 걸어 내려오는 것을 본다. 마치 내쉬는 숨과도 같은 이 시간, 또한 불행처럼 어김없이 되찾아오는 이 시간은 곧 의식의 시간이다. 그가 꼭대기를 떠나 신의 소굴을 향하여 조금씩 더 깊숙이 내려가는 순간 시지프는 자신의 운명보다 더 우월하다. 그는 그의 바위보다 강하다."

이로써 우리는 카뮈가 해석한 시지프를 이해할 수 있게 되었습니다. 그는 삶의 무의미성, 곧 부조리를 직시하며 헛된 희망을 갖지도 않고, 구원을 호소하지도 않으며, 자살로써 회피하거나 기권하지 않고 '쓰라리고도 멋진 내기를 지탱' 하고 있는 거지요. 그것은 '사막에서 버티기' 이자 '부정을 부정하는 용기' 이며, '무의미에 의미 주기' 인 겁니다. 신들이 시지프에게 준 형벌은 무의미한 삶이었지요. 그런데 시지프는 이 무의미한 삶에 스스로 '반항' 이라는 의미를 줌으로써, 그 형벌에서 벗어났다는 겁니다.

뿐만 아니라 이를 통해 그는 신들에게마저 승리했지요. 자신의 삶에 스스로 의미를 주는 인간의 삶은 신들마저도 더 이상 무의미하게 할 수 없다는 것! 바로 이것이 그의 삶을 무의미하게 만들려 했던 신들에 대한 시지프의 승리라는 겁니다. 따라서 삶이 무의미하면 무의미할수록, 무용한 노동으로부터 벗어날 가망이 없으면 없을수록 그의 삶은 비로소 충만해지고 그의 존재는 오히려 위대한 것이 되지요. 카뮈는 이렇게 말합니다.

> "반항은 삶에 가치를 부여한다. 한 생애 전체에 걸쳐 펼쳐져 있는 반항은 그 삶의 위대함을 회복시킨다. 편협하지 않은 사람의 눈에는, 인간의 지성이 자신을 넘어서는 (부조리한) 현실과 부둥켜안고 대결하는 광경보다 더 아름다운 광경은 없을 것이다. 인간의 오만이 펼쳐 보이는 그 광경은 무엇과도 비길 수 없는 것이다. 그것을 평가절하하려고 제아무리 애써보아야 헛수고가 될 것이다."

카뮈는 자신의 모든 노력이 무의미함을 알면서도, 그 어떤 희망도 없는 것을 알면서도 포기하거나 회피하지도 않고, 언제나 다시 굴러떨어질 자신의 운명을 향해 다시 돌아서는 시지프의 모습에서 부조리에 정면으로 '반항하는 인간'의 당당한 자세를 찾아낸 거지요. 신학자 파울 틸리히(Paul Tillich, 1886~1965)가 《존재에의 용기》에서 '실존적 인간'에 대해 "절망에도 불구하고 자기 자신으로 존재하려는 자아 긍정의 용기를 갖고 있었다. 그리하여 승산 없는 싸움임에도 불구하고 인간의 자유와 존엄성을 위협하는 모든 세력들에 대항하여 투쟁하고자 했던 것이다."라고 평한 말이 그대로 카뮈의 '반항하는 인간' 시지프에게 맞아떨어집니다.

이렇게 보면, 실존주의란 사실상 '끔찍한 어떤 것'입니다. 인간이 감히 신과도 홀연히 맞서는 '무참한 용기'를 가져야만 하는 그런 일이지요. 하지만 그런 다음에야 무서울 것이 무엇이고 거칠 것이 또 뭐가 있겠습니까? 그래서인지 자살로 시작한 《시지프의 신화》는 해피엔드로 끝나지요. "참으로 진지한 철학적 문제는 오직 하나뿐이다. 그것은 바로 자살이다."가 첫 문장이고 "행복한 시지프를 마음속에 그려보지 않으면 안 된다."가 마지막 문장입니다. 반항이 그렇게 바꾸어놓은 거지요. 그래서 "나는 반항한다. 고로 우리는 존재한다."가 카뮈의 구호가 된 겁니다. 《페스트》도 역시 그것을 증명하는 쪽으로 전개됩니다. 4부에서 카뮈는 안일한 일상으로의 '도피'와 부질없는 '희망'은 부조리에 대한 올바른 대응이 아니라는 것을 차례로 확인시켜줍니다.

어떻게든지 오랑에서 빠져나가려던 신문기자 랑베르는 소원대로 다음날이면 오랑을 떠날 수 있게 되었을 때, 돌연 리유를 찾아와 떠나지 않겠다는 결심을 밝힙니다. "나는 늘 이 도시와는 남이고 여러분과는 아무 상관도 없다고 생각해왔어요. 그러나 이제 볼 대로 다 보고나니 나는 내가 원하건 원치 않건 간에 이곳 사람이라는 것을 알았어요. 이 사건은 우리들 모두에게 관련된 것입니다."라는 것이 이유이지요. 이 말에서 '이 도시'를 '부조리의 세계', 곧 '존재의 무의미성이 드러난 장소'로, 그리고 '이 사건'을 '부조리' 또는 '삶과 세계의

201

무의미성'으로 바꾸어보면, 카뮈가 우리에게 전하고 싶은 뜻이 더욱 분명하게 드러납니다.

파눌루 신부도 태도를 바꿉니다. 페스트가 사악한 인간들에게 내리는 신의 징벌이라고 강조하던 그가 어린아이의 죽음 앞에서는 "하나님이시여, 제발 이 어린애를 구해주소서!"라고 무릎을 꿇고 기도하지요. 보건대에도 참여하여 목숨을 잃을 우려가 있는 최전선에서 열의를 다해 일합니다. 그리고 두 번째 설교를 하지요. 여기에서 그는 첫 번째 설교 때와는 달리 "어린애의 고통과 그 고통에 따르는 공포, 그리고 거기서 찾아내야 할 여러 가지 이유보다 이 땅에서 더 중요한 것은 없다."라고 선언합니다. 그 얼마 후 페스트로 짐작되는 병으로 죽지요.

랑베르 기자와 파눌루 신부, 두 사람 모두 본래의 입장을 버리고 결국에는 의사 리유의 태도에 동조하게 된 겁니다. 페스트가 물러나자, 오랑 시는 축제의 분위기에 휩싸이지요. 그런데 이때 마지막 희생자들이 생깁니다. 리유와 함께 '보건대'를 만들어 운영했던 타루가 페스트로 쓰러지고, 요양소에 가 있던 리유의 아내가 죽었다는 전보가 도착하지요.

이것은 무엇을 의미하는 걸까요? 페스트로부터 해방되는 그 순간 다시 밀어닥치는 죽음들, 그것은 '페스트균은 결코 죽거나 소멸하지' 않는다는 것, 부조리는 '꾸준히 살아남아 있다가 아마 언젠가는 인간들에게 불행과 교훈을 가져다주기 위해서' 또다시 삶과 세계의 무의미성을 흔들어 깨우리라는 것, 시지프의 바위는 정상에 올려 놓자마자 다시 계곡으로 굴러 떨어진다는 것을 뜻하지요. 언젠가 타루가 말했듯이, 사람은 제각기 자신 속에 페스트를 지니고 있고 병균은 자연스러운 것이며 건강은 의지의 소산이기 때문에 절대로 마음을 해이하게 해서는 안 된다는 것을 알린 겁니다.

타루는 리유에게 또 이렇게 말했습니다. "리유, 페스트 환자가 된다는 것은 피곤한 일입니다. 그러나 페스트 환자가 되지 않으려고 발버둥치는 것은 더욱더 피곤한 일입니다. 바로 그렇기 때문에 모든 사람이 다 피곤해 보이는 것입니다. 왜냐하면 오늘날에는 누구나가 어느 정도는 페스트 환자이니까요." 우리는 앞에서 '페스트'를 '부조리' 또는 '삶과 세계의 무의미성'으로 바꾸어보면 카뮈가 말하고자 하는 뜻이 드러난다고 했습니다. 한번 해볼까요? 그러면 타루가 한 말은 이렇게 바뀝니다. "리유, 부조리를 안고 산다는 것은 피곤한 일입니다. 그러나 부조리를 극복하려고 발버둥치는 것은 더욱더 피곤한 일입니다. 바로 그렇기 때문에 모든 사람이 다 피곤해 보이는 것입니다. 왜냐하면 오늘날에는 누구나가 어느 정도는 부조리하게 사니까요." '부조리' 대신 '삶과 세계의 무의미성'으로 바꾸어 넣어도 뜻은 같습니다.

그래서 카뮈는 저 영원한 수인(囚人)이자 영원한 승리자인 시지프처럼 끊임없이 반항하라는 겁니다. 사막에서 벗어나려 하지도 말고 쓰러지지도 말고 그저 버티라는 겁니다. 병균이 오히려 자연스러운 것이며 건강이 의지의 소산이듯, 부조리는 자연스러운 것이며 부조리를 극복하는 것은 의지의 소산이라는 거지요. 그렇게 반항하며 버티다 보면, 오랑에서 페스트가 물러가듯 다시 행복을 찾을 수 있으리라는 겁니다.

하지만 여기에서 한 가지 의문이 생기지요. 그저 버틴다고 해서, 사막이 페스트처럼 물러갈까요? 그럴 것 같지는 않지요. 뭔가 2% 부족한 것 같습니다. 그래서인지 서영은은 1975년 발표한 1인칭 단편소설 〈사막을 건너는 법〉에서 좀 색다른 방법을 제시했지요. 잠깐 볼까요?

조금은 색다른 '무의미에 의미 주기':
월남전에 참전했다가 일상적 삶으로 돌아온 '나'는 모든 것이 낯설고 무의미하게 느껴집니다. 처음 제대증을 휴대하고 배가 부산항에 닿을 때까지도 그는 그런 묘한 기분을 느끼지 못했지요. 그런데 '기차 속에서, 짐보따리를 옆에 낀 채 입을 벌리고 자는 아낙네, 남의 눈을 피해 몰래 희롱하고 있는 남녀, 껌을 찍찍 씹으며 신문을 들여다보고 있는 남자를 보았을 때' 뭔가 크게 어긋난 기분을 느낍니다. 그리고 그 기분은 '서울역에서 내려 점점 낯익은 풍경 속으로 미끄러져 들어가면서' 점점 더 심해졌지요. 그래서 집으로 돌아가면서 '오히려 반대로 낯선 땅으로 뒷걸음질쳐 가는' 느낌을 갖게 되지요. 이윽고 '집에 도착한 그 첫 순간에 베일에 가린 듯 모든 사물, 모든 사람들로부터 차단된' 자신을 느낍니다. 이제 설명하지 않아도 왜 그런지 알겠지요? 한마디로 부조리를 깨달은 겁니다.

주인공이 이러한 실존의식을 갖게 된 계기는 월남전에서의 경험과 연결되어 있습니다. 그는 임무수행 중 적의 공격을 받아 순식간에 동료를 잃고 자신은 부상을 당하는 극적인 일을 당했습니다. 그 덕에 을지무공훈장을 받고 제대하게 되지요. 하지만 아무런 이유나 까닭도 없이 삶과 죽음이 우연에 의해 결정돼버린 이 특별한 사건은 그때까지 그저 남을 따라 아무 생각 없이 살아가던 주인공에게 부조리하게 느껴진 거지요. 그럼으로써 삶과 죽음에는 무슨 이유와 가치가 있는 것인가, 또한 나의 존재 의미는 무엇인가와 같은 실존적 질문들을 스스로에게 던지는 계기가 되었다는 말입니다.

이것이 소설 〈사막을 건너는 법〉에서 월남에서 돌아온 주인공에게 모든 것이 낯설고 무의미하게 느껴지는 이유이지요. 즉 그가 일상적 삶을 살아가는 타인들을 보면서 뭔가 크게 어긋난 기분을 갖는 것, 낯익은 풍경 속으로 미끄러져 들어가면서도 점점 더 낯선 땅으로 뒷걸음질쳐 가는 느낌을 갖게 되는 것, 집에 도착한 그 순간에 베일에 가린 듯 모든 사물, 모든 사람들로부터 차단된 자신을 발견하는 것 등이 모두 사막에서 이방인이 된 사람들이 먼저 경험하는 것들이라는 말입니다.

그래서 주인공은 애인인 윤나미에게마저 점점 낯선 사람이 되어가지요. 그러자 그녀는 그에게 말합니다. "월남에 갔다 온 뒤로부터 사뭇 딴사람이 된 듯싶으니까. 단지 나를 대하는 태도에 있어서만 아니라, 인생 전부를 포기하는 듯한 태도랄까? 나는 그 이유를 알고 싶은 거야. 기다려봤지. 자기 스스로 내게 말해주던가, 아니면 어느 날 갑자기 그 낯설어하는 표정을 버리고 옛날처럼 친근한 미소로 내 앞에 서주기를."이라고. 하지만 그녀의 요구는 그가 들어줄 수 있는 것이 아니지요. 카뮈가 역설했듯이, 부조리는 설명할 수가 없는 것이기 때문입니다. 그녀는 결국 '손으로 입을 가린 채' 그의 곁을 떠납니다.

그럼으로써 주인공은 완벽하게 사막에 갇힌 겁니다. 우리가 아는 한, 이제 그에게 필요한 것은 카뮈가 말하는 반항 곧 '사막에서 버티기' 뿐이지요. 무의미한 삶에 절망하거나 포기하지 않고 또한 헛된 희망을 가지고 신들에게 기도하지도 않고 시지프처럼 묵묵히 사는 것입니다. 헌데 소설 〈사막을 건너는 법〉에서 서영은이 개발한 방법은 여기에서 적어도 한 걸음은 나갑니다. 그런데 그 걸음걸이가 상당히 흥미로우며 예사롭지 않지요. 서영은은 주인공이 사는 동네의 물웅덩이에서 무엇인가를 찾는 한 노인을 통해 그 기묘한 걸음을 내딛습니다. '버티기'에서 '건너기'로 말이지요.

노인은 주택가 공터에서 파라솔을 펴놓고 뽑기를 팝니다. 헌데 파라솔 밑은 비워놓고 언제나 쓰레기 더미와 물웅덩이 속을 헤치며 뭔가를 열심히 찾지요. 그러다 동네 꼬마가 뽑기를 하러 오면 그제야 파라솔 밑으로 돌아갑니다. 주인공은 이 노인에게 '뭔가 강한 지남철에 이끌리듯이' 빠져들어가지요. 그러고는 차츰 이 노인에 대해 알아갑니다.

노인이 찾고 있는 것은 아들이 월남전에서 받은 훈장이었습니다. 노인은 아들이 어려서부터 힘이 센 장사였고 공부도 잘해 중고등학교를 모두 우등생으로 졸업했다고 말합니다. 월남전에서도 커다란 공을 세워 훈장을 탔는데, 전사했다고도 하지요. 그래서 노인은 아들이 남긴 훈장을 늘 품속에 지니고 다니다가, 동네 꼬마 녀석이 보자고 하여 꺼내 주었는데 그 녀석이 그 귀한 훈장을 그만 잃어버렸답니다. 그래서 그것을 찾는 것이라지요.

이 말을 들은 주인공은 한 가지 특별한 계획을 세웁니다. 자신이 탄 훈장을 물웅덩이에 던져놓았다가 마치 노인이 잃어버린 훈장을 찾은 것처럼 꺼내 건네주기로 말입니다. 그러고는 다음날 그 '갸륵한' 계획을 실행에 옮기지요. 웅덩이와 쓰레기 더미를 한참 뒤지는 척하다, 전날 물웅덩이 속에 숨겨놓은 훈장을 꺼내 들고 노인에게 자랑스럽게 외칩니다. "뭔가 비슷한 걸 찾은 것 같습니다. 이것 보세요!" "찾으시던 게 바로 이거지요. 네? 맞습니까?"

그런데 그 순간 전혀 예상치 못한 일이 벌어지지요. 흥분을 감추지 못하는 척하며 다그치는 주인공에게 노인은 고맙다고 감사를 표하기는커녕 노여움과 차가운 경멸로 흉악하게 일그러진 얼굴을 하고 외칩니다. "바보 같으니라구!" 그러고는 획 돌아서 가버리지요. 그 후 주인공은 할아버지를 잘 아는 꼬마에게서 노인에 관한 진실을 알게 됩니다.

노인이 아들의 훈장을 꼬마에게 빌려주었다가 잃어버린 것이 아니라 스스로 물웅덩이 속에 빠트렸다는 것, 손녀딸이 노인과 함께 살고 있는 것이 아니라 1년 전에 교통사고로 죽었다는 것, 기르고 있는 개도 아들이 키우던 것이 아니라 누군가 버린 것을 주워 기른다는 것 등을 말입니다. 그동안 노인한테서 들은 모든 것이 거짓말이었다는 것을 주인공은 비로소 깨닫게 되지요. 그러고는 생각합니다.

"노인은 죄다 알고 있었다! 나 자신이 알고 있는 것보다 훨씬 더 무섭고 냉혹하게 알고 있었다. 이 세계를 덮고 있는 허망과 무의미와 그 밖의 모든 것을. 저만큼 노인이 짐을 챙겨 공터를 떠나려는 것이 보인다. 그는 다시 나타나지 않을지도 모른다. (…) 그러나 어디선가 다시 시작하겠지. 나는 정말 바보였다."

여기에서 소설 〈사막을 건너는 법〉은 끝납니다. 그런데 이 소설의 마지막에서 "나는 정말 바보였다."라고 탄식할 만큼 주인공이 모르고 있었던 것이 과연 무엇일까요? "나는 정말 바보였다."라는 탄식은 동시에 "이제야 비로소 알았다."라는 감탄을 뜻하기도 하지요. 그렇다면 주인공이 노인을 통해 그제야 깨달은 진실은 과연 무엇일까요? 바로 여기에 서영은이 말하는 사막을 건너는 비법이 들어 있는 겁니다.

설사 그렇지 않더라도 마치 그런 것처럼 :
서영은이 터득한 비법과 같은 종류의 사막 건너는 법을 보여주는 다른 작품이 있습니다. 폴란드 출신 작가 유레크 베커(Jurek Becker, 1937~1997)의 《거짓말쟁이 야콥》(1969)이지요. 프랑크 바이어 감독이 영화화해 1974년 베를린영화제에서 '은곰상'을, 아카데미영화제에서 '최우수 외국영화상'을 받은 이 작품은 1940년대 유대인 거주지역(ghetto)인 로츠를 배경으로 펼쳐집니다.

1939년 9월 폴란드를 점령한 나치 독일군은 로츠에 사는 모든 유대인들을 4평방킬로미터 넓이의 거주지역에 몰아넣고, 외부세계와 완전히 차단시킵니다. 신문, 책, 라디오, 심지어는 시계마저도 압수하고 재산권 행사도 금지했지요. 그러니 아무런 희망도 보람도 없이 아우슈비츠나 헤우무노 수용소로 끌려가 죽임을 당하기까지 단지 독일이 꿈꾸는 제3제국에 노동력을 제공하는 노예로 봉사해야만 하는 거주지역 유대인들의 삶은 '시지프의 형벌'처럼 고통스럽고도 무의미했지요. 그들은 나치 독일군이 만든 인위적 사막에 갇힌 것입니다.

그들 중 야콥 하임이라는 사람이 있었습니다. 그는 사령부 주위에서 우연히 러시아 군대가 400킬로미터 밖 인근까지 진격해왔다는 뉴스를 듣게 되지요. 그리고 생각합니다. "기대를 걸 만하다. 희망을 버려서는 안 된다. 희망을 버린다면 그들은 살아남지 못할 것이다." 그래서 동료들에게 "내게 라디오가 한 대 있다."라고 거짓말을 하지요.

이 말이 퍼지면서 동료들이 그의 주위로 몰려들고, 그는 매일매일 거짓 뉴스를 만들어냅니다. 그러다 스스로 불안해진 야콥이 어느 때 한 친구에게 조심스럽게 사실을 털어놓지요. 자신은 라디오를 갖고 있지 않다는 것과 그래도 사람들이 자기에게 화를 내서는 안 된다고 말입니다. 그런데 다음날 그 친구가 자살하지요. 그러자 야콥은 자신이 하는 1그램의 거짓말이 1톤의 희망을 만들어낸다는 것, 그래서 수많은 동료들이 사막에서 자살하거나 쓰러지지 않고 건너가게 할 수 있다는 것을 깨닫게 됩니다. 바로 이것이 서영은의 〈사막을 건너는 법〉에서 노인은 알고 있었지만 주인공이 몰랐던 것이지요.

노인이 아들의 훈장을 꼬마에게 빌려주었더니 물웅덩이 속에 빠트려 잃어버렸다고 한 것이나 손녀딸과 함께 살고 있다고 한 것, 그리고 기르고 있는 개가 아들이 키우던 것이라고 한 것, 이 모두는 단순한 거짓말이 아니었습니다. 노인에게는 그것이 사막을 건너기 위해 스스로에게 하는 '야콥의 거짓말'이었지요. '설사 그렇지 않더라도 마치 그런 것처럼' 살아가는 것, 이것이 바로 서영은이 말하는 사막을 건너는 비법이라는 말입니다.

가끔은 사막 한가운데 서 있다고 느끼지 않나요? 때로는 고통스럽고 무의미한 삶을 견디며 살아간다고 생각되지 않나요? 혹시라도 그렇다면, 스스로에게 '야콥의 거짓말'을 한번 해보시죠. 뭔가를 정하여 '설사 그렇지 않더라도 마치 그런 것처럼' 살아보라는 겁니다. 아우슈비츠에서 살아남아 프로이트(S. Freud)와 아들러(A. Adler)에 이어 비엔나 정신요법 제3학파를 창시한 빅토르 프랭클(Viktor E. Frankl, 1905~1997) 박사의 증언에 의하면, 그 광폭한 사신의 손아귀에서 살아남은 사람들 대부분은 '설사 해방군이 오지 않더라도 마치 오는 것처럼' 스스로에게 거짓말했던 바로 그런 사람들이었다고 해서 하는 말입니다. 한번 생각해보시죠.

> 삶에는 의미가 없다는 명백한 사실 때문에라도
> 삶에는 의미가 주어져야 한다.
>
> : 헨리 밀러

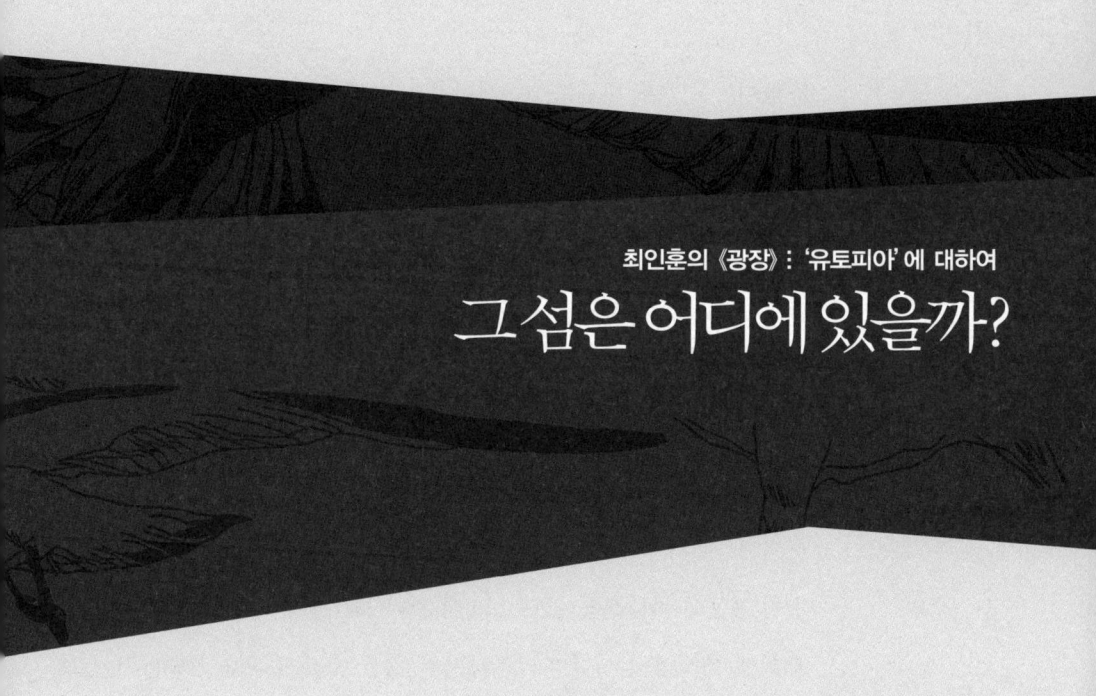

최인훈의 《광장》: '유토피아'에 대하여
그 섬은 어디에 있을까?

그 섬에 가고 싶다:

　일간신문을 보며 아침부터 짜증을 내본 적이 있으세요? TV 저녁뉴스를 보다가 화를 내며 채널을 돌린 적은 없나요? 그러면서 "망할 놈의 세상!"이라고 볼멘소리를 터트린 적이 분명 있지요? 나아가 누군가를 향해 점잖지 못한 욕을 해댄 적은 없으세요? 혹시 그랬다면, 그것은 아마도 스포츠나 연예면의 기사보다는 정치나 사회문제에 관한 보도 때문이었을 것입니다. 어디 그뿐인가요? 친구나 동료들과 잡담을 나누다가 공연히 언성을 높이는 경우도 대부분 그래서이지요. 그런데 우리는 왜 이렇게 보기에 따라서는 백해무익하고 우스꽝스런 행위를 반복하게 될까요?

그것은 그만큼 우리가 정치적이고 사회적이라는 반증이겠지요. 위대한 철학자 아리스토텔레스(Aristoteles, B.C. 384~322)가 그의 《정치학》의 서두를 "무릇 인간은 정치적 동물이다."로 시작하는 것이나, 20세기가 배출한 정치사상가인 한나 아렌트(Hannah Arendt, 1906~1975)가 그의 《인간의 조건》, 《혁명론》 같은 저서들에서 '정치적 행위'의 중요성을 한결같이 강조한 것도 다 이 때문이 아니겠습니까? 그러다 보니 좋든 싫든 '망할 놈의 세상'에 대해서 잠시나마 생각해보지 않을 수가 없군요. 커피 한 잔 마실 시간을 내서 말입니다. 하지만 더는 그만! 자칫 짜증이 날 수도 있을 테니까.

사람들이 세상에 대해 불만을 갖는 것이 비단 어제오늘의 일만은 아닌 것 같습니다. 그래서인지 역사를 살펴보면 무척 다양한 형태의 이상사회들을 끊임없이 꿈꾸어온 것이 드러나지요. 아마 '망할 놈의 세상'이라는 불만이 터질 때마다 상상으로나마 '흥할 놈의 세상'을 그려본 것일 겁니다. 그리고 잠시나마 카타르시스를 느꼈겠지요. 이런 행위는 앞에서 열거한 우리들의 행위와 마찬가지로, 우선 현실을 부정하고 그것에서 도피하려는 '관념적 유희'라는 성격을 분명 갖고 있습니다. 하지만 바람직한 미래에 대한 기대를 반영하고 또한 설계하려는 사회공학적 성격도 함께 갖고 있지요.

역사상 나타난 이상사회의 형태에는 크게 4가지가 있답니다. 그 중 가장 환상적인 것이 영국 민중시 〈코케인의 나라〉에서 이름을 따온 '코케인(Cockaygne)' 입니다. 여기에서는 이루어지지 않는 소망이 없고 충족되지 않는 욕망이 없지요. '소망의 나무' 가 있어 모든 것을 성취할 수 있고, '젊음의 샘' 이 있어 누구나 늙지 않고 살 수 있지요. 땅에는 곡식과 과일이 풍성하고, 곳곳에 젖과 꿀, 포도주가 강물처럼 흘러, 아무도 노동을 할 필요가 없습니다. 또한 누구나 제한 없이 자유롭게 성(性)을 즐길 수도 있지요. 코케인이란 한마디로 무한한 물질적 풍요와 끝없는 쾌락이 어떠한 수고나 노력의 대가 없이도 주어지는 일종의 환락적 이상사회인 겁니다. 마약의 이름 코카인이 여기에서 나왔다고 하지요.

다음은 '아르카디아(Arcadia)' 입니다. 흔히 '황금시대의 지상낙원' 으로 불리는 곳으로서, 자연환경은 코케인과 유사하지요. 기후는 온화하고, 곡식과 과일이 풍부하며 도처에 젖과 꿀이 흐른답니다. 그러나 무절제한 욕망과 쾌락을 추구하는 코케인과는 달리, 인간의 욕망이 자연적으로 조화롭게 절제되어 있습니다. 그래서 이곳 사람들은 노동을 하지만 결코 힘들거나 부담스러운 것으로 생각하지 않고 오히려 기쁨과 보람으로 여긴답니다. 또 죽음을 피할 수는 없지만 평안과 안식으로 받아들이지요. 전설적인 라(Ra) 시대의 이집트, 삼황오제 시대의 중국, 유가(Krita Yuga) 시대의 인도 등이 여기에 속했다고들 합니다.

그 다음에는 기독교에서 말하는 '천년왕국(Millennium)' 을 들

수 있습니다. 〈요한계시록〉(20:4~6)에 보면, 예수가 재림하여 은총에 의해서 '새 하늘과 새 땅'으로 만들어진 그의 왕국을 세워 최후의 심판까지 1000년을 다스린다고 쓰여 있지요. 이 거룩하고 복된 지상천국에는 신에 의해 구원받은 사람들이 성인들과 순교자들과 함께 살지요. 신이 다스릴 이 왕국은 땀과 눈물을 흘리지 않는 행복을 보장한다는 점에서는 코케인이나 아르카디아와 크게 다르지 않습니다. 그러나 천년왕국은 기존의 질서, 기존의 인간과는 전혀 다른 새로운 질서와 새로운 인간의 시작이라는 점에서는 아담과 이브가 살았던 파라다이스에서조차 경험해보지 못한 새롭고 완전한 세계이지요.

그러고는 '유토피아(Utopia)'입니다. 유토피아는 '장소'를 뜻하는 'topia'에 접두사 'u'를 붙여 만든 단어이죠. 그런데 그리스어에서 'u'는 '좋다(eu)'는 뜻과 '없다(ou)'는 뜻을 함께 갖고 있습니다. 따라서 유토피아란 '좋은 곳(eutopia)'을 뜻하지만 동시에 세상에는 '없는 곳(outopia)'을 의미하기도 하지요. 좋기에 세상에는 없는 것인지 아니면 세상에 없기에 좋은 곳인지는 모르겠지만, 아무튼 유토피아는, 이 용어를 처음으로 사용한 토머스 모어(Thomas More)의 말처럼 '지리적 역사적으로 존재하지 않지만' 하여간 '좋은 곳'이죠.

모어에 의하면, 유토피아는 초승달 모양의 거대한 섬인데 다른 이상사회들과는 전혀 다른 원인에 의해 만들어진 '좋은 곳'입니다. 지금까지 언급된 이상사회들은 모두 자연적으로 이루어졌거나 신이 만든 것들이지요. 때문에 비록 이상적일지언정

비현실적인 사회였습니다. 이에 반해 유토피아는 인간의 힘에 의해 만들어지는 이상사회입니다. 즉 인간이 이성에 의해 각종 사회제도를 개선함으로써 이루려는 이상사회이지요. 때문에 출발부터 골치 아픈 정치적·사회적 이데올로기와 관계를 맺고 있지요. 하지만 어느 것보다 구체적이고 실현가능한 이상사회입니다.

물론 그렇다고 해서 그 실현이 쉽다는 뜻은 결코 아니지요. 유토피아는 지금까지 실현된 적도 없고 앞으로 실현될 가능성도 요원해 보입니다. 독일의 철학자 에른스트 블로흐(Ernst Bloch)의 표현대로라면, 어쩌면 그것은 영원히 '아직 없는(noch-nicht)', 즉 아직은 실현되지 않은 '미완성의 현실태'로 남을지도 모릅니다. 그래서인지, 한국 문학 사상 최초로 유토피아의 문제를 이데올로기적 갈등의 문제로 다룬 최인훈의 《광장》은 서글프고 고통스럽습니다. 그럼에도 이 작품은 우리 사회가 여전히 안고 있는 좌파와 우파 사이의 대립에 관한 많은 생각들을 우리에게 던져주지요. 작가의 말대로 '살아 있는 사람이, 살아가면서 스스로 풀지 않으면 안 될 숙제'로 말입니다.

광장이냐, 밀실이냐 :

최인훈의 《광장》은 1960년 〈새벽〉 10월호에 처음 발표된 이후 지금까지 총 150쇄를 훌쩍 넘긴 작가의 대표작이자 한국 현대소설의 기념비적 작품입니다. 이 소설은 6·25 전쟁 후 석방포로를 싣고 인도로 향하는 배에 탄 이명준이라는 한 젊은이의 회상으로 시작됩니다. 철학과 3학년생인 명준은 8·15 해방 직후 월북한 아버지의 친구 집에서 살았지요. 그 집 딸 영미와 아들 태식의 자유분방한 생활을 보아온 명준은 고고학자인 장 선생과 나눈 대화에서 남한의 자유주의 사회를 비판합니다.

자유주의 사회에서 정치의 광장은 탐욕과 배신과 살인의 추악한 밤의 광장이며, 경제의 광장은 속임수와 교활이 넘치는 광장이고, 문화의 광장은 부정과 비굴이 넘치는 광장이라고 흥분하지요. 한마디로 자유주의 남한 사회에는 부도덕한 개인의 자유가 허락되는 어두운 '밀실' 만이 있을 뿐, 사회적 정의가 구현되는 '푸른 광장' 이 없다는 겁니다. 그래서 훗날 명준은 남한은 "실존하지 않는 사람들의 광장 아닌 광장이었다. (…) 그곳에는 타락할 수 있는 자유와, 게으를 수 있는 자유가 있었다."라고 회상하지요.

그 후 북에 있는 아버지가 대남방송을 한 탓에 경찰에 끌려가 취조를 받고 나온 명준은 영미의 친구인 윤애를 찾아가 여름 동안 그 집에서 지냅니다. 그러던 중 자주 가던 목로주점에서 우연히 이북으로 가는 배가 있다는 말을 듣고, 광장을 찾아 월북하지요. 하지만 명준이 북에서 만난 사회주의 사회 역시 진정한 광장은 아니었습니다. 왜곡된 '잿빛 광장' 이었지요. 혈연이나 남녀간의 애정 등 모든 개인적 요소들을 적대시하고 집단의 이념만을 중시하는 체제였습니다. 이 '잿빛 광장' 에서 인민들은 이미 혁명의 열기를 잃었고, 당원들마저 '소비에트 교시' 만을 내세우며 타락했던 겁니다.

명준이 이상적인 혁명가로 생각하던 아버지도 젊은 여자와 재혼하여 부르주아적 생활에 물들어 있었지요. 그는 아버지에게 "일이면 일마다 저는 느꼈습니다. 제가 주인공이 아니고 '당'이 주인공이라는 걸. '당'만이 흥분하고 도취합니다. 우리는 복창만 하라는 겁니다. '당'이 생각하고 판단하고 느끼고 한숨지을 테니, 너희는 복창만 하라는 겁니다."라고 항변합니다.

북의 사회주의 사회에도 실망한 명준은 국립극장 발레리나인 은혜를 만나 사랑을 하고 그들만의 '푸른 광장'을 꿈꾸게 됩니다. 하지만 이때 이데올로기 전쟁인 6·25가 터지고, 명준의 딸을 임신한 은혜가 전사해버립니다. 포로가 된 명준은 거제도 포로수용소에서 생활하다 석방될 무렵 남한이나 북한 둘 중 하나를 선택해야 할 입장에 서게 되지요. 자유주의 남한 사회와 사회주의 북한 사회 모두가 진정한 의미의 광장, 곧 '푸른 광장'이 아님을 안 명준은 제3국인 중립국을 택하고 인도로 가는 배 타고르 호에 오른 겁니다.

뱃머리에서 지금까지의 긴 회상에 잠겼던 명준은 자기가 참으로 오랫동안 무엇에 홀려 있었음을 비로소 깨닫지요. 작가는 이 장면을 이렇게 표현하고 있습니다. "자기가 무엇에 홀려 있음을 깨닫는다. 그 넉넉한 뱃길에 알아보지 못하고 숨바꼭질하고 피하려고 하고 총까지 쏘려고 한 일을 생각하면, 무엇에 씌었던 게 틀림없다." 명준이 이러한 성찰을 얻게 된 직접적인 계기는 그가 총으로 쏘려고 겨누었던 크고 작은 두 마리의 갈매기들 때문이었습니다.

명준은 그들이 은혜와 그녀가 임신했던 자기 딸이라고 생각하게 되지요. 그리고 갈매기들에게, 그 자유롭고 아름다운 생명들에게 겨누었던 자신의 총이 곧 그토록 많은 생명들을 죽음으로 이끈 '이념의

잣대'라고도 생각했는지 모릅니다. 또한 이데올로기를 통해서는 유토피아를 찾을 수 없다는 것, 그러한 행위 자체가 곧 유토피아를 파괴한다고도 생각했을지도 모르지요. 이어 명준은 그가 그토록 찾아 헤매던 '푸른 광장'이 어디에 있는지를 이내 깨닫게 됩니다. 그러고는 바다로 뛰어들지요. 최인훈의 《광장》은 그렇게 끝납니다.

여기에서 우선 분명히 해야 할 것이 있습니다. 이 작품에서 '광장'과 '밀실'이 은유하고 있는 것이 무엇인지, 그리고 무엇보다도 주인공 이명준이 찾고 있는 '푸른 광장'이란 과연 무엇을 뜻하는지이지요. 최인훈은 《광장》의 1961년판 서문에서 '광장'과 '밀실'에 대해 다음과 같이 밝혔습니다.

"인간은 광장에 나서지 않고는 살지 못한다. 표범의 가죽으로 만든 징이 울리는 원시인의 광장으로부터 한사회에 살면서 끝내 동료인 줄 모르고 생활하는 현대적 산업구조의 미궁에 이르기까지 시대와 공간을 달리하는 수많은 광장이 있다. 그러면서도 한편으로 인간은 밀실로 물러서지 않고는 살지 못하는 동물이다. 혈거인의 동굴로부터 정신병원의 격리실에 이르기까지 시대와 공간을 달리하는 수많은 밀실이 있다."

이 말은 인간의 삶에는 '광장'과 '밀실'이 필수적이라는 것, 곧 인간이 인간으로 살기 위해서는 '공적 영역'과 '사적 영역'이 반드시 필요하다는 것으로 이해되지요. 그런데 이 작품이 사회주의와 자유주의라는 정치적 이데올로기와 연관되어 있다는 것을 감안해보면, 이 말에 대한 상식 수준의 이해만으로는 최인훈이 《광장》에서 뜻한 바를

이해하기에는 부족합니다. 정치학 또는 정치철학적인 이해가 조금은 더 필요하지요. 그래서 정치철학자 한나 아렌트가 정리한 개념들을 빌려 설명할까 합니다.

공적 영역이냐, 사적 영역이냐 :

아렌트는 그의 저서 《인간의 조건》에서 인간이 사는 세계를 '공적 영역', '사적 영역', 그리고 '사회적 영역'으로 구분하여 설명했지요. 그에 의하면, 인간은 '공적 존재(the public being)'입니다. 공개적 출현 장소에서 개개인들은 한편으로 발언과 행위를 통해 자기 자신이 '누구임'을 드러내면서 세계의 사물들에 대한 자신의 느낌과 생각을 표현합니다. 또 다른 한편으로는 역으로 타인들의 의견과 비판을 듣고 자기 견해를 수정하거나 강화시킴으로써 자기 정체성을 형성하고 유지해나감은 물론이고 세계에 대한 현실감까지 굳혀 나간다는 거지요.

한마디로 인간은 '공적 영역'을 통해 자신의 존재를 확인할 수 있을 뿐 아니라 자신을 포함한 세계에 대한 지식까지도 얻을 수 있다는 겁니다. 또한 공적 영역은 도덕의 원천이라고도 했습니다. 그에게 도덕적 계율이란 '약속을 하고 약속을 지키려는 태도', '용서를 하고 용서를 받으려는 태도'인데, 이것들은 모두 공적 영역에서의 발언과 행위를 통해 이루어진다는 거지요.

따라서 공적 영역은 존재론적으로도, 인식론적으로도, 그리고 도덕론적으로도 인간의 삶에 필수적인 조건이라는 겁니다. 그런데 《광장》에서 이명준은 자유주의 남한에는 이러한 공적 영역이 전혀 없기 때문에 존재론적, 인식론적, 그리고 도덕론적 빈곤이 팽배해 있다는 것을 다음과 같이 비판하지요.

"남한이란 케에르케고르 선생 식으로 말하면, 실존하지 않는 사람들의 광장 아닌 광장이었다. (…) 다만 좋은 데가 있다면, 그곳에는, 타락할 수 있는 자유와, 게으를 수 있는 자유가 있었다. 정말 그곳은 자유의 마을이었다. (…) 남한의 정치가들은 천재적이었다. 들어찬 술집마다 들어차서, 울랴고 내가 왔던가 웃으랴고 왔던가를 가슴 쥐어뜯으며 괴로워하는 대중들을 위하여, 더 많은 양조장 차릴 허가를 내준다. 갈보장사를 못하게 하는 법률을 만들라는 여성단체의 부르짖음은 그날치 신문 기삿거리를 만들어주는 게 고작이다. 그들의 정치철학은 의뭉스럽기 이를 데 없다. (…) 그러면서 그들은, 자신의 자녀들에겐, 진심으로 교회에 나가길 권유하고 외국에 보내서 좋은 가르침을 받게 하고 싶어한다."

그렇다면 아렌트가 말하는 '사적 영역'이란 무엇일까요? 그는 사적 영역을 개인이 자신과 자신이 가진 사적 유대관계에 있는 사람들의 생활과 행복에 관심을 갖는 세계라고 정의했지요. 이 영역에서는 인간의 삶이 '욕구와 필요(wants and needs)'를 충족시키기 위해 행해지는데 인간은 이 영역을 떠나서는 살 수 없습니다. 때문에 사적 영역은 공적 영역과 마찬가지로 필수불가결한 인간적 조건이라는 거지요. 아렌트는 "자기 자신의 사적인 장소를 갖지 못하는 것은 더 이상 인간일 수 없다는 것을 의미한다."라고 잘라 말했습니다. 같은 말을 최인훈은 앞서 밝힌 서문에서 이렇게 표현했지요.

"광장은 대중의 밀실이며 밀실은 개인의 광장이다. 인간을 이 두 가지 공간 중 하나에 가두어버릴 때, 그는 살 수 없다. 그럴 때 광장에 폭동의 피가 흐르고 밀실에서 광란의 부르짖음이 새어나온다. 우리는 분수가 터지고 밝은 햇빛 아래 뭇 꽃들이 피고 영웅과 신들의 동상으로 치장된 광장에서 바다처럼 우람한 합창에 한몫 끼기를 원하며 그와 똑같은 진실로 개인의 일기장과 저녁에 벗어놓은 채 새벽에 잊고 간 애인의 장갑이 얹힌 침대에 걸터앉아서 광장을 잊어버릴 수 있는 시간을 원한다."

아렌트도, 최인훈도 온전한 인간의 삶은 사적 영역과 공적 영역을 반드시 포함한다는 겁니다. 비록 인간이 누릴 수 있는 최선의 아름다운 삶은 공적 영역에서 이루어지는 자유로운 행위에서 가능하다고 할지라도, 그 출발은 사적 영역에서 시작된다는 것이 아렌트의 생각이지요. 그런데 《광장》에서 이명준은 북한에는 이러한 사적 영역이 전혀 없다고 고발합니다.

"당이 명령하는 대로 하면 그것이 곧 공화국이오, 개인주의적인 정신은 버리시오'라구요. (…) 아하, 당은 저더러 생활하지 말라는 겁니다. (…) '당'이 생각하고 판단하고 느끼고 한숨지을 테니, 너희는 복창만 하라는 겁니다. 우리는 기껏해야 '일찍이 위대한 레닌 동무는 말하기를……' '일찍이 위대한 스탈린 동무는 말하기를……' 그렇습니다. 모든 것은, 위대한 동무들에 의해서 일찍이 말해져 버린 것입니다. 이제는 아무 말도 할 말이 없습니다. 우리는 이제 아무도 위대해질 수 없습니다."

이명준은 북한에는 "게으를 수 있는 자유까지도 없었다."라고 한탄하는데, 바로 이 점에서 사회주의 북한에도 '푸른 광장'은 없다는 겁니다. 이러한 작가 최인훈의 비판적 입장은 아렌트의 카를 마르크스(K. Marx, 1818~1883) 비판과 연결되지요.

아렌트는 마르크스가 정치를 경제적 역학관계를 통해 일어나는 부수적 현상으로 보았다고 파악합니다. 그 결과 사회주의는 존재론적으로, 인식론적으로, 그리고 도덕론적으로도 최선의 아름다운 삶이 가능한 공적 영역을 창조한 것이 아니라, 단지 인간의 '욕구와 필요'를 충족시키는 사적 영역을 사회 전반으로 확대시켰다는 거지요. 그럼으로써 '하나의 거대한 가정(a superhuman family)'으로 조직화된 삶의 세계를 창조했다는 겁니다. 아렌트는 이러한 삶의 세계를 '공적 영역'과 구분하여 '사회적 영역'이라고 부르고, 여기에서 발생할 수 있는 전체주의를 경계했습니다.

《광장》에서 이명준은 사적 영역만 존재하는 자유주의 남한에서도, 또한 사회적 영역만 존재하는 사회주의 북한에서도 공적 영역을 찾을 수 없었던 겁니다. 이렇게 보면, 최인훈의 《광장》에서 이명준이 찾던 '푸른 광장'이란 다름 아닌 아렌트가 말하는 '사적 영역'과 '공적 영역'이 함께 존재하는 세계, 곧 인간이 인간으로 인간답게 살 수 있는 모든 조건이 갖추어진 진정한 삶의 공간이지요. 우리는 이러한 공간을 유토피아라고 불러왔습니다.

결국 명준은 자유주의 사회, 사회주의 사회 그 어느 곳에서도 유토피아를 찾지 못하고 절망하여 바다로 뛰어든 것이지요. 그에게는 사랑하는 은혜와 딸이 갈매기가 되어 나는 바다야말로 진정한 유토피아로 생각되었을 겁니다. 그렇다면 최인훈의 《광장》이 말하는 것은 단순히, 유토피아란 아무리 찾아보아도 '세상에는 없는 곳'이라는 건가요? 그러니 인간이 인간답게 살 수 있는 세상에 대한 우리의 오랜 꿈은 이제 버려야 한다는 건가요?

그럴 수는 없지요! 그래서 처음부터 다시 살펴보아야겠습니다. 도대체 유토피아란 무엇인지, 그것이 왜 그토록 실현하기가 어려운지 말입니다. 물론 커피 한잔 마실 시간은 이제 막 지났지만 말입니다.

《유토피아》 VS. 《신아틀란티스》 :

오늘날 우리가 구상하는 유토피아의 모델을 처음으로 제시한 것은 1516년 출간된 토머스 모어(Thomas More, 1477~1535)의 저서 《국가 중 가장 좋은 국가와 유토피아라는 새로운 섬에 관하여》입니다. 오늘날 간단히 《유토피아》라고 부르는 이 책은 가상의 포르투갈 선원 라파엘 히들로데우스(Raphael Hythlodaeus)가 우연히 발견한 섬나라에서 5년간 머물며 체험한 이야기들을 모어가 공표하는 형식으로 꾸며져 있지요.

여기에 묘사된 유토피아는 가운데 폭이 200마일쯤 되고 양끝은 갈수록 좁은 초승달 모양의 섬입니다. 이 가상의 섬에서는 정치 제도로는 대의민주제가, 경제 제도로는 재산 공유제가 실시되고, 사회적으로는 재산과 신분에 의한 것이 아닌 지혜와 덕망에 따른 위계질서가 이루어지지요. 누구에게나 생산·분배·소유의 문제에 평등의 원리가 적용되고, 교육·학문·여가·쾌락의 추구에서도 평등한 기회가 부여됩니다. 한마디로 정의와 평등, 행복과 쾌락, 본능과 이성, 법과 도덕이 추구되고 지배하는 이상적인 나라이지요.

물론 이 같은 이상들이 실현되기 위해서는 자연히 그에 상응하는 대가가 요구되게 마련입니다. 정의와 평등을 실현하기 위해서는 정부의 강력한 통제, 곧 개인의 자유 제한이 요구되고, 모두의 행복과 쾌락을 유지 또는 구현하기 위해서는 엄격한 제도와 법의 구속이 필수적이며, 법과 도덕의 추구에는 고도의 자제력과 인격적 성숙이 동반되어야만 하지요. 그래서 모어의 유토피아는 인간의 욕구와 수요의 충족보다는 그것들을 효율적으로 억제함으로써 이루어질 수 있는 사회라는 점에서 '사회주의 유토피아의 원형'으로 평가됩니다.

그런데 얼마 후, 프랜시스 베이컨(F. Bacon, 1561~1626)이 그의 저서 《신아틀란티스 New Atlantis》에서 이와는 전혀 다른 형태의 유토피아를 제시했지요. 그는 인간의 불행은 빈곤과 궁핍으로부터 오며, 그 원인은 생산 기술의 낙후에 있다고 보았습니다. 때문에 그 해결책은 생산을 증대하기 위한 과학기술의 발전과 개인의 자유로운 시장 활동에 있다고 보았지요. 그래서 베이컨은 1567년 에스파냐인들이 발견한 솔로몬 제도에 있는 한 섬을 신아틀란티스로 가정하고 최초의 과학적 유토피아를 꾸몄지요.

이 섬의 중심은 '솔로몬의 집'입니다. 여기에서는 학자들과 과학자들이 자유롭게 실험하고 연구하며 발명하지요. 그렇지만 그들은 사회적 윤리의 선은 넘지 않게 통제되어 있습니다. 그 결과 이들의 과학기술은 베이컨이 살았을 당시로는 상상도 할 수 없을 만큼 놀라울 정도로 발달되어 있지요. 날씨를 조절하고 무지개도 만듭니다. 현미경을 사용하여 혈액과 소변을 검사할 뿐 아니라, 오늘날 생명공학자들이

225

하는 실험들도 성공시키지요. 동물들의 형태, 크기, 색깔을 변형시키고, 에너지를 공급하는 드링크제를 발명해내지요. 심지어 비행기와 잠수함도 있습니다.

이러한 과학기술을 통해 이곳에 사는 주민들은 모두가 행복한 삶을 영위하지요. 한마디로, 신아틀란티스는 발달한 과학기술을 통해 인간의 모든 욕구와 수요를 최대한으로 충족시켜주는 이상사회인 겁니다. 그래서 베이컨의 '신아틀란티스'를 현대 산업기술사회가 추구하는 '자유주의 유토피아의 모델'로 평가합니다. 흥미로운 것은 두 가지 서로 다른 유토피아가 모두 섬이라는 공통점을 갖고 있다는 것인데, 이들의 차이점을 비교하자면 이렇지요.

모어의 《유토피아》가 사회정의 실현에 목적을 두었다면, 베이컨의 《신아틀란티스》는 과학기술에 의한 사회 진보를 목표로 하였다고 볼 수 있습니다. 또한 전자가 인간의 욕구를 제한함으로써 인간을 도덕적으로 성숙시켜 자족할 수 있는 이상사회인 아르카디아를 구상하였다면, 후자는 생산을 증대함으로써 인간의 욕구를 최대한 충족시키는 이상사회, 곧 코케인을 꿈꾼 것이라고도 할 수 있지요.

그렇다면 우리가 바라는 이상사회는 모어의 '유토피아'일까요, 아니면 베이컨의 '신아틀란티스'일까요? 알고 보면, 이 문제는 《광장》의 주인공 이명준이 고민했던 '밀실'과 '광장'의 문제와 연관되며, 나아가 오늘날 우리 사회가 당면한 문제, 곧 '평등이냐, 자유냐?', '정부냐, 시장이냐?', '집단이냐 개인이냐?' 하는 소위 좌파와 우파 사이의 갈등에까지 연결되는 심각한 문제입니다. 이에 대한 대답을 얻기 위해 우선 각각의 대표적인 예를 살펴보기로 하죠. 우리는 모어의 《유토피아》와 베이컨의 《신아틀란티스》의 현실적 모델을 구소련과 미국에서 찾아볼 수 있습니다.

1917년 러시아 혁명의 성공으로 구소련은 억눌린 계급의 해방을 약속한 새로운 문명의 탄생이자 '사회주의 유토피아'가 실현된 위대한 나라로서 전 세계 지성인들의 기대를 모았지요. 자본주의적 착취와 인간소외가 없는 진정한 평등과 풍요를 누릴 수 있는 사회, 인간이 다른 인간에 의해 더 이상 비참해지지 않는 땅, 곧 모어적 유토피아의 실현을 약속했기 때문입니다.

그러나 그것은 물거품같이 헛된 기대였지요. 공산 독재사회 내부의 체제적 폭력과 억압, 그리고 수많은 숙청은 억압과 통제에 의해 이루어지는 모어적 유토피아가 가진 위험성을 적나라하게 보여주었습니다. 대외적으로는 세계 인민의 연합이라는 미명 아래 1956년 헝가리 혁명 진압과 1968년 체코슬로바키아의 진압을 시작으로 점차 제국주의의 면모를 여실히 드러내 보였지요. 게다가 모어가, 그리고 누구보다도 마르크스가 기대했던 자본주의적 착취로부터 해방된 '인민의 도덕적 성숙'은 이루어지지 않고, 단지 생산력만 떨어져갔던 겁니다. 그 결과 '사회주의 유토피아'는 디스토피아로 전락하였고, 70년이 지난 1980년대 말 그 막을 내렸지요. 1990년대에 구소련과 동구 곳곳에서 철거된 레닌, 스탈린 동상은 그 쓸쓸한 종말의 상징이었습니다.

이에 반해, 헤겔(G. W. F. Hegel, 1770~1831)이 '아메리카는 미래의 나라, 세계사의 짐을 떠맡을 미래의 땅'이라고 예언하였듯이 19세기 미국은 '자유와 기회의 나라'였지요. 과학기술과 시장경제의 발달로 물질적으로 풍요롭고 개인의 각종 자유를 허락하는 나라인 미국은

'자유주의 유토피아'의 상징이자 베이컨의 '신아틀란티스'였던 것이죠. 지금도 뉴욕 항에 우뚝 서 있는 '자유의 여신상'이 바로 그것을 전 세계에 과시하고 있습니다.

그러나 20세기에 들어서자마자 자유의 여신상은 점차 '추한 아메리카인'의 상징으로 변하기 시작했습니다. 내적으로는 물질적 풍요와 번영에도 불구하고 극심한 빈부의 격차와 인종차별, 물질문명에 의한 인간소외와 기계화 등이 진행되었지요. 더욱 심각한 것은 모든 인간이 경제라는 우상의 노예가 되어 자기 자신의 삶이 가진 진정한 의미와 가치조차 잃어버렸다는 것입니다. 그 결과 매춘, 마약, 자살 같은 도덕적 타락에 시달리게 되었지요. 게다가 대외적으로는 세계 평화를 빌미로 군사력과 경제력뿐만 아니라 문화까지 이용한 제3세계의 지배, 곧 새로운 형태의 제국주의의 모습을 보이고 있기 때문입니다. 그 결과 벌어진 9·11사태 이후, 각종 테러의 위협에 떨고 있는 미국의 모습에서 더 이상 유토피아의 모습을 찾아볼 수 없게 되었습니다.

결국 자유주의 유토피아도 사회주의 유토피아도 우리가 꿈꾸는 이상사회가 아니라는 것이 드러난 겁니다. 최인훈의 《광장》은 6·25전쟁 전후, 한반도에 살았던 이명준이라는 인물을 통해 이러한 사실을 잘 보여주었지요. 작가는 주인공 이명준이 바다로 뛰어드는 작품의 말미에서 정치적 이데올로기가 아니라 가족과 생명에 대한 사랑 같은 인류 보편적 가치만이 오히려 우리를 유토피아로 인도할 것이라고 말하고 있는 듯한 여운을 남겼습니다. 물론 이러한 결말은 '너무나 추상적이어서 구체적인 대안이 될 수 없다'는 비판도 있지요. 그럴까요? 만일 그렇다면 이와 다른 어떠한 구체적 대안이 우리에게 있을까요?

그 섬에 가는 길:

최인훈의 《광장》에서 주인공 이명준이 마지막에 도달한 결론과 앤서니 기든스(A. Giddens, 1938~)라는 영국의 사회학자가 그의 저서 《좌파와 우파를 넘어서》와 《제3의 길》에서 주장한 내용을 연결시켜 생각해보면 흥미롭습니다. 우선, 기든스도 우리가 꿈꾼 유토피아, 곧 사회주의 유토피아와 자유주의 유토피아가 모두 실패했다는 것을 인정하지요. 그러나 실패했다 해서, 유토피아에 대한 이상과 꿈마저 버릴 수는 없다고 강조합니다. 그리고 '제3의 길'을 제시하지요.

제3의 길이란 거칠게 말하자면 모어의 유토피아와 베이컨의 신아틀란티스 그 가운데 난 길입니다. 사회주의적 유토피아와 자유주의적 유토피아 그 사이에 놓여 있다는 말이지요. 더 자세히 설명하자면, 이 길은 '자유가 보장된 평등'과 '평등이 전제된 자유'를 추구하는 길이고, '경쟁이 보장된 협동'과 '협동이 전제된 경쟁'을 추구하는 길이며, 또한 '사생활이 보장된 유대'와 '유대가 전제된 사생활'을 추구하는 길이라는 말입니다.

그렇다면 언뜻 보아도 이 길을 찾아내는 것이 결코 쉬운 일은 아니지요. 불가능한 일처럼 보이기도 합니다. 역사적 경험에 의하면, 자유를 보장하면 평등이 깨어지고, 평등을 전제하면 자유를 제한하지 않을 수 없기 때문입니다. 마찬가지로 경쟁을 허락하면 협동이 깨어지고, 협동을 하면 경쟁이 이루어지지 않기 때문이지요. 또한 개인의 사생활을 내세우면 공동체의 유대가 깨어지고 공동체의 유대를 내세우면 개인의 사생활이 침해되기 때문입니다.

이것은 최인훈이 《광장》에서 상징적으로 설정한 '밀실'과 '광장'의

관계이기도 하죠. 밀실과 광장은 결코 하나의 같은 공간이 될 수는 없습니다. 이명준의 좌절과 절망이 그것을 잘 말해주고 있지요. 기든스도 200여 년 서구 민주주의 역사를 통해 그것을 잘 알고 있습니다. 그래서 그도 밀실과 광장이 하나가 되는 어떤 기적적인 '제3의 유토피아'를 설계하는 일은 감히 꿈꾸지도 못했지요. 한 걸음 물러서서, 단지 그것을 향해 한없이 다가가야 하는 과정을 뜻하는 제3의 길에 대해서만 언급했을 뿐입니다. 그럼에도 불구하고 이 길을 찾는 일마저 여전히 쉽지 않아 사람들은 흔히 제3의 길을 '스킬라와 카립디스 사이로 난 길'에 비유하지요.

호메로스의 《오디세이아》에 보면, 트로이가 함락된 뒤 부하들을 이끌고 고향으로 돌아가던 오디세우스는 키르케에서 스킬라가 사는 섬과 카립디스가 사는 해변 사이를 조심하라는 경고를 받습니다. 스킬라는 원래 물의 요정들과 어울려 놀던 아름다운 처녀였지요. 그런데 바다의 신 글라우코스가 스킬라를 사랑하는 것을 알고 글라우코스를 연모하던 키르케가 질투에 불타 독약을 풀어 괴물로 만들었답니다.

괴물로 변한 스킬라는 섬의 높은 절벽 위 동굴에 사는데, 여섯 개의 머리를 가졌고, 각 머리마다 세 겹의 이빨을 갖고 있었으며, 그 목은 거대한 뱀과 같이 길어서 동굴 속에 똬리를 틀고 있지요. 그러다가 뱃사람들이 지나면 긴 목을 늘여 한입에 한 사람씩, 모두 여섯 사람을 한꺼번에 집어삼켰답니다. 때문에 뱃사람들은 되도록 스킬라가 사는 섬에서 멀리 떨어져 항해해야만 했지요.

하지만, 그 반대편에는 카립디스가 살고 있었답니다. 카립디스는 해변 가까이 사는 사나운 소용돌이였지요. 그는 매일 세 번씩 무서운 물결 소용돌이를 일으켜 배들을 침몰시키는데, 넵튠이라 할지라도 그것을 막지 못했답니다. 그래서 뱃사람들은 스킬라를 피하여 해안 가까이 가면 카립디스에게 빨려들고, 카립디스를 피하여 해안에서 멀어지면 스킬라에게 잡아먹혔지요. 오디세우스는 스킬라와 카립디스의 사이를 지나야만 꿈에도 그리는 아내 페넬로페가 기다리는 고향으로 돌아갈 수 있었습니다.

기든스가 말하는 제3의 길은 민주주의의 민주화, 손상된 연대성의 복구, 삶의 정치(life politics) 개혁, 발생적 정치(generative politics)의 추구, 대화민주주의(dialogical democracy)의 강화, 복지제도에 대한 제고, 폭력의 부정 등을 통해 전제 권력에 대한 대립, 절대적 상대적 빈곤과의 전쟁, 폭력과 고통의 감소, 사회적 약자들에 대한 배려, 행복과 자기실현, 파괴된 환경의 구제, 생명 존중 등을 지향해 나가는 머나먼 여정입니다. 이 길은 결코 넓지도 않고 평탄하지도 않으며 심지어 잘 보이지도 않지요. 그래서 스킬라와 카립디스 사이를 빠져나가는 오디세우스처럼, 줄 위에 선 광대처럼 좌로도 우로도 치우치지 않고 걸어야 한다는 겁니다.

한마디로, 좌파와 우파라는 그 아스라한 양 극단을 휘어서 서로 만나게 한 그 칼날 같은 위를 걸어야 한다는 거지요. 그래도 기든스는 이 길을 따라가면 언젠가는 유토피아로 불리는 그 섬에, 낮에는 양탄자를 짜고 밤에는 그것을 다시 풀며 기다리는 페넬로페가 있는 고향에, 남과 북을 오가며 이명준이 찾던 '푸른 광장'에 이를 것이라는 거지요. 우리는 이 말을 믿고 싶습니다. 이어 이런 생각도 함께 가져봅니다.

어쩌면 최인훈의 《광장》에서 이명준이 마지막에 희미하게나마 보았던 길도 바로 이 길이 아니었을까? 그래서 당시로는 유일한 '제3의 길'이었던 중립국으로 향하는 배에 오른 게 아닐까? 그러나 안타깝게도 이미 너무 많은 것을 잃어버린 그에게는 이 '험하고 조그마한 샛길'을 찾아갈 힘이 더 이상 남아 있지 않았던 게 아닐까? 그래서 바다로 뛰어든 게 아닐까? 알 길은 없습니다. 하지만 그의 죽음이 우리에게 남겨 놓은 메시지만은 분명합니다. 대강 이렇지요.

너희는 갖고 있는가? 이상사회를 향한 뜨거운 소망을! 자유와 평등을 양립시키려는 강건한 의지를! 경쟁과 협동을 조화시키려는 준엄한 정의를! 개인과 집단을 화해시키려는 영특한 지혜를! 그리고 무엇보다도 이 모든 것들을 실현하기 위한 자기희생적 도덕심을 너희는 진정 갖고 있는가? 만일 그렇지 않다면, 진정 그렇지 않다면, 너희도 언젠가는 나와 같이 이렇게 아픈 가슴으로 쓸쓸하고 황량한 길을 갈 수밖에 없으리라. 왜냐하면 인간이 인간답게 살 수 있는 '광장'으로 향하는 길은 이런 모든 것들이 함께 모여야만 비로소 어렵사리 열리는 '좁은 길'이기 때문에!

자기 자신의 사적인 장소를 갖지 못하는 것은
더 이상 인간일 수 없다는 것을 의미한다.

: 한나 아렌트

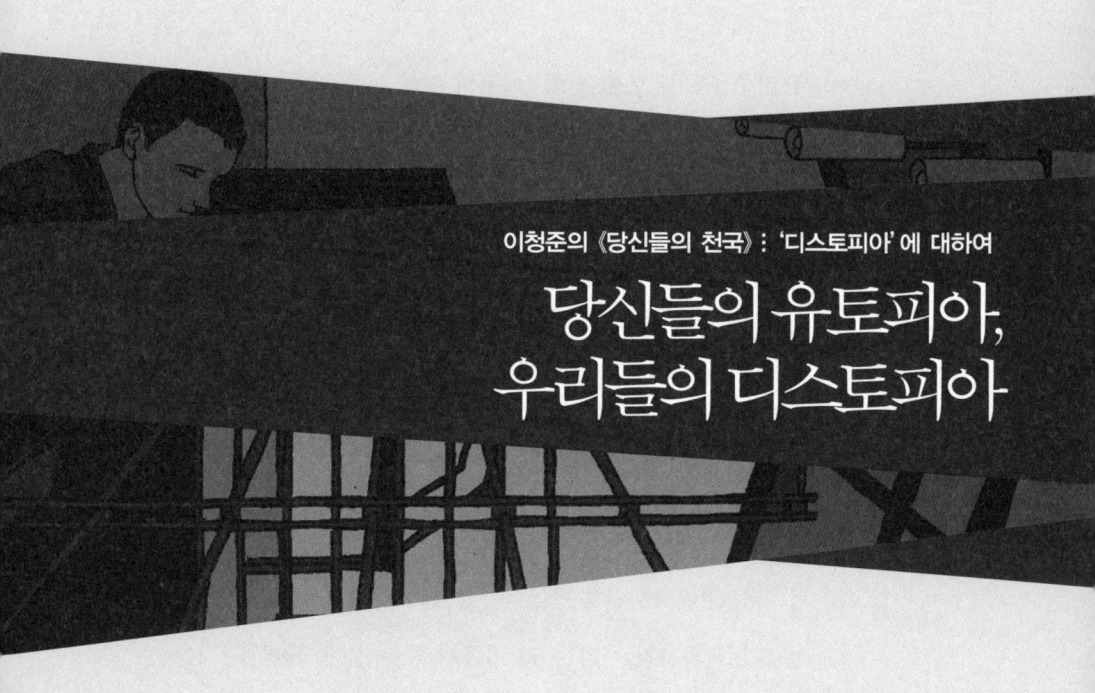

이청준의 《당신들의 천국》: '디스토피아'에 대하여
당신들의 유토피아, 우리들의 디스토피아

실천하는 자는 꿈꾸지 않는다:

풍만한 젖가슴을 드러낸 여인이 깃발을 들고 시민들 앞에서 혁명을 이끄는 그림을 본 적이 있으시죠? 널리 알려진 이 그림은 들라크루아(E. Delacroix, 1798~1863)가 그린 〈민중을 이끄는 자유의 여신〉이지요. '1830년 7월 28일'이라는 부제가 붙은 이 작품은 1830년 왕정복고에 반대한 시민들이 3일간의 시가전 끝에 부르봉 왕조를 무너트리고 루이 필리프를 국왕으로 맞이한 '7월 혁명'을 기념하기 위해 그렸답니다. 하지만 사람들은 보통 민중을 이끌고 있는 이 '자유의 여신'이 프랑스 대혁명을 일으킨 계몽 정신을 상징한다고 생각하지요.

18세기에 접어들어 서구는 계몽이라는 물결에 휩싸였습니다. 계몽이란 '이성의 빛으로 밝게 함'을 의미하지요. 합리적인 사고와 그것을 통해 얻어진 과학적 지식을 갖고 그동안 사람들을 지배해오던 사회적, 정치적, 종교적 편견이나 미신들과 같은 어둠으로부터 벗어나게 한다는 뜻입니다. 그 일을 위해 디드로(D. Diderot, 1713~1784), 달랑베르(J. R. d'Alembert, 1717~1783) 같은 프랑스 계몽주의자들은 우선 '18세기 가장 야심적인 출판사업'이었던 백과사전을 만들었지요. 《과학, 예술, 직업에 관한 이성적인 백과사전》이라는 긴 이름이 붙여진 이 책에서, 그들은 신의 말씀으로 인간과 세계를 설명한 《성경》을 대신해 인간의 이성으로 그것들을 설명하려고 했던 것입니다.

또 한편으로 몽테스키외(Montesquieu, 1689~1755), 볼테르(Voltaire, 1694~1778), 루소(J. J. Rousseau, 1712~1778) 같은 사상가들은 신의 말씀에 의해 만들어지는 '하나님의 나라' 대신, 인간의 이성에 의해 만들어지는 '민주주의 사회'를 설계하기 시작했지요. 계몽주의자들에게 백과사전은 '새로운 성경'이었고, 민주사회는 '지상의 천국'이었답니다. 그리고 프랑스 대혁명(1787~1799)이 일어나 드디어 그들의 꿈이 이루어졌던 거지요. 1516년 출간된 토머스 모어(Thomas More, 1477~1535)의 저서 《유토피아》에서부터 시작한 유토피아에 대한 소망이 280여 년이 지나서 계몽주의에 의해서 비로소 실현된 겁니다. 이런 의미에서 계몽주의를 근대적 사회공학(social engineering)이자 유토피아공학(utopian engineering)이라 할 수 있지요. 물론 들라크루아가 그린 이 '여신'의 풍만한 젖가슴으로 상징되는 유토피아공학이 '치명적'이라는 것이 서서히 드러나는 데는 다시 100여 년이라는 시간이 더 걸렸지만 말입니다.

흥미로운 것은, 18세기까지 왕성하던 유토피아 문학이 계몽주의적 유토피아의 소망이 이루어지기 시작한 19세기 초반부터는 갑자기 쇠퇴했다는 겁니다. 18세기에는 재산공유제에 의한 평등과 우애를 주장하는 베라스의 《세바랑브인의 역사》, 페늘롱의 《텔레마크의 모험》, 모넬리의 《자연의 법전》 등과 성적 자유를 추구하는 디드로의 《증보 부갱빌 여행기》, 사드의 《침실의 철학》 등이 나왔고, 또한 외계를 다룬 고드윈의 《월인》, 베르제락의 《외계》, 메르시의 《2040년》 등 다양한 종류의 유토피아 문학이 있었는데, 19세기 전반에는 거의 자취를 감추었다는 거지요.

이유인즉, 프랑스 대혁명과 산업혁명을 통해 유토피아는 더 이상 꿈이 아니라 다가올 현실로 인식되었기 때문이랍니다. 이는 당시 사람들이 인간의 이성과 그에 의해 이루어질 미래사회에 얼마나 큰 기대와 믿음을 갖고 있었는가를 보여주는 단적인 예이기도 하지요. 예나 지금이나 꿈꾸는 자는 실천하지 않고 실천하는 자는 꿈꾸지 않는가 봅니다. 하지만 기대가 크면 실망도 큰 법이지요. 19세기 말이 다가오면서 사람들은 자기들이 만든 사회가 유토피아가 아니라는 것을 점점 깨닫게 되었습니다.

〈그 섬은 어디에 있을까?〉에서 보았듯이, 자유주의 유토피아든 사회주의 유토피아든 우리가 꿈꾸던 이상사회는 아니라는 것이 드러나기 시작했던 겁니다. 과학기술의 발전을 통한 풍요를 약속했던 자유주의 사회는 극심한 빈부의 격차, 인간의 소외와 기계화를 초래했고, 평등이라는 희망을 심어준 사회주의 사회는 심각한 경제적 낙후와 체제적 억압과 폭력이 지배하는 전체주의 사회로 탈바꿈했기 때문이지요. 그러자 20세기 초반부터는 디스토피아 문학들이 쏟아져 나오기 시작했습니다. 자미아틴(E. Zamyatin)의 소설 《우리》와 헉슬리(A. Huxley)의 《멋진 신세계》, 조지 오웰(G. Orwell)의 《동물농장》과 《1984년》 등이 대표적인 작품들이지요.

디스토피아(distopia)란 유토피아에 '아님(dis)'을 뜻하는 접두사를 붙여 만든 단어입니다. 당연히 '나쁜 곳'이라는 뜻이지요. 하지만 그것은 자연적으로 존재하는 '나쁜 곳'이 아니라, '실패한 유토피아'를 가리킵니다. 즉, 유토피아를 만들려던 어떤 시도가 빚어낸 어두운 그림자라는 거지요. 유토피아나 디스토피아라는 용어는 자연발생적 사회가 아니라 누군가에 의해 의도적으로 설계되고 추진된 사회에 대해서만 사용하는 말입니다. 어떤 사회공학적 사회를 긍정적으로 평가할 때는 유토피아라는 말을, 부정적으로 폄하할 때는 디스토피아라는 말을 쓴다는 거지요. 그런 만큼 어떤 사람에게는 유토피아인 곳이 다른 사람에게는 디스토피아가 될 수도 있습니다.

1984년 발표된 이청준의 《당신들의 천국》은 우리 문학사에 매우 보기 드문 작품입니다. 무엇보다도 바로 이 같은 의미에서의 유토피아와 디스토피아의 문제를 다루었다는 점에서 그렇지요. 하지만 이 작품은 '천국'이라는 이름을 빌려 어떤 새로운 유토피아를 보여주려 하거나, 아니면 그것이 실패한 디스토피아를 고발하고 있지 않습니다. 이 점에서 《당신들의 천국》은 디스토피아에 대한 고발인 자미아틴의 《우리》, 헉슬리의 《멋진 신세계》, 오웰의 《동물농장》이나 《1984년》 등과 구분되지요.

《당신들의 천국》은 주어진 극한 상황 하에서도 인간이 인간답게 살 수 있는 사회로 나아가는 그 어렵고 힘든 길을 보여주려고 노력합니다. 한마디로 유토피아공학에 대한 처절하고도 치밀한 보고서라고 할 수 있지요. 이 점에서 이 작품은 다시 최인훈의 《광장》과도 갈라섭니다. 《광장》도 유토피아의 문제를 다루고 있지만 그것에 이르는 어떤 긍정적 길을 구체적으로 제시하지는 못했습니다. 단지 이 땅에서 실험된 유토피아들이 디스토피아에 불과하다는 것을 확인시켜주었을 뿐이지요.

고발하는 일, 유토피아라는 환상 속에 감춰진 어둠을 찾아내어 보여주는 일이 결코 쉽다고는 할 수 없을 것입니다. 하지만 그러한 어둠 속에서조차 남아 있어야만 하는 빛들을 찾아내어 새로운 갈 길을 밝히는 일은 훨씬 더 어렵지요. 《당신들의 천국》이 바로 그 어려운 일을 시도했습니다. 비록 나환자들의 섬 소록도로 한정되어 있지만, 이 작품은 유토피아를 향해 나가려는 우리의 길이 주어진 역사적·사회적 정황 아래에서 어떻게 하면 성공하고, 또 어떻게 하면 실패할 수 있는가를 구체적으로 보여주려고 애를 썼지요. 그래서 드물고 귀하다는 겁니다. 그것이 성공할지 실패할지, 실현가능한지 불가능한지를 따져보는 일은 차치하고 말입니다. 그럼, 볼까요? 그 길이 어떤지?

천국을 향한 그 어렵고 고단한 길 :

모두 3부로 구성된 이 작품은 나환자들의 집단거주지인 소록도에 조백헌이라는 신임원장이 부임하면서 시작됩니다. 군의관이자 현역 대령인 조백헌 원장은 그곳 나환자들에게 새로운 천국을 만들어주려는 진정과 열정을 가진 인물이지요. 그는 부임 후 가진 첫 연설에서부터 정정당당, 인화단결, 상호협조를 내세우며 섬을 '여러분의 새로운 낙토'로 개혁하려는 강한 의지를 내보입니다.

하지만 원생들은 원장의 말을 '귓등에도 스치지 않는 것' 같이 흘려버리고, 보건과장인 이상욱은 신임원장 역시 '자신의 동상'을 세우려는 인물이 아닌가 하고 의심하게 되지요. 섬에 나환자의 천국을 세운다는 미명 아래 실제로는 자신의 명예욕을 충족시키려는 것이 아닌가라고 생각한다는 겁니다. 거기에는 이 섬의 역사가 지난 30여 년을 두고 길러온 뿌리 깊은 불신이 자리하고 있지요.

일제강점기 말에 주정수라는 원장이 있었습니다. 그가 처음으로 '이 섬을 나환자의 복지로 꾸밀 것'을 약속했고, 그의 선의에 감동한 원생들은 감동적인 박수를 아끼지 않았지요. 그리고 자신들을 희생해가며 낙토건설사업에 열성적으로 참여하였답니다. 나환자의 복지건설이라는 공동의 목표 앞에서 원장과 원생들의 구분이 아직 드러나지 않았던 거지요. 그러나 일이 점점 진행되어감에 따라 원생들은 생각하지도 못했던 배반의 맛을 보게 됩니다. 일이 하나씩 완성될 때마다 원장은 차츰 성취욕에 눈이 멀어갔지요. 그래서 새로운 일거리들을 자꾸 만들어냈고, 그것을 위해 원생들은 점점 더 많은 강제노역과 수탈에 시달리게 된 겁니다. 그 결과 이 섬에 '어느 도회의 한복판에 내놓아도 손색이 없을 넓고 호사스런 공원'이 건설되었을 때의 정황을 작가는 이렇게 묘사하고 있습니다.

> "주정수는 크게 만족했다. 그러나 원생들은 물론 만족할 수 없었다. (…) 섬 안의 시설이 한 가지씩 늘어갈 때마다 그만큼 섬 전체가 천국에 가까워지기는커녕 오히려 점점 더 지옥으로만 변해가고 있었듯이, 이번에도 이 섬에는 공원이 하나 더 늘고 그곳에 바쳐진 자신들의 노력과 희생이 크면 클수록 그 노력이나 희생의 크기만큼 섬은 점점 더 낙원과는 인연이 멀어져 갔다."

드디어 원장과 원생들의 이익과 목표가 갈라서고, 지배와 피지배의 관계가 드러나기 시작한 거지요. 게다가 엎친 데 덮치는 격으로 권력에 아첨하는 무리들이 원생들에게 헌금과 노역을 강요하여 주정수 원장의 동상을 세웠습니다. 들라크루아가 그린 민중을 이끄는 '여신'이 탄생한 것이지요. 그리고 매월 20일을 '보은 감사일'로 정하여 원생들에게 동상을 참배하게끔 했습니다. 주정수 원장은 이 모든 일을 단지 모르는 척 묵인했지요.

지배자의 우상화! 그것은 언제나, 어느 사회에서나, 지배자의 통치에 정당성을 부여함으로써 피지배자들의 희생을 지속시키려는 도구로 사용되어왔지요. 최악의 사태가 벌어진 겁니다. 그런데 주정수 원

장이 그 어느 '보은 감사일'에 원생의 손에 살해되어 자신의 동상 밑에 쓰러졌습니다. 이번에는 원생들 쪽에서 배반을 한 것이지요. 처음에는 지배자 쪽에서, 그 다음에는 피지배자 쪽에서 배반을 한 겁니다.

이때부터 이 섬에서는 불신과 배반의 악순환이 시작된 거지요. 불신을 하기 때문에 배반이 정당화되고, 배반을 하기 때문에 불신이 정당화되는 일이 돌아가며 일어난 겁니다. 그 후에 열 명도 넘는 신임원장들이 부임했지만, 그들 역시 언제나 '자신의 동상'을 가슴 속에 품고 왔다가, 더러는 성공하고 더러는 실패하고 돌아갔답니다. 그럴수록 섬에 남는 것은 배반뿐이었고요.

이것이 보건과장인 이상욱이 소설의 처음부터 경계하고, 원생들이 마지막까지 두려워한 '자신의 동상'이라는 말에 담긴 '상호 배반'의 역사이지요. 이상욱이 그토록 민감한 감시와 불신의 눈동자를 한시라도 감지 못하는 데에는 그의 출생에 숨겨진 개인적 비밀이 있기 때문이기도 합니다. 그의 아버지가 주정수 원장의 동상을 지어 바치자고 선동했던, 그리고 그 대가로 비참한 최후를 맞았던 바로 그 사람이었지요. 조백헌 원장은 부임 후 며칠이 지나서야 이 길고 어두운 불신과 배반의 역사를 알게 됩니다. 그래서 부임 후 며칠이 지난 다음에야 행해진 첫 연설에 이렇게 말했지요.

"여러분은 아직도 무서운 병을 앓고 있습니다. 여러분은 물론 육신의 병은 놀랄 만큼 빠른 속도로 나아가고 있습니다. 하지만 여러분은 여러분이 몸으로 앓고 있는 것보다 더 무서운 질병을 마음으로 앓고 있다는 것을 알았습니다. 이 섬은 온통 구석구석이 불신과 배반으로 가득 차 있습니다."

241

조 원장은 곧바로 불신과 배반을 없애는 인간 개조를 통한 섬의 재건을 계획합니다. 건의함을 설치하고, 장로회를 조직하는 등 여러 가지 민주적 제도를 만드는 데에 최선을 다하지요. 무엇보다도 축구팀을 만들어 원생들을 훈련시키고 건강한 사람들과 겨루게도 합니다. 그럼으로써 섬 전체를 점점 축구 열기로 들뜨게 만들고, 서서히 섬 분위기를 바꾸어나가지요. 육지로 나가 축구시합에 참가해서 결국 우승도 따냅니다. 그러자 믿기 어려운 일이 일어나지요.

"정말 알 수 없는 일이었다. 운동시합이란 자주 개인의 사소한 대립이나 이해관계를 넘어 어떤 맹목적인 집단 의지 같은 것을 형성하는 데엔 큰 공헌을 하는 수가 있다. (…) 섬은 이제 5000명이 살고 있는 것이 아니었다. 5000명이 그냥 한 사람이었다. 5000명이 한 사람처럼 똑같이 생각하고 똑같이 흥분하고 있었다. 이제 아무도 원장을 경계하는 사람이 없었다. 모두 알 수 없는 자신감에 들떠 있었다. 그를 믿고 그에게 감사하고 있었다."

일단 성공한 겁니다. 그리고 나자 조 원장은 이내 오랫동안 감추었던 속내를 털어놓습니다. 득량만 간척사업이지요. 이 사업을 통해 원생들과 그 자손들이 농토를 갖고 건강한 사람들처럼 살게 해주겠다는 겁니다. 그 말을 듣자 이상욱은 곧바로 주정수 원장의 일을 다시 떠올리고, 원생들도 즉시 예전처럼 냉랭하게 굳어져 버리지요. 그들이 가진 불신과 배반에 대한 기억이 얼마나 뿌리 깊은 것인가를 다시 한 번 확인시켜준 겁니다. 그러나 조 원장이 자신의 목숨을 걸고 배반하지 않을 것을 맹세하자, 원생들도 신의를 지킬 것을 맹세하고 간척사업에 동참하기로 결정하지요.

이후 자연과 인간의 투쟁과 좌절, 인간과 인간의 싸움과 배반이 힘겹게 진행됩니다. 폭풍과 지반 침하로 인해 솟아오르던 둑은 번번이 가라앉았지요. 그때마다 조백헌 원장은 원생들을 '강압적으로라도' 독려해야만 했습니다. 물론 그때마다 이 섬에 숨어 사는 길고 어두운 불신과 배반의 역사, 곧 주정수 원장이 만든 '자신의 동상'이라는 악령이 다시 꿈틀거렸지요.

그러던 어느 날 당국에서 파견한 작업조사반이 섬에 들어옵니다. 그리고 간척사업장을 당국에서 인수하려고 하지요. 조백헌 원장은 이를 막으려 애쓰다가 다른 병원으로 전출 명령을 받게 됩니다. 떠나기 전에 사업의 완성을 보고자 하는 조백헌 원장은 모든 사실을 원생들에게 알리고 공사를 더욱 독려하지요. 원장의 헌신적 노력에 마음이 움직인 원생들은 조백헌 원장의 전출을 막기 위한 서명운동을 벌입니다.

이때 보건과장 이상욱이 다시 '자신의 동상'이라는 악령의 부활을 경계하며, 조 원장에게 서명운동을 중단하게 하고 곧바로 섬을 떠날 것을 종용하지요. 사업의 완성을 보고자 하는 것은 원장의 욕심이며, 사업이 완성될 경우 섬사람들이, 주정수 원장에게 그리했듯이, 스스로 동상을 지어 바칠 것이라는 겁니다.

"제가 지금 원장님께 바라고 있는 것은 원장님께서 예수나 불타가 되셔야만 가능할 만큼 어려운 일이 아닙니다. (…) 그냥 섬을 떠나주십시오. 원장님께선 때가 왔을 때 그냥 이 섬을 떠나주시기만 하면 그만입니다. 그리하여 이 섬에 남아 계심으로써가 아니라 이 섬을 떠나심으로써 섬사람들 스스로 저들을 위한 원장님의 동상을 지니도록 해주십시오."

간곡히 당부한 다음, 이상욱은 아무도 몰래 섬을 빠져나갑니다. 조백헌 원장은 이상욱의 말을 이해하진 못했지만, 어쨌든 그도 간척사업의 완성을 보지 못하고 섬을 떠나게 되지요. 이때 원생들의 대표 격인 황희백 장로가 조백헌 원장에게 말합니다. 불신과 배반으로 찌든 못난 문둥이들이 받아들일 수 없었지만 원장이 이 섬에서 한 일들은 모두 사랑으로 행한 것들이었다고, 그건 아마 처음으로 이 섬에 남겨진 '사랑의 동상'이 될 것이라고 말이지요.

"원장은 방법이 좋았어. 원장의 방법은 이 섬이 지닌 가장 나쁜 경험도 능히 뛰어넘을 수 있었거든. 그래 사실은 원장이 그걸 원했든 안 했든 간에 이 섬의 문둥이들 마음속엔 이미 자기도 모르게 임자의 동상이 크게 들어앉아버렸던 게야. (…) 임자만이 유독 그 동상이란 걸 남의 손으로 지으려 하지 않았기 때문에 그 남들이 스스로 임자의 동상을 지니게 된 게란 말씀이야. (…) 그건 아마 모처럼 이 섬에 남겨진 사랑의 동상이 될 게야. 눈에는 잘 보이지 않겠지만, 이 섬에선 그래도 처음으로 제 손으로 제가 지어 지니게 될 그런 동상, 아무도 목매어 끌어내리고 싶어할 자가 없는, 이 섬이 우리 문둥이들의 것으로 남아 있는 한 오래오래 이곳에 남아 있어야 할 단 하나의 동상으로 말씀이야……."

여기에서 2부가 끝나지요. 7년 후, 조백헌은 다시 섬에 들어옵니다. 그러나 이번에는 군인 신분이 아니라 민간인 신분으로, 원장이 아니라 개인으로 오지요. 조백헌 원장보다 한발 먼저 섬을 떠났던 이상욱이 보내온 한 통의 편지가 계기가 되었지요.

편지의 핵심은 같은 운명을 살지 않는 사람 사이에선 믿음이 생길 수 없고, 서로의 믿음이 없는 한 아무리 헌신적인 사랑이나 봉사도 자기도취적 동정으로밖에 보이지 않는다는 것이었지요. 그래서야 공동의 목표를 가질 수 없고 이룰 수도 없다는 것이죠. 때문에 조백헌 원장은 이번에는 '여러분의 진정한 낙토'를 만들어주려는 원장이 아니고, 운명을 같이하는 한 사람의 민간인으로서 진정한 '우리들의 천국'을 만들려는 새로운 꿈을 갖고 돌아온 겁니다.

소설은 조백헌이 윤혜원과 서미연의 결혼식에서 할 축사를 연습하는 장면으로 막을 내립니다. 신랑 윤혜원은 비록 음성 판정은 받았다지만 여전히 문둥병자이고 신부 서미연은 건강한 처녀이지요. 조백헌은 이렇게 말합니다.

> "흙과 돌멩이보다는 사람의 마음이 먼저 이어져야 합니다. 그리고 그런 의미에서 오늘 이 윤혜원과 서미연 두 사람의 결합은 그 두 사람의 처지가 특히 남다른 바가 있었던 만큼 사람의 마음과 마음이 이어지는 일 가운데 더욱더 뜻이 깊고 튼튼한 결합이 아닐 수 없습니다."

결국 나환자와 건강인인 이들이 서로 운명을 같이하면서 여기에서 나온 믿음과 사랑을 바탕으로 새로운 역사를 이루어나갈 '우리들의 천국'의 희망이자 상징이라는 말이지요.

세 가지 다른 길 :

　한 번도, 단 한 번도 세상에 천국이 이루어진 때는 없었습니다. 그럼에도 '당신들의 천국'만은 언제나 있었지요. 고대 전제국가의 왕들, 중세 봉건국가의 제후들, 근대 자유민주주의 국가의 자본가들, 사회민주주의국가의 당원들, 곧 힘을 가진 자들의 천국은 언제 어디에나 존재했다는 말입니다. 하지만 그것은 또한 힘없는 자들의 지옥이기도 했습니다. 그렇기 때문에 이 작품의 제목인 '당신들의 천국'이라는 말에는 지배자와 피지배자 사이에 존재하는 권력구조와 착취구조가 이미 들어 있지요. '당신들의 천국'이라는 제목에는 '우리들의 지옥'이라는 말이 이미 전제되어 있다는 겁니다.

　작가 이청준은 이렇듯 '냉소적' 제목을 붙인 작품을 통해 '당신들의 천국'을 '우리들의 천국'으로 바꾸어가는 방법을 보여주려 합니다. 여기에서 주목할 것은 그것이 역사상 행해진 숱한 혁명들과는 달리 '지배자의 천국'을 '피지배의 천국'으로 바꾸자는 식으로 전개되지 않는다는 것입니다. 그런 식으로 만들어진 '우리들의 천국'은 또 다른 '당신들의 천국'임을 이미 알고 있다는 뜻이겠지요. 작가는 그보다 훨씬 원대한 꿈과 기획을 이 작품에 실었습니다. 지배자와 피지배자 모두를 포괄하는 '우리' 곧 '우리 모두'의 천국으로 가는 길을 보여주려 한다는 거지요. 이를 위해 이청준은 세 명의 주인공을 내세워 세 가지의 해법을 제시합니다. 자유, 사랑 그리고 '운명을 같이함'이 그것이지요.

　우선, 보건과장 이상욱은 자유의 소중함을 내세웁니다. 천국은 타인에 의해 설계되는 것이 아니라 그것을 누리게 될 사람들 스스로의 자유에 의해 선택되어야 하고, 그럼으로써 스스로 자유롭게 개선해나갈 희망이 있어야 한다는 것이 '천국의 깊은 정체'라는 거지요.

"진정한 천국이라면 전 그것을 누리고자 하는 사람에게 먼저 선택이 행해져야 할 것이고, 적어도 어느 땐가는 보다 더 나은 자기 생의 실현을 위해 천국을 버릴 수도 있어야 하는 것으로 믿고 싶습니다. 천국이란 실상 그 설계 내용이 얼마나 행복스러워 보이느냐보다는 그것을 누리고자 하는 사람들의 선택 여부와 내일의 변화에 대한 희망이 어느 정도까지 허용될 수 있느냐에 더욱 큰 뜻이 실릴 수 있기 때문입니다."

바로 그렇기 때문에 이상욱에게는 주정수 원장이 제시한 '나환자의 복지'이든 조백헌 원장이 역설하는 '여러분의 진정한 낙토'든 모두 진정한 천국으로 들리지 않았던 겁니다. 이러한 천국은 '그것을 완벽하게 만들어갈수록 그것을 살아야 하는 사람에게는 오히려 숨 막히는 지옥'이 되어버린다는 거지요.

하지만 황희백 장로는 자유에 대해 부정적입니다. 그는 자유란 좋은 것이지만, 그것은 누군가가 가져다주는 것이 아니고 스스로 싸워 얻어야만 하는 것이기 때문에 '빼앗아 가지려니 싸움질을 해야 하고 싸움질을 하다 보니 그 사이에 자연 의심과 원망과 미움을 익히게 마련'이라는 겁니다. 그래서 황희백 장로는 천국 건설의 전제조건으로 사랑을 내세웁니다.

"자유보다도 더 귀하고 값진 것이 무엇인고 하니 그게 바로 사랑이거든. 이 섬에선 자유보다도 사랑으로 앞서 행했어야 한다는 말씀이야. (…) 걸핏하면 섬을 빠져나가려는 것도 그렇고, 원장이 문둥이들을 위해 아무리 피땀을 흘려줘도 믿지 못하고 고마워하지 못하는 것도 그렇고 사람을 용서 못하는 것, 믿지 못하고 의심하고 질투하는 것 모두가 그 자유라는 거 한 가지로만 행하려 해온 허물이었어. (…) 자유라는 건 싸워 빼앗는 길이 되어 이긴 자와 진 자가 생기게 마련이지만, 사랑은 빼앗는 길이 아니라 베푸는 길이라서 이긴 자와 진 자가 없이 모두가 함께 이기는 길이거든."

이어 "자유라는 것에 사랑이 깃들기는 어려워도, 사랑으로 행하는 길에 자유가 함께 행해질 수도 있다."라고도 합니다. 한마디로, 지배자와 피지배자가 서로를 사랑하는 가운데서, 아니 지배자와 피지배자라는 구분조차 없는 곳에서만 '우리들의 천국'은 비로소 이루어질 것이라는 거지요.

옳은 말이지요. 맞는 말입니다! 하지만 바로 여기에서 이청준의 정치철학 내지 유토피아공학은 한계를 드러내 보입니다. 그가 천국 건설의 해법으로 제시한 사랑이란 엄밀히 말하자면 종교적 해법이지 사회공학적 해법이 아니기 때문이지요. 예수나 불타의 말씀이지 루소, 볼테르, 몽테스키외나 마르크스, 엥겔스의 이론이 아니라는 말입니다.

우리가 오늘날 추진하고 있는 사회공학인 민주주의에는 비록 선거에 의해 결정된다고 하더라도 통치자가 있게 마련이고, 그와 통치를 받는 사람들 사이의 대립은 불가피합니다. 민주주의란 단지 통치가 통치 받는 자들의 '동의'에 의해 이루어진다는 것을 의미할 뿐이지, '사랑'에 의해 이루어지는 것은 아니라는 말이지요. 그렇다면 이청준의 유토피아공학은 좋은 의미에서든 나쁜 의미에서든 오늘날의 민주주의 이상에서 이미 벗어나고 있다고 할 수 있습니다.

그럼에도 작가는 자신의 주장을 굽히지 않습니다. 오히려 한 걸음 더 밀고 나아가 자신이 말하는 '유토피아공학으로서의 사랑'이 무엇을 말하는지를 구체적으로 보여주려 하지요. 조백헌이 민간인 신분으로 돌아와 전개되는 3부의 내용이 그것입니다. 여기에서 이청준은 '유토피아공학으로서의 사랑'이 우선 '운명을 같이하는 것'으로부터 시작함을 주장합니다. 작가는 이상욱이 섬을 떠난 지 5년 후에 조 원장에게 보내온 편지에 섬이 끝끝내 원장을 받아들일 수 없는 이유에 대해 이렇게 밝히지요.

"그것은 한마디로 원장님과 섬사람들의 길이 다르기 때문이었습니다. 원장님이 아무리 섬사람들을 생각하고 섬을 위해 노고를 바치고 계셨다 해도 원장님은 결국 섬사람들과 같은 운명을 사실 수는 없었기 때문입니다. 그런 까닭에 원장님께서 꾸미고자 하신 섬사람들의 낙토가 원장님과 섬사람들의 공동의 천국이 될 수 없었기 때문입니다. 원장님은 저들의 천국이라 하고, 저들은 원장님의 천국이라 말하게 되기 때문입니다."

운명을 같이하는 사이에서만 불신과 배반이 없는 '절대적인 믿음'이 생기고, 이 절대적 믿음을 근거로만 자기도취적 동정이 아닌 진정한 사랑이 싹트며, 그 사랑에 의해서만 '당신들의 천국'이 아닌 '우리들의 천국'이라는 공동의 목표와 소망을 이룰 수 있다는 것이지요. 즉 '우리들의 천국'으로 가는 길은 오직 '운명을 같이하는 것'에서

249

나오는 믿음, 사랑, 소망에 의해서만 열린다는 말입니다.

그런데 이것은 일찍이 바울(Paul)이 〈고린도전서〉 13장에서 강조한 '하나님의 나라'로 가는 바로 그 길이지요. 우연의 일치일까요, 아니면 작가의 의도일까요? 물론 이청준이 말하는 천국은 '지상의 천국'이고, 바울의 천국은 '천상의 천국'이지만, 그럼에도 천국으로 가는 길에는 믿음, 소망, 사랑이 전제되어야 한다는 점에서는 똑같다는 말인가 봅니다. 그래서 이 소설의 제목을 '당신들의 유토피아'가 아니라 '당신들의 천국'으로 정했는지도 모르지요.

어쨌든 이로써 이청준이 구상한 유토피아공학의 실체가 드러난 겁니다. 서로 사랑함으로 운명을 같이하는 자들이 스스로의 자유에 의해 선택하고 희망한 유토피아만이 '우리들의 천국'이라는 것입니다. 설사 그것이 행복해 보이지 않을지라도 그것이 천국이라는 말이지요. 사실인즉 모든 천국, 모든 유토피아는 당연히 이렇게 얻어져야 하는 것입니다. 그래야만 그곳에 사는 사람들이 행복할 뿐 아니라 행복할 만한 가치도 갖게 되는 것 아니겠습니까?

그래서 이상욱은 조 원장에게 보낸 편지에 "원장님께서 저들의 천국을 원하신다면, 이 섬의 진정한 주인이어야 할 저들에게도 그들 스스로 자기들을 시험해볼 기회를 주십시오."라고 쓴 것입니다. 그렇지 않은 천국은, 곧 타인이 설계하고 추진한 유토피아는 '당신들의 천국'이 될 수밖에 없다는 것이지요. 설사 행복해 보일지라도 그것이 디스토피아라는 것입니다. 이것이 이청준의 소설 《당신들의 천국》이 정의한 디스토피아의 의미이지요.

우리는 금수로 돌아갈 수 있다 :

이런 생각을 한번 해보시지요. 만일 《당신들의 천국》의 작가 이청준에게 들라크루아의 그림 〈민중을 이끄는 자유의 여신〉을 보여주며 의견을 묻는다면 뭐라고 할까요? 아마도 그는 이 역사적인 그림에는 마땅히 수정되어야만 할 '결정적인 오류'가 있다고 대답할 것입니다. 무엇보다도 이 그림에서 여신의 모습을 지워야 한다고 말이지요. 이 유인즉, 민중들은 여신이 앞장서서 추진하는 유토피아를 위해 이끌려 나아가서는 결코 안 되며, 오직 스스로의 자유에 의해 선택하고 희망한 유토피아를 위해 일어서야만 하기 때문이라고 말입니다. 그렇지 않은 한 설사 그들이 유토피아를 이룬다고 하더라도 그것은 '당신들의 천국'이 될 수밖에 없다고 말이지요.

이청준의 관점에서 보면, 모든 계몽주의적 유토피아공학은 필히 디스토피아를 만들 수밖에 없다는 결론에 도달합니다. 계몽주의적 유토피아란 그것이 사회주의적이든 자유주의적이든 계몽된 어떤 '여신'에 의해 설계되고 추진된 것이며, 비밀경찰에 의한 것이든 여론에 의한 것이든 획일화라는 폭력성을 갖고 있는 데다, 스탈린·레닌의 동상이든 자유의 여신상이든 지배자 '자신의 동상'을 이데올로기의 상징으로서 품고 있기 때문입니다. 역사적으로는 스탈린의 공산주의나 빅토리아 왕조의 자유방임주의가 그 전형을 보여주었고,《당신들의 천국》에서는 주정수 원장의 '나환자의 복지' 계획이 바로 그랬던 거지요.

문제는 누군가가 스스로 진리를 이미 자기 손에 쥐고 있으며, 그것을 실현할 수 있다고 생각하는 데에 있는 겁니다. 자기가 알고 있는 지식이 최종적이고 완전한 진리라고 믿는 데에 문제가 있다는 말이지요. 당연히 그는 최선의 유토피아가 무엇인지도 이미 알고 있고 또 지금 당장에 만들 수도 있다고 생각하는 것입니다. 그래서 아무런 망설임도 없이 스스로 민중을 이끄는 '여신'이 되는 것이지요. 일찍이 플라톤에서부터 시작되어 헤겔, 마르크스, 그리고 나치나 파시스트들로 이어져온 이 뿌리 깊은 환상을 보통 '유토피아주의'라고 부릅니다.

오스트리아 출신의 철학자 카를 포퍼(Karl Popper, 1902~1994)는 이러한 유토피아주의에 대해 몸서리를 치며 《열린 사회와 그 적들》을 썼지요. 그는 이 책에서 유토피아주의에 대해 "지상에 천국을 건설하고자 하는 최선의 의도가 있다고 해도, 그것은 단지 하나의 지옥, 인간만이 그의 동포를 위해 준비하는 그런 지옥을 만들 뿐이다."라고 단언했습니다. 이유인즉 우선 인간의 이성이 불완전하다는 것이지요. 그래서 과학자의 학설이든, 법관의 판결이든, 정치인의 정책이든, 철학자나 신학자의 가르침이든, 이성의 산물은 모두 오류의 가능성을 갖고 있으며 결코 완전할 수는 없다는 것입니다. 이러한 주장을 '오류 가능성의 원리(doctrine of fallibility)'라고 하지요.

포퍼는 1947년 7월 브뤼셀 예술원에서 '유토피아와 폭력'이라는 제목으로 한 연설에서 "나는 내가 옳다고 생각한다. 그러나 내가 틀리고 당신이 옳을 수도 있다. 어떠하든 그것을 논의하기로 하자. 왜냐하면 우리는 이런 방법을 통해서 우리 각자가 자기만 옳다고 주장할 때보다 더 참된 이해에 도달할 수 있기 때문이다."라고 주장했습니다. 한마디로 그 누구도 오류가능하기 때문에 민중을 이끄는 '여신'이 될 수 없으며, 되어서도 안 된다는 것이지요. 그럼에도 유토피아주의자들은 우리가 추진해야 할 유토피아에 대한 최종적인 청사진을 자기가 이미 갖고 있고 그것을 단번에, 또는 급진적으로 실현할 수 있다고 주장하며 민중을 이끈다는 것이지요.

포퍼는 유토피아주의가 겉보기엔 실로 들라크루아의 그림에 나오는 여신의 풍만한 젖가슴만큼이나 매혹적인데, 사실인즉 바로 그렇기 때문에 오히려 위험하고 해롭다는 겁니다. 왜냐하면 그것이 매력적인 만큼 그것에는 합리적인 비판이 자연스럽게 금지되고, 숭배와 복종, 희생이 정당하게 인정되기 때문이라는 거지요.《당신들의 천국》에서는 주정수 원장의 '나환자의 복지' 계획이 바로 그랬던 것처럼 말입니다. 포퍼는 바로 이렇게 사람들의 쾌락이나 행복을 극대화하고자 하는 목적을 내세워 일체의 비판을 허용하지 않고 마술적 금기와 독단이 지배하는 전체주의 사회를 '닫힌 사회(the closed society)'라고 불렀습니다.

유토피아주의에 의해 만들어진 '닫힌 사회'가 가진 가장 나쁜 점은 폭력과 희생이 뒤따를 수밖에 없다는 거지요. 유토피아, 곧 이상적인 사회 형태에 대한 서로 다른 의견들은 합리적인 방법으로는 타협이 불가능하기 때문이랍니다. 그것은 마치 어떤 사람에게 그 사람이 믿고 있는 종교와 전혀 다른 종교를 합리적 방법으로 믿게 할 수 없는 것과 같다는 거지요. 그래서 유토피아주의자들은 자신들의 목적에 동조하지 않거나 비판하는 사람들을 억압하고 결국에는 말살시켜버릴 수밖에 없다는 겁니다. 수백만 명씩을 학살한 구소련의 공산당원들, 독일의 나치와 이탈리아의 파시스트들이 이를 증명해 보였다는 거지요.

그래서 포퍼는《열린 사회와 그 적들》에서 "우리는 금수로 돌아갈 수 있다. 그러나 만약 인간으로 남길 원한다면 오직 하나의 길이 있다. 그것은 열린 사회로의 길이다."라고 주장했던 겁니다. 그가 말하는 열린 사회(the open society)란 비판을 허용하는 자유 사회이자, 전체주의에 대립하는 개인주의 사회이며, '유토피아적 사회공학(utopian social engineering)'에 의한 급진적 개혁보다 점진적 발전이 보장되는 '점진적 사회공학(piecemeal social engineering)'에 의해 이루어지는 사회이지요. 또한 행복의 추구보다는 고통의 감소가 목적인 사회입니다. 그래서 포퍼는 우리에게 이렇게 간곡히 당부했습니다.

"추상적인 선을 실현하려고 하지 말고 구체적인 악을 제거하기 위하여 노력하라. 정치적인 수단을 사용하여 행복을 달성하려고 하지 말아라. 오히려 구체적인 불행을 없애려고 노력하여라."

《당신들의 천국》에서 이청준이 조백헌 원장을 통해 추구하는 천국, 곧 서로 사랑함으로 운명을 같이하는 자들이 스스로의 자유에 의해 선택하고 희망한 유토피아가 포퍼가 말하는 '열린 사회'인가는 꼼꼼히 따져보아야 할 일입니다. 하지만 그것이 결코 '닫힌 사회'가 아닌 것은 분명하며, 계몽주의적 유토피아공학에서 한 발짝 더 나아간 새로운 사회공학을 애써 보여준 것도 확실하지요. 물론 그것이 이상적으로 보이는 만큼, 꼭 그만큼 현실적으로 보이지 않는 데에 문제가 있지만 말입니다.

끝이 없는 길 :

이청준은 《당신들의 천국》 개정판 서문에서 다음과 같이 자문합니다. "그렇다면 과연 이제 우리에겐 한 작은 섬의 이름으로 대신해서 불렀던 그 '당신들의 천국'을 '우리들의 천국'으로 거침없이 행복하게 바꾸어 불러도 좋은 때가 온 것인가."라고 말이지요. 이에 대한 판단은 각자의 자유이지만 자신은 그렇지 않다고 생각하며, 그래서 개정판을 내게 되었다는 말도 합니다.

슬픈 일이지만, 우리는 이청준의 생각에 동의할 수밖에 없습니다. 어쩌면 그의 말대로 '다행스러워할 일이 못 될지도 모르지만' 작가는 앞으로도 숱하게 《당신들의 천국》의 개정판을 내야 할 것도 같습니다. '우리들의 천국'이 그리 쉬 이루어질 것 같지 않기 때문이지요. 어쩌면 영영 이루어지지 않을지도 모르며, 그것은 비단 우리 사회의 일만은 아닌 것도 같습니다. 하지만 우리가 운명을 같이하려 하지 않아서일까요? 서로에게 믿음이 없어서일까요? 사랑이 없어서일까요? 소망이 없어서일까요? 아니면 '우리들의 천국'에 대한 꿈은 처음부터 아예 불가능한 것일까요? 모를 일입니다.

그런데 말입니다, 초기 프랑스 계몽주의자들 가운데서도 유일하게 민주주의를 지지했던 루소(J. J. Rousseau, 1712~1778)조차 그것을 실현하는 어려움에 대해 그의 《사회계약론》(1762)에 다음과 같이 표현했다고 합니다. "민주주의란 말을 엄밀한 의미로 해석하면 진정한 민주주의는 아직 존재하지도 않았고, 또 앞으로도 존재하지 않을 것이다. (…) 만일 신(神)들로 구성된 인민이 있다면, 그 인민은 민주정치를 할 것이다."라고 말입니다.

그렇다면 이제 우리는 어떻게 해야 할까요? 신이 아닌 우리는 그것을 이제라도 포기해야 할까요? 그리고 절망해야 할까요? 역시 모를 일입니다. 하지만 만일 우리가 어떤 이유에서든 '인간이 인간답게 사는 사회'로 가는 길을 포기한다면, 우리는 과연 무엇일까요? 그때 우리는 어떤 길을 가고 있을 것이며, 우리 자신을 뭐라 불러야 할까요? 금수라 불러야 할까요? 한번 생각해보시지요.

차라리 우리는 아직 존재하지도 않았고, 또 앞으로도 존재하지 않을지도 모를 '우리들의 천국'에 대해 희망을 가져야 하지 않을까요? 그리고 그것을 향해 한 걸음씩 부단히 다가가야 하지 않을까요? 비록 '끝이 없는 길'일지언정 그것이 '인간의 길'이 아닐까요? 한번 생각해보시죠.

> "그런 때가 올 수 있을지 없을지 모르지만 섬이 끝끝내 실패하지 않으려면 그때는 결국 와야겠지요. 그게 아무리 시간이 오래 걸리는 일이라도."
>
> ː 《당신들의 천국》 중에서

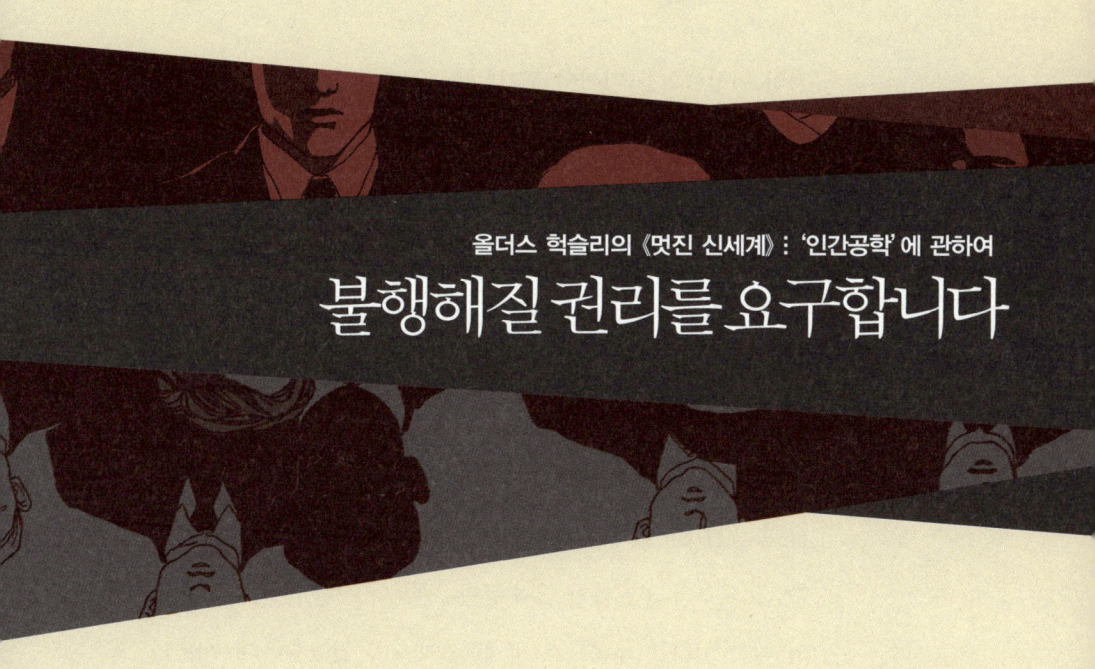

올더스 헉슬리의 《멋진 신세계》: '인간공학'에 관하여
불행해질 권리를 요구합니다

인간농장을 위한 규칙? :

　'인간사육'이란 말을 들어본 적이 있으세요? 그럼, '인간농장'은요? 들어본 적도 없고 듣기에도 민망한 말들이지요? 그런데 사실은 그게 그렇지가 않은 것이, 한번 이렇게 생각해보시지요. 만일 당신이 어느 날 모든 사람들이 행복하게 살아갈 이상 사회를 건설할 수 있는 설계도를 갖게 되었다고 합시다. 그런데 불행히도 그곳에 살 사람들의 자질이 그 사회에 전혀 적합하지 않다고 가정하지요. 그렇다면 당신은 어떻게 할까요? 그 환상적인 이상사회를 기꺼이 포기할까요? 아니면 사람들의 자질을 어떻게든 그 사회에 적합하게 만들려고 노력할까요? 만일 당신이 일찍이 플라톤이 그랬듯이 후자를 생각한다면, 당신은 이미 '인간사육'이나 '인간농장'이라는 말을 이해할 준비가 되어 있는 겁니다.

20세기를 보내며 태양은 새로운 밀레니엄을 맞을 불안으로 뜨겁게 달아오르고 있었습니다. 1999년 여름, 알프스 산맥 북쪽에 위치한 독일 바이에른 주(州) 가르미슈의 옛 성 엘마우(Schloss Elmau)에서 더욱 그랬지요. 이 아름다운 성에서는 그해 7월 16일부터 20일까지 닷새 동안 '존재의 저편, 하이데거 이후의 철학'이라는 제목으로 국제학술대회가 열렸습니다. 이스라엘, 프랑스, 아르헨티나, 미국 그리고 독일 각처에서 온 철학자와 신학자들이 참가해 날마다 열기를 더해가고 있었지요.

그런데 그곳에 콧수염을 기르고 머리를 길게 늘어트린 중세풍의 한 사내가 갑자기 나타나 〈인간농장을 위한 규칙; 하이데거의 휴머니즘에 관한 서한에 대한 답신〉이라는 제목으로 '인간사육'에 관한 논문을 발표함으로써 찬물을 끼얹었습니다. 처음에는 빙하처럼 차가웠는데, 곧바로 그것이 유전공학이라는 시대적 논란에 불을 붙일 비릿한 냄새를 풍기는 휘발유라는 것이 드러났지요. 이제 막 50대에 들어선 예술가 타입의 이 철학자는 독일 칼스루에 조형대학의 총장이자 교수로 있는 페터 슬로터다이크(Peter Sloterdijk, 1947~)였습니다. 그는 1983년에 《냉소적 이성 비판Kritik der zynischen Vernunft》이라는, 무려 954쪽에

달하는 책을 내면서 처음 세상에 알려졌지요.

"우리는 계몽되었고, 우리는 무감각해졌다."라면서 계몽주의가 냉소주의(Zynismus)를 퍼트렸다고 그는 주장합니다. 그리고 '아테네 시장 사람들 앞에서 방귀를 뀌고 똥을 누고 오줌을 싸며, 대로에서 자위행위를 하고 명성을 경멸하고 건축물에 대해 입을 삐쭉대고 경의를 거절하고 신과 역사를 패러디하고 날고기와 생야채를 먹고, 태양 아래 누워 창녀들과 시시덕거리며 알렉산드로스 대왕에게 햇빛을 가리지 말아달라'고 하던 고대의 견유주의자(Kynismus) 디오게네스를 선호하며 기꺼이 그 뒤를 따릅니다. 마치 그 옛날 플라톤을 비웃던 디오게네스처럼 엘마우 성 곳곳에 냉소를 뿌려대면서 이번에는 '인간 길들이기'로서의 휴머니즘의 종말을 고하고 나섰지요.

슬로터다이크의 주장에 의하면, 인간 문화, 곧 모든 휴머니즘 문화는 동물로서의 인간을 길들이기 위한 '사육'이었다는 겁니다. 이러한 일은 일찍이 동물로서의 적응에 실패한 인간이 집을 만들어 가축과 함께 살면서부터 시작되었다는 거지요. 즉, 동물들을 길들이는 동물의 '가축화'와 동물로서의 인간들을 길들이는 인간의 '인간화'가 함께 시작되었다는 겁니다. 그리고 바로 이것이 휴머니즘의 근원이라는 거지요. 슬로터다이크는 자신의 또 다른 스승인 니체가 《차라투스트라는 이렇게 말했다》에서 한 말을 빌려, 인류는 '늑대를 개로 만들고, 인간 자체를 인간에게 최선의 가축으로' 만들어왔다고도 주장합니다. 매우 흥미로운 생각이지요?

그런데 문자가 널리 퍼져 보편화되면서 이러한 인간사육이 비로소 본격적으로 가능해졌다고 슬로터다이크는 파악합니다. 곧 쓰기와 읽기의 문화가 발달됨으로써 인간들을 길들여 사회적 통합을 이루는 일이 광범위하게 행해질 수 있었다는 거지요. "올바른 독서는 길들인다."라는 겁니다. 한마디로 인간의 야만성을 독서를 통해 길들이려는 것이 서구 휴머니즘의 이상이었다는 거지요. 그런데 문제는 이제는 그것이 실패로서 종말을 고하게 되었다는 것입니다.

이유인즉, 마치 고대 로마에서 책이 원형경기장에 밀렸던 것처럼, 각종 새로운 미디어가 끊임없이 제공하는 '핏빛놀이로 가득 찬 오락산업'의 노예로 사로잡혀 있는 현대인들에게 문자가 더 이상 주된 역할을 하지 못하고 주변으로 밀려났기 때문이라는 거지요. 그럼으로써 지금은 인간의 '야만화'가 진행되고 있다는 겁니다. 슬로터다이크의 위기의식이 여기에서 나온 겁니다. 그는 "전쟁과 제국주의처럼 직접적인 야만일 수도 있고, 우리의 자제력을 잃게 만드는 미디어를 통한 인간의 일상적 야수화일 수도 있다."라고 진단합니다. 무척 비관적인 전망이지요?

그런데 문제는 오히려 그 다음에 있습니다. 이러한 비관적 전망을 바탕으로 슬로터다이크는 인간이 다른 새로운 길들이기 수단을 선택하고 있고 또한 그래야 한다는 것을 암시합니다. 바로 이 점에서 '슬로터다이크 논쟁' 또는 '슬로터다이크-하버마스 스캔들'이라고 불리는 논란이 불붙었지요. 왜냐하면 슬로터다이크는 인간의 야만성을 잠재우고 길들이기 위해, 인간을 유전학적으로 선별(Selektion)하고 사육(Zhmung)할 수 있도록 하는 유전공학을 선택해야 하지 않을까 하는 뉘앙스를 짙게 풍겼기 때문입니다.

그러자 우선 〈프랑크푸르터 룬트샤우〉, 〈디 차이트〉, 〈데어 슈피겔〉 같은 독일의 주요 언론을 중심으로 거의 날마다 열화와 같은 논쟁들이 터져 나왔지요. 기사의 제목부터 매우 자극적이고 도전적이었습니다. 〈철학자 페터 슬로터다이크, 초인의 사육을 옹호하는가?〉, 〈인간농장의 사육자: 페터 슬로터다이크의 반휴머니즘적 이성의 서광〉, 〈초인의 사육자〉 또는 〈무명씨의 반란〉 등으로 말입니다.

철학계에서도 가만있지 않았습니다: 먼저 하버마스의 제자로 알려진 아스호이어가 슬로터다이크의 논문을 '차라투스트라 프로젝트'라고 이름 지어 비난하고 나섰고, 뒤이어 하버마스도 〈악령으로부터의 편지〉라는 글을 발표했으며, 투겐트하트는 〈도덕적 유전자는 없다〉를, 슈페만이 〈길러질 뿐 만들어지지 않는다〉를, 폴하르트는 〈인간 사육은 불가능하다〉 등의 글들을 각각 발표했지요. 물론 슬로터다이크의 반격도 만만치 않았습니다. 그래서 열띤 논쟁은 지금도 계속되고 있다고 합니다.

그런데 말이죠, 이런 소식들을 들으면서 문득 떠오른 생각이 있습니다. 무엇이 새로운가? 도대체 무엇 때문에 그리 야단법석을 떨고 있는가? 이런 문제는 이미 1932년에 출간된 헉슬리의 《멋진 신세계》에서 모두 경고된 것 아니던가? 그리고 오늘날 경제성과 도덕성 사이에서 위험한 줄타기를 하면서 놀랍도록 빠르게 성장하고 있는 유전공학에 의해 이미 다가오고 있는 문제가 아니었던가? 그런데 왜들 새삼스럽게 호들갑인가? 마치 전혀 모르고 있었던 것처럼 시치미를 떼자는 건가? 아니면 늦었지만 이제라도 이에 대한 대책과 사회적 합의를 이끌어내자는 건가? 모를 일입니다. 어쨌든 우선 헉슬리의《멋진 신세계》를 보시지요.

멋진 신세계의 첫 번째 설계도, 우생학 :

셰익스피어의 희극《템페스트》에서 그 제목을 따왔다고 하는 올더스 헉슬리(A. Huxley, 1894~1963)의《멋진 신세계》에는 발달한 과학문명이 이루어낸 말 그대로 멋진 세계가 등장합니다. 이곳에서는 어느 누구도 불행하지 않지요. 질병, 전쟁, 굶주림, 헐벗음 같은 육체적 고통뿐만 아니라, 고독이나 불안, 절망 같은 정신적 고통까지도 존재하지 않기 때문입니다. 모든 것을 부족함 없이 소비하며 누구와도 섹스를 즐길 수 있는 데다 걱정근심까지 없는 이곳에서는 모두가 행복합니다.

이런 관점에서 보면, 이곳은 무한한 물질적 풍요와 끝없는 쾌락이 어떠한 수고나 노력의 대가 없이도 주어지는 이상향 '코케인'이나 과학기술의 발달과 그에 의한 물질적 풍요를 기반으로 한 이상사회인 베이컨의 '신아틀란티스'를 모델로 한 유토피아이지요. 그런데 그런 세상이 어떻게 가능하냐고요? 만일 그런 곳이 있다면 누구든지 그곳에서 살고 싶어할 것이라고요? 과연 그럴까요? 대답을 하기 전에 우선, 그런 세계가 어떻게 가능한지부터 알아보지요.

슬로터다이크의 말처럼 신세계에서 사람들은 태어나는 것이 아니라 유전학적으로 선별(Selektion)되어 만들어집니다. 그리고 길러지는 것이 아니라 사육(Zhmung)되지요. 선별과 사육, 이 두 가지가 기적적인 신세계를 떠받치고 있는 두 기둥인데, 소설은 이러한 일이 실행되고 있는 '런던 중앙 인공부화 · 조건반사 양육소'를 소개하는 문장으로 시작합니다.

> "겨우 34층밖에 되지 않는 나지막한 회색 빌딩, 중앙현관 위에는 '런던 중앙 인공부화 · 조건반사 양육소'라는 간판이 붙어 있고 방패 모양의 현판에는 '공유, 균등, 안정'이라는 세계국가의 표어가 보인다."

바로 이 '나지막한' 건물의 1층에 있는 수정실(受精室)에서 아기들이 인공수정에 의해 마치 공산품처럼 다량으로 생산됩니다. 그렇기 때문에 이 신세계에는 당연히 임신이나 부모라는 개념이 없고, 형제자매, 남편, 아내, 애인, 일부일처제라는 것도 없습니다. 이것이 누구하고도 섹스를 즐길 수 있는 사회적 조건이기도 하지요.

아기들은 체제의 통제 아래 태아 때부터 알파, 베타, 감마, 델타, 엡실론 다섯 가지 계급으로 나뉘어 위로는 최고지도자에서 아래로는 하수도 청소부까지 맞춤으로 제작됩니다. 지도계층에 속하는 알파와 베타 계급은 난자 하나에서 태아 하나를 탄생시키지만, 그 외의 생산계층에 속하는 계급들은 '보카노프스키법'이라는 난자 분열법에 의해 한번에 96명의 쌍둥이를 생산하지요. 그럼으로써 신세계 사람들은 체격, 성격, 지능, 체질 등 모든 자연적 운명이 조작됨은 물론이거니와 직업, 취미, 적성과 같은 사회적 운명까지 인공적으로 미리 정해지는 겁니다.

예를 들어 장래에 열대지방에서 노동자로 일하게 될 태아에게는 티푸스와 수면병에 대한 면역력을 키워주고, 광부나 철강공으로 결정된 태아들은 열기에 익숙하게 조작되는 식이지요. 지도계층에 속하게 될 태아들은 지적인 취미와 적성을 갖게 하고, 생산계급에 속하게 될 태아는 육체노동에 적합한 취미와 적성을 갖도록 말입니다.

유전공학이 아직 발달하지 않았던 시대에 살았던 헉슬리는 이러한 기발한 아이디어를 당시 유행하던 우생학에서 얻었다고 합니다. 우생학(Eugenics)은 다윈의 진화론과 멘델의 유전법칙이라는 두 가지의 뿌리에서 태어난 학문인데, 그 개요는 이렇습니다.

> 인간은 사회라는 환경에 적응하면서 진화하는 동물이다. 때문에 인간 가운데는 사회에 잘 적응하는 '적자(適者, the fit)'와 잘 적응하지 못하는 '부적자(不適者, the unfit)'가 있게 마련이다. 그런데 그것은 유전적 형질에 의해 이미 결정되어 있다. 따라서 우생학의 목적은 '적자'를 키우고 '부적자'를 제한 및 제거함으로써 사회를 발전시키는 것이다.

듣기에 따라 매우 그럴듯한 이 주장에는 생물학적 결정론(biological determinism)이라는 특별한 생각이 깔려 있습니다. 생물학적 결정론이란 I.Q., 성격, 재능 같은 인간의 사회적 능력이 성별이나 호르몬 또는 유전형질과 같은 생물학적 요소에 의해 이미 결정되어 있다고 주장하는 이론이지요. 따라서 개인의 생물학적 요소들을 개선함으로써 사회의 발전을 이룰 수 있다는 겁니다.

예를 들어 질병, 장애, 가난, 불평불만 등 각종 사회문제들을 출생 이전에 유전형질을 조정하거나 출생 이후에 특정한 수술을 감행함으로써 줄이거나 아예 없앨 수 있다는 거지요. 19세기에는 영국의 골턴(F. Galton, 1822~1911)이 체계화한 우생학이, 20세기에는 하버드 대학의 윌슨(E. Wilson) 교수가 제창한 사회생물학(Sociobiology)이, 그리고 21세기에는 유전공학이 많든 적든 생물학적 결정론을 바탕으로 하고 있는 겁니다.

영국에서는 헉슬리가 태어나기 직전인 1890년부터 장애자나 정신병자, 또는 극빈자들 같은 사회적 약자들을 '부적자'로 단정하고 그들은 아이를 낳지 못하게 만드는 '단종법(sterilization Law)'을 논의하기 시작했습니다. 그리고 미국에서는 흑인과 아시아인들을 이등 시민으로 분류하는 '짐 크로 법'과, 이들이 이민 오는 것을 막는 '이민 쿼터법'이 제정되었지요. 사회적으로 부적합한 열성인자를 가진 유색인종이 미국에 새롭게 들어오는 것을 막겠다는 뜻이었습니다. 또한 1907년에는 인디애나 주를 시작으로 하여, 1915년에는 미국 12개 주가 실제로 단종법을 실시하였지요.

헉슬리는 이러한 시대적 배경에서 태어나 자랐습니다. 게다가 그의 할아버지가 진화론 옹호로 유명한 토머스 헨리 헉슬리(T. H. Huxley, 1825~1895)였고, 그의 형 줄리언 헉슬리(J. Huxley, 1887~1975) 역시 우생학에 밝았던 저명한 생물학자였지요. 그래서 헉슬리는 전문가 수준의 생물학 지식과 의학 지식은 물론이고 사람들의 사회적 본성을 출생 이전에 이미 생물학적으로 결정해서 태어나게 조정할 수 있으며, 그럼으로써 행복한 개인들이 사는 유토피아를 만들 수 있다는 당시 우생학자들의 주장에 대해서 당대 누구보다도 잘 알고 있었던 것입니다.

멋진 신세계의 두 번째 설계도, 행동주의 심리학 :

하지만 헉슬리는 한 걸음 더 나갑니다. 신세계에서는 출생 이전뿐 아니라 출생 이후의 물질적·심리적 행복 문제까지도 정부가 관리해 주지요. 신세계에 사는 사람들은 공유, 균등, 안정이라는 표어 아래 누구나 동일한 시간에 자신의 적성에 맞는 일을 수행하고, 물질은 필요에 따라 충분히 공급받습니다. 또 모두가 전자기구들에 의한 편리한 생활과 자유로운 성생활을 공유합니다. "만인은 만인의 공유물이다."라는 구호가 이 사회를 상징하지요. 따라서 육체적 고통이나 물질적 근심, 걱정, 불만이 있을 수 없습니다.

문제는 심리적인 행복인데, 이것을 위해서는 여러 가지 특별한 방법들이 동원됩니다. 우선 '런던 중앙 인공부화·조건반사 양육소'의 5층에 있는 '육아보육실·신파블로프식 조건반사 양육실'에서는 유아들에게 조건반사를 통한 교육을 시킵니다. 예를 들어 유아들에게 책과 장미를 보여준 다음, 전기충격을 가하는 일을 반복함으로써 평생 독서나 꽃을 혐오하게 하는 식으로 말이지요. 필요한 지식이 외부로부터 주입되는 이 사회에서 독서나 꽃을 보러 소풍을 나가는 것은 시간 낭비일 뿐이기 때문입니다. 그리고 14층에서는 아기들이 잠잘

때 사오십 번씩 "나는 베타계급이 된 것을 진심으로 다행으로 여기고 있어요."라는 식으로 계급의식을 주입시키는 내용의 방송을 들려주는 수면학습법도 실행하지요.

이렇게 자라난 아이들은 성인이 되어서도 행복한 감정을 유발시키는 인공합성 음악을 듣게 됩니다. 또 밤마다 "오늘날은 모두가 행복하다."라고 최면을 걸거나 "사회의 지주는 철학자가 아니라 정밀세공 기술자나 인지세 징수자이다."라는 식으로 지성인보다는 전문인의 가치를 존중하는 가치관도 수면학습법을 통해 주입됩니다. 그럼으로써 심리적 안정감과 행복감을 갖게 하는 거지요. 그러고도 문제가 있을 때는 행복한 감정을 유지시키는 '소마(soma)'라는 알약도 공급합니다. "안정, 개인의 안정이 없이는 사회의 안정도 없다. 사회 안정이 없이는 문명은 없다."가 신세계 통치의 원칙이기 때문이지요.

헉슬리가 '신파블로프식 조건반사'라고 이름 붙인 이론을 오늘날에는 '행동주의 심리학'이라고 부릅니다. 행동주의 심리학은 구소련의 심리학자 이반 파블로프(Ivan P. Pavlov, 1849~1936)의 조건반사이론을 발달시킨 존 브로더스 왓슨(J. B. Watson)에 의해 1920년대 창시되었지요. 왓슨은 인간의 모든 행동을 주어진 조건반사 곧 '자극에 대한 반응'으로 보았지요. 때문에 자극들을 적절하게 조절하기만 한다면 인간의 행동은 얼마든지 마음대로 조종할 수 있다는 겁니다.

예를 들어, 아이가 어떤 일을 했을 때 그에 상당하는 보상(칭찬이나 선물)을 주는 소위 '긍정적 강화'를 한다든지, 어떤 일에 대해서는 벌(꾸중이나 체벌, 심지어는 전기충격)을 주는 '부정적 강화'를 줌으로써 흔

267

히 '천성적'이라고 부르는 행동들을 놀라울 정도로 완벽하게 조종할 수 있다는 거지요. 그의 신조는 "인간에게 타고난 본성은 없다. 따라서 인간은 고무찰흙처럼 주무르는 대로 만들어진다."는 거지요. 왓슨은 다음 같은 호언장담까지 했습니다.

> "나에게 열두 명의 건강한 아이를 주고 내가 직접 하나하나 꾸민 세계에서 그 아이들을 키우게 한다면, 장담하건대 나는 모든 아이들을 그의 재능, 취미, 성향, 능력, 소질, 조상들의 경력과 무관하게 내가 선택한 유형의 사람 즉, 의사, 변호사, 예술가, 상인, 심지어는 도둑으로 길러낼 수 있다."

그래서인지 왓슨과 그의 후계자인 스키너에게는 그들이 갓난아이들에게 '전기충격을 가하는 아기상자'를 고안하여 강화실험을 하였다는 스캔들까지 따라다니기도 하지요.

이처럼 인간의 본성은 아무것도 써 있지 않은 '빈 서판(tabula rasa)'과 같아 오직 자라난 환경에 의해서 결정된다는 주장을 환경결정론(environmental determinism)이라고 합니다. 따라서 환경결정론자들은 출생 이후의 교육과 사회제도와 같은 환경 개선을 통해서만 우리는 이상사회를 만들 수 있다고 주장합니다. 생물학적 결정론자와는 대립하는 주장인데 헉슬리는《멋진 신세계》에서 이 이론도 그대로 받아들였지요. 과학기술을 통해 인간을 선별하고 사육하는 것을 '인간공학(Anthropotechnologie)'이라고 한다면, 신세계에서 실행하는 인간공학은 '선별'의 과학으로서의 우생학과 '사육'의 기술로서의 행동주의 심리학으로 구성된 겁니다.

결국 헉슬리의 멋진 신세계는 두 가지 대립하는 결정론 위에 건설된 유토피아입니다. 생물학적 결정론과 환경결정론을 바탕으로 설계된 사회제도에 의해 만들어진 결정론적 사회이지요. 슬로터다이크가 〈인간농장을 위한 규칙〉에서 사용한 용어를 빌려 표현하면, 정부에 의해 미래의 인간공학을 통한 '선별'과 '사육'이 철저하게 이루어지는 이상사회입니다. 그럼으로써 모든 사람들이 안정과 행복 속에서 살아가는 사회이지요.

그렇다면 도대체 문제 될 것이 무엇일까? 사람이 살아가는 데 안정과 행복 그 밖에 무엇이 더 필요할까? 이렇게 '멋진' 유토피아에 살면 무슨 불만이 있을까? 이런 생각들이 들지요? 대답부터 먼저 밝히자면, 문제는 결정론에 있는 거지요. 자신의 모든 것이 타인에 의해 이미 결정되어 있는 것이 문제라는 겁니다. 다시 말해 자신의 선택과 희망에 의해서가 아니라 타인에 의해 인위적으로 만들어진 행복과 안정이 우리가 진정 원하는 것이냐 하는 거지요. 생각해볼까요?

《국가》, 〈인간농장을 위한 규칙〉 그리고 《멋진 신세계》:

슬로터다이크의 〈인간농장을 위한 규칙〉은 '인간농장'이니 '동물원', '사육', '길들이기'와 같은 냉소적이면서도 자극적인 용어를 사용함으로써 세인의 눈길을 끄는 데는 성공했지만 우리에게 상당한 심리적 거부감을 자아냅니다. 하지만 우리가 이런 심리적 부담을 조금 덜어내고 들여다보면, 그 내용은 그리 새롭거나 특별한 것은 아니지요. 표현에서 냉소와 자극이라는 거품을 걷어내고 들어보면 충분히 이해가 간다는 말입니다.

　인간은 동굴에서 나와 집을 짓고 정착해 살 때부터 이미 짝짓기 상대를 선택하는 일과 어린것들을 길들이는 일을 나름대로 해왔습니다. 암암리에 스스로를 '선별' 하고 '사육' 해왔다고 할 수 있지요. 이런 일들을 슬로터다이크는 동물로서의 인간의 '인간화' 라 표현했고, 이런 일들이 행해지는 장소를 '인간농장' 이라고 이름 붙였습니다. 그리고 '인간은, 그들이 어디에서 살든 간에, 자신의 주위에 농장이라는 공간을 만들어 스스로 양육하고 스스로 보호하는 존재' 라고 규정했던 겁니다.

　인간이 사회를 만들어 살기 시작하고 그 이상적인 형태인 유토피아를 구상하는 데서도 이 문제는 여전히 중요하게 다루어졌지요. 고대로부터 정치는 우수한 국민을 생산하고 길러내는 선별과 사육에 초점을 맞추어왔다고 할 수 있습니다. 슬로터다이크는 이 말을 "농장 또는 도시에서 인간 관리는 이때부터 일종의 동물원 정치의 과제로 보입니다. 정치에 관한 현실로 제시되는 것은 사실 인간농장 경영을 위한 규칙들의 토대에 관한 반성입니다."라고 표현했지요. 그리고 그 대표적인 예로 플라톤의 《국가》와 《정치가》에 나오는 '규칙' 들을 들었습니다.

　슬로터다이크와 같은 관점에서 본다면, 플라톤의 《국가》는 실제로 가장 오래된, 또한 완벽한 '인간농장에 관한 규칙' 이라 할 수 있겠지요. 그 안에는 통치계급(통치자, 군인), 생산계급(시민, 노예)에 대한 구분과 그들이 지켜야 할 덕성들이 열거되어 있을 뿐 아니라, 그 교육과정이 상세히 언급되어 있기 때문입니다. 슬로터다이크가 말하는 쓰기와 읽기를 통해 길들이는 계급에 의한 주민들의 선별과 사육이 상세히 적혀 있는 셈이지요. 《정치가》도 마찬가지고요.

그런데 슬로터다이크가 주목하는 것은 문자문명에 의해 갈라진 통치계급과 생산계급의 차이, 즉 동물원관리자와 동물원주민의 구분입니다. '플라톤의 동물원과 그의 시설과 관련하여 말하자면, 세계에서 어느 것보다도 그(플라톤)에게 중요한 것은 주민과 관리자 사이에는 단지 정도의 차이만 있는지 아니면 특수한 차이가 있는 것인지를 알아내는 것'이라면서, '거짓동물원관리자' 곧 사이비 정치가들은 그 차이를 무시하려고 하지만, '진정한 사육자', 곧 올바른 정치가들은 그 차이를 분명히 할 것이라는 거지요.

그리고 플라톤은 그 차이를 보존하기 위해 '동계교배'를 통해 생식하며, 잡종교배가 일어나는 것을 막아야 한다고 했다는 겁니다. 그럼으로써 '원형에 가까운 인간 표본들을 체계적으로 새롭게 사육'하여 각각의 특성에 따라 날줄(통치계급)과 씨줄(생산계급)을 이용하여 직물을 짜듯이 국가를 산출하는 것이 플라톤이 설계한 '인간농장에 관한 규칙'이라는 거지요.

하지만 슬로터다이크는 플라톤의 동물원 내지 인간농장은 '유일하고 완전한 휴머니스트', '왕의 목자 기술을 가진 지배자', 즉 플라톤이 말하는 '철인왕'에 의해 구현되는데, 이제는 '신들뿐 아니라 현자들도 물러나' 그런 사육자를 기대할 수 없게 되었다는 겁니다. 그래서 그는 묻지요. "휴머니즘이 인간 길들이기의 학파로서 실패했다면 무엇이 인간을 길들이는가?"라고.

그리고 대답을 대신하여 "장기적 발전이 또한 종적 특성들의 유전

학적 개혁으로 이어질 수 있는가? 미래의 인간공학은 명백한 형질계획으로까지 밀고 나갈 것인가? 인류가 종 전체에 걸쳐서 탄생운명론에서 선택적 탄생 및 탄생 이전의 선택으로 방향 전환을 실행할 수 있는가?"라는 질문이 우리 앞에 나타나기 시작할 것이라고 선포합니다. 한마디로 이제는 휴머니즘 대신 유전공학을 통한 인간 길들이기가 대안이 되지 않겠냐는 말이지요. 충분히 이해가 가는 말입니다. 나날이 쇠퇴해가는 인문학과 하루가 멀다 하고 발전하고 있는 유전공학을 감안해본다면 더욱 그렇지요.

그래서 헉슬리의 《멋진 신세계》를 사고실험 삼아 살펴보자는 겁니다. 이유인즉 헉슬리가 구상한 신세계야말로 슬로터다이크가 구상하는 '우리 앞에 나타나기 시작할' 새로운 인간농장에 관한 규칙에 가장 적합한 형태의 농장이라고 할 수 있기 때문입니다. 이미 살펴본 것 같이, 신세계에서는 선별과 사육이, 플라톤은 감히 꿈에도 생각하지 못한 방법으로 완벽하게, 그리고 슬로터다이크가 기대하고 암시한 바로 그대로 이루어집니다.

우선, 선별 문제에서는 우생학을 통해 인간을 실험실에서 생산하기 때문에 플라톤이 염려하는 각 계급 사이의 잡종교배가 일어날 수 없지요. 그리고 사육 문제에서도 교육이나 독서와 같은 소극적 방법이 아니라 수면학습법이나 전기충격, 약물요법 같은 적극적 방법으로 길들이기 때문에 슬로터다이크가 염려하는 '핏빛 놀이로 가득 찬 오락산업'에 의한 '야만화'가 일어날 수 없습니다. 플라톤이 염려하던 선별의 문제와 슬로터다이크가 걱정하는 사육의 문제가 완벽하게 해결된 거지요.

때문에 우리는 《멋진 신세계》를 통해 엘마우 성에서 슬로터다이크가 제시한 문제, 곧 "휴머니즘이 인간 길들이기의 학파로서 실패했다면 무엇이 인간을 길들이는가?" 내지 "미래의 인간공학은 명백한 형질계획으로까지 밀고 나갈 것인가?"라는 문제에 대한 답을 찾아볼 수 있다는 겁니다. 헉슬리는 슬로터다이크의 질문들을 모두 예상하고 조목조목 대답이나 하는 듯이 이야기를 전개해나갑니다.

불행해질 권리를 요구합니다 :
소설의 여주인공인 레니나는 버나드 마르크스라는 청년에 의해 금지구역인 '인디언 보호구역'으로 들어가게 됩니다. 고압전류가 흐르는 울타리로 둘러싸인 '인디언 보호구역'에서 레니나는 '야만인' 존 새비지(John Savage)를 알게 됩니다. 존은 그의 어머니 린다가 20년 전 야만인 보호구역에 왔다가 머물러 살며 신세계 사람들의 입장에서는 '원시적인 방법'으로 임신·출산해 그곳에서 자란 청년이지요. 때문에 수면학습법이나 전기충격요법에 의해서가 아니라 독서, 정확히는 셰익스피어를 읽고 자랐습니다. 그래서 그는 《오셀로》, 《리어왕》, 《템페스트》 같은 셰익스피어의 희곡들에 나오는 대사들을 인용하여 사고하고 말하지요. 레니나는 존과 그의 어머니 린다를 신세계에 데려옵니다.

그러나 존과 신세계 주민들 사이에는 상호 이해가 불가능합니다. 예를 들어, 존이 《로미오와 줄리엣》 가운데 한 대목을 읽어주자, 신세계 주민인 헬름홀츠는 눈물이 나도록 웃고 또 웃지요. "부모가 딸이

원하지도 않는 어떤 남자와 결혼을 강요하다니!(이건 정말 기괴한 음담패설이다) 또 자기가 더 좋아하는 남자가 있다고 말하지 못하는 백치 같은 딸!(이것은 모순투성이인 희극이다.)" 이렇게 생각하면서 말입니다. 그런 사람들이 사는 신세계가 존의 눈에는 '멋진 세계'가 아니라 '미친 세계'로만 보일 뿐입니다. 그래서 그는 반항하지요.

소설의 마지막에서, 존은 신세계의 지도자인 총통 무스타파 몬드에게 "나는 안락을 원하지 않습니다. 나는 신을 원하고 문학도 원해요. 진정한 위험과 자유와 선을 원하지요. 나는 죄도 원합니다."라고 외치지요. 총통은 "그러니까 자네는 불행해질 권리를 요구하는군그래."라고 단정합니다. 존은 "그렇게 말씀하셔도 좋습니다. 불행해질 권리를 요구합니다." 그러자 다시 총통이 "그렇다면 늙고 추하고 생식불능이 되는 권리는 말할 것도 없고, 성병과 암에 걸릴 권리, 먹을 것이 없거나 이들이 들끓을 권리, 내일 자신에게 어떤 일이 닥칠지 몰라 불안에 떨 권리, 장티푸스에 걸릴 권리, 온갖 표현할 수 없는 고민에 시달릴 권리도 원한다는 말인가?"라고 묻지요. 이때 존은 오랜 침묵 후에 대답합니다. "네. 난 그 모든 권리를 원해요."라고!

이 장면을 통해 헉슬리가 하고 싶은 말은 분명합니다. 인간에게는 행복과 안정보다 더 중요한 것이 있는데, 그것이 자유라는 거지요. 설사 불행해지는 한이 있더라도 자신의 삶을 스스로 선택하고 실행할 자유를 가질 권리를 인간은 원한다는 겁니다. 대부분의 전체주의 체제가 그렇듯, 멋진 신세계에는 행복과 안정을 강압적인 방법으로 실현함으로써 인간의 이러한 자유를 박탈한다는 문제가 있다는 거지요. 헉슬리의 《멋진 신세계》는 유토피아란 설사 그 이상이 아무리 훌륭하고, 그것이 아무리 완벽하게 달성된다고 하더라도, 만일 그것이 자신의 삶을 스스로 선택하고 실행할 자유를 빼앗는다면 우리가 원하는 이상사회는 결코 아니라는 것을 보여준 겁니다.

일찍부터 생명윤리학에 관심을 두었던 독일의 윤리학자 한스 요나스(Hans Jonas, 1903~1993)는 1987년 출간된 그의 저명한 저서 《기술, 의학, 윤리》에서 유전자를 선별하여 종의 개선을 시도하려는 '적극적 우생학(positive Eugenik)'에 대해 다음과 같이 경고했지요.

"인간을 사육하려는 시도는 오만불손할 뿐 아니라, 멍청하고 무책임한 짓이다. 따라서 그러한 시도는 기껏 웃음거리가 되거나, 잘못될 경우 큰 불행을 초래하게 된다. (…) 오만한 기술의 광기 어린 지식 때문에 인격적인 사랑에 의한 선택을 포기해버리는, 낙천적 무지에서 비롯되는 이 무모한 행위는 가장 어리석고 용납될 수 없는 범죄행위로서, 오늘과 내일의 세계는 반드시 그 벌을 받게 될 것이다."

요나스가 이렇듯 유전공학에 대해 적극적으로 반대하는 이유는 자유를 생명체의 본질로 보기 때문입니다. 그래서 그는 유전공학에 의한 선별과 사육, 특히 인간복제에 대해 반대하며 인간이 가진 '무지에 대한 권리(Recht auf Unwissen)'를 주장했지요. 인간은 자신의 미래에 대해 모를 권리를 가져야 한다는 거지요. 그럼으로써 그 어떤 결정론에도 불구하고 자기 자신의 미래를 스스로 만들어갈 신성한 자유를 그 자신의 권리로서 가져야만, 비로소 인간이라는 말입니다. 이 얼마나 귀하고도 소중한 생각인가요! 요나스는 이 권리는 전통 윤리학에서 한 번도 다루어진 적이 없는 '새로운 윤리 이론'임을 강조하며 다음과 같이 말합니다.

> "현대 권력 지평에서 본 도덕적 계명은, (…) 무지에의 권리를 박탈해서는 안 된다는 것이다. 즉, 자기 고유의 길을 찾아가며, 자기 자신에게 놀라워할 수 있는 인간적 삶의 권리를 존중하라는 것이다."

요나스가 말하는 바로 이 권리에 대해 《멋진 신세계》에서 총통은 존 새비지에게 마지막으로 장황하게 물은 것이고, 존은 오랫동안 생각한 다음 "네. 난 그 모든 권리를 원해요."라고 대답한 거지요. 아마 존은 슬로터다이크의 물음들, 곧 휴머니즘이 인간 길들이기의 학파로서 실패했다면 무엇이 인간을 길들이는가, 미래의 인간공학은 명백한 형질계획으로까지 밀고 나갈 것인가에 대해서도 이렇게 대답할 것입니다.

휴머니즘은 인간의 야만성을 길들이는 데 결코 실패하지 않을 것이라고, 각종 미디어들이 제공하는 '핏빛 놀이로 가득 찬 오락산업'에도 불구하고 셰익스피어는 계속 읽힐 것이라고, 그리고 그 어떤 미래에도 인간공학이 유전자 선별과 사육에 의한 형질계획으로 밀고 나가서는 안 된다고, 그것은 인간에게서 자기 자신의 길을 찾아가며, 스스로에게 놀라워할 수 있는 권리와 자유를 빼앗는 거라고, 그리고 그것을 빼앗긴 인간은 더 이상 인간이 아니라고!

이제는 우리가 대답해야 할 차례입니다. 타인에 의한 안정과 행복은 보장되지만 스스로 선택하고 희망한 미래가 없는 곳, 자기 고유의 길을 찾아가며, 자기 자신에게 놀라워할 수 있는 자유와 권리가 없는 그곳에서 살고 싶을까요? 한번 생각해보시지요. 참고로 말씀드리자면, 존 새비지는 소설의 마지막에서 신세계를 떠났습니다.

> 인간에게서 미래를 박탈하는 것은 용서받지 못할 범죄행위로서
> 단 한 번이라도 저질러져서는 안 된다.
> : 한스 요나스

조지 오웰의 《1984년》: '사회공학'에 관하여
빅브라더가 지켜보고 있다

프로크루스테스의 침대의 부활:

결코 그럴 리 없겠지만, 만약에 꿈에서라도 당신이 사랑하는 애인과 함께 체포되었다고 가정하지요. 가령 지하 레지스탕스 요원으로 활동하다가 비밀경찰에게 붙잡혔다고 하자는 겁니다. 그리고 각각 다른 방에서 심문을 받습니다. 그 과정에서 도저히 참을 수 없이 끔찍한 고문이 한없이 계속되었지요. 그러다 결국에는 굶주린 쥐들에게 뜯어 먹혀 죽게 될 처지에 놓여 있습니다. 그런데 이때 당신이 애인의 비위 사실을 털어놓으면 즉시 풀려나서 아무 일도 없었다는 듯 일상으로 돌아갈 수 있습니다. 그렇다면 당신은 어떻게 할까요?

공연히 왜 그런 끔찍한 질문을 하냐고요? 왜냐하면 이제부터 다루려는 오웰의 《1984년》에서 주인공 윈스턴 스미스가 바로 이 같은 상황에 놓이기 때문입니다. 그럼, 그는 어떻게 했을까요? 책을 읽은 사람들은 이미 알고 있겠지만, 어쨌든 생각할 시간을 갖기 위해 그 대답은 잠깐 뒤로 미루지요. 그리고 잠시 '프로크루스테스의 침대'라는 어떤 특별한 침대에 대해 이야기할까 합니다.

그리스 신화에 보면, 영웅 테세우스는 아버지인 아테네 왕 아이게우스를 찾아가는 길에서 많은 악당들과 괴물들을 만나 퇴치했지요. 그 중 하나가 프로크루스테스인데, 이 이름은 '잡아 늘이는 자'라는 뜻을 가졌답니다. 이유인즉, 그는 쇠로 만든 침대를 하나 갖고 있다가 그의 집에 들어온 여행자들을 그 위에 결박하여 키가 침대 길이보다 짧은 경우에는 잡아 늘여 침대에 맞도록 하고, 반대로 침대보다 긴 경우에는 다리를 잘라내어 역시 침대에 맞도록 하였기 때문에 그렇게 불리었답니다. 그러나 테세우스에게도 똑같은 짓을 하려 했다가, 이 고약한 악당은 결국 죽임을 당했지요.

이러한 연유에서, 사람들은 이렇듯 나름대로 어떤 한 가지 기준을 가지고 모든 것을 그것에다 맞추려는 사람을 프로크루스테스라고 하고, 그런 획일화 작업에 사용되는 폭력적 도구를 일컬어 '프로크루스테스의 침대'라 합니다. 학자들은 흔히 지난 200여 년간 사회 각 분야에서 획일화 작업을 해온 '근대인'을 프로크루스테스로, 그리고 그런 획일화 작업에 동원된 '근대적 이성'을 '프로크루스테스의 침대'에 비유하기도 하지요.

같은 맥락에서 보면, 이상사회를 만들려는 사회공학은 좋은 의미에서든 나쁜 의미에서든 '프로크루스테스의 침대'를 갖고 있게 마련입니다. 최초의 사회공학 저서라고 할 수 있는 플라톤의 《국가》가 보여주듯, 모든 사회공학에는 이상적인 사회 형태를 설계하고 확정하는 작업과 그것에 맞게 인간을 길들이는 작업이 필연적으로 요구되기 때문이지요. 그래서 앞글에서 보았듯이, 페터 슬로터다이크(Peter Sloterdijk)는 '인간 길들이기'를 처음부터 권력에 의한 것이며, 정치적인 것으로 파악합니다.

〈인간농장을 위한 규칙〉에서 슬로터다이크는 독서(내지 휴머니즘)가 이 길들이기를 담당해왔다고 주장했지만, 더 자세히 살펴보면 '교육'과 '처벌'이라는 두 가지 메커니즘이 오랜 세월 동안 '프로크루스테스의 침대' 역할을 맡아왔지요. 사실인즉 교육은 키를 늘이는 작업을 담당해왔고, 처벌은 다리를 잘라내는 작업을 실행해온 겁니다. 그리고 바로 이것이 프랑스 철학자 미셀 푸코(Michel Foucault, 1926~1984)가 지칠 줄 모르는 열정으로 고발한 '근대적 이성의 양면성'과 그를 이용하는 '권력의 음모'인 거지요.

푸코는 그의 저서 《광기의 역사》, 《병원의 탄생》, 《감시와 처벌》 등에서 병원, 학교, 감옥 등 사회의 미시적 영역에서 일어나고 있는 규격화, 조직화, 표준화에 의한 획일화와 그것을 위한 체제적인 폭력을 고발하는 연구를 수행했습니다. 테세우스의 영웅적인 퇴치로도 결코 사라지지 않고 다시 부활한 근대적 '프로크루스테스의 침대'를 그는 '규율권력(disciplinary power)'이라는 용어를 사용하여 고발한 겁니다. 푸코가 보기에는 근대적 병원, 학교, 감옥이란 정상성, 정당성, 합리성이라는 개념에 의한 비정상성, 비정당성, 비합리성, 곧 병자, 범죄자, 변태자 들을 규정하여 만들어내는 감금과 감시의 프로그램, 곧 '프로크루스테스의 침대'일 뿐이라는 겁니다.

그런데 푸코보다 한발 앞서 이 같은 고발을 문학에서 수행한 사람이 조지 오웰(George Orwell, 1903~1950)이라는 영국 작가이지요. 사회문제에 대한 열렬한 관심 때문에 작가가 된 그는 《동물농장》과 《1984년》으로 세계적인 명성을 얻게 되었지요. 오웰은 부르주아 집안 출신이었지만 확고한 사회주의자였습니다. 스페인 내전에 참전해 프랑코의 파시스트들과 맞서 싸웠으며, 런던 빈민가로 이주하여 호텔 접시닦이로 일하기도 하면서 가난한 사람들에게 특별한 동정심을 보였답니다. 《동물농장》이나 《1984년》 같은 작품들이 사회주의의 본질을 비판하는 것으로 오해하지 말아달라고 호소하기도 했지요.

하지만 그는 결코 공산주의자가 되지는 못했습니다. 사회주의적 유토피아가 아무리 바람직하다고 하더라도 억압과 폭력에 의한 전체주의 사회로 변질될 경우 그것은 우리가 진정 원하는 유토피아가 아니라고 생각했기 때문이었지요. 그래서 그는 한때 모스크바로부터 '숙청' 대상으로 지목될 정도로 그 시대의 전체주의인 파시즘과 공산주의에 대해 강력하게 대항했던 겁니다. 그의 생각으로는 인간의 자유, 존엄성, 사랑 등을 상실한 전체주의 사회는 결코 유토피아일 수 없다는 거지요.

오웰은 1950년 1월 21일, 46세로 세상을 떴는데, 그 몇 달 전 병마와 싸우며 혼신의 힘을 다해 쓴 《1984년》이 출간되었답니다. 전체주의라는 체제적 폭력으로 새롭게 부활한 '프로크루스테스의 침대'가 인간과 인간성을 어떻게 파괴시키는가를 극렬하게 고발한 이 작품에서, 주인공 윈스턴은 마지막에 '쥐 고문'을 당하게 되자 이렇게 외칩니다.

"줄리아에게 하세요! 줄리아에게! 내게는 하지 말아요! 줄리아에게! 그녀에게 무슨 짓을 해도 상관없어요. 그녀의 얼굴을 찢어도, 그 살갗을 벗겨 뼈가 드러나게 해도 괜찮아요. 난 안 돼요! 줄리아에게 해요! 난 안 된다구요!"

이로써 윈스턴은 그가 마지막까지 지키려고 했던 사랑하는 애인을 배반하게 된 것이고, 우리는 체제적 폭력 앞에서 발가벗겨진 인간성의 무력함을 처량하게 바라보게 된 것이지요. 이제 다시 물어봅니다만, 당신이라면 어떻게 할까요? 오웰이 《1984년》를 통해 우리에게 '솔직히' 하고 싶은 말은 '당신도 역시 윈스턴과 조금도 다를 수 없다'는 겁니다. 그렇다면 이제 우리에게 주어진 문제는 '어떻게 하면 이런 악몽이 우리에게는 닥치지 않게 할 수 있는가?' 이겠지요. 《1984년》을 보며 생각해보시죠.

101호에서는 무슨 일이 벌어지나 :

발표되자마자 베스트셀러가 되었지만, 특히 1983년에서 1984년으로 넘어가는 문턱에서는 제목이 가져온 특수로 미국에서만 200만 부가 넘게 팔린 《1984년》은 당시로는 먼 미래인 1984년을 시대적 배경으로 시작합니다. 원래 제목은 '유럽의 마지막 인간'이었는데 출판사에서 반대하자, 오웰이 '1984년'을 제목으로 선택했다지요. 소설 속의 1984년은 매우 암울합니다. 세계는 오세아니아, 유라시아, 이스트아시아 세 블록으로 나뉘어 전쟁 중이지요. 그 가운데 영국 런던은 유라시아 제1공대에 속합니다.

정부에는 네 부처가 있는데, 전쟁을 담당하는 평화성(平和省), 억압적인 법과 질서를 담당하는 애정성(愛情省), 피폐한 경제를 담당하는 풍부성(豊富省), 뉴스와 오락 그리고 예술을 담당하는 진리성(眞理省)이지요. 정부는 시민들을 사상경찰들을 통해 항상 감시하고, 진실을 조작하며 역사를 왜곡하는 일을 합니다. 특히 '텔레스크린'이라는 감시카메라를 모든 공공장소, 사무실, 구내식당, 심지어는 집 안에까지 설치하여 행동과 대화를 감시합니다.

모든 사람들은 언어, 역사, 사상에 대해 국가의 지도와 통제를 받으며, 통제를 거부하는 모든 행위에 대하여 즉각 처벌을 받지요. "전쟁은 평화, 자유는 예속, 무지는 힘"이라는 슬로건이 암시하듯, 전쟁에 의해 내부 불만을 해소하고 단결을 도모하며, 개인의 자유의 불필요성을 강조하고, 무지는 힘이라고 세뇌시킵니다. 또한 거리에는 "빅브라더가 당신을 지켜보고 있다!(Big brother is watching you!)"라고 적힌 포스터가 곳곳에 붙어 있지요.

《1984년》을 통해 세상에 널리 알려진 유행어가 된 '빅브라더(Big Brother)'는 이 사회의 모든 것을 감시하고 통제하는 보이지 않는 기관이지요. 이 용어는 본래 유인원이나 폭력배 집단의 '우두머리'라는 뜻을 가진 속어였지만, 이 작품 이후에는 전 세계적으로 유명해져서 아무도 모르게 모두를 지켜보는 불쾌한 '감시자', 누구나 불안하게 하는 비열한 '고발자', 언제든 고문실이나 감옥으로 보내는 비밀스런 '정부 관리'의 상징으로 쓰입니다. 한 예로, 새로운 밀레니엄이 시작하던 2000년 봄 독일에서는 네덜란드에서 제작된 〈빅브라더〉라는 리얼리티쇼가 방송되었답니다. 이 쇼는 여러 대의 카메라가 하루 24시간 내내 감시하는 컨테이너 안에서 여러 명의 지원자들이 3개월 동안 함께 사는 과정을 실시간으로 담아 방송한 것이었지요. 프로그램 제목과 아이디어를 오웰의 《1984년》에서 따온 겁니다.

《1984년》의 주인공인 윈스턴 스미스는 진리성에서 뉴스를 조작하는 일을 담당하고 있는 중간 관리이지요. 하지만 그의 마음속에는 오래전부터 자기가 하는 왜곡 행위에 대한 불만과 저항의식이 꿈틀대고 있었습니다. 그래서 처음에는 망설이지만 결국 비밀저항조직과 접촉을 합니다. 그런 가운데 줄리아라는 여성을 만나 동지이자 연인이 되지요. 하지만 그들은 곧 고발당해 사상경찰에게 넘겨집니다. 그리고 애정성에 끌려가 소위 '재교육'을 받게 되지요. 애정성에서도 가장 잔혹한 곳이 101호실입니다.

이 국가에서 모두를 감시하고 통제하는 텔레스크린을 끌 수 있는 소수의 인물 가운데 하나인 오브라이언은 윈스턴에게 다음과 같이 말합니다. "자네가 언젠가 내게 물었지. 101호에서 무슨 일이 벌어지냐고 말이야. 그때 나는 자네도 이미 알고 있으리라고 말해주었지. 누구나 그것을 알고 있거든. 101호에서는 세상에서 가장 끔찍한 일이 기다리고 있다네." 오웰은 101호실로 끌려가는 한 죄수의 입을 통해 그 끔찍한 일에 대한 공포를 이렇게 묘사했지요.

"몇 주일 동안이나 나를 굶겼지? 이제 그만하고 죽여, 총살을 하란 말이야. 목을 매! 25년 징역을 내리라구. 내가 또 불어댈 사람이 있나? 누구든지 상관없어. 그리고 그들을 어떻게 하든지 알게 뭐야. 마누라도 있고 자식도 셋이나 있어. 맨 위 놈이 여섯 살도 안 됐어. 그 애를 잡아다 내 앞에서 목을 따더라도 참고 보겠어. 하지만 제발 101호실만은."

윈스턴은 처음에는 줄리아가 받을 고통을 생각하며 '내가 두 배의 고통을 받아 줄리아를 구할 수 있다면, 난 그렇게 할 수 있을까? 물론 그렇게 해야지.'라고 생각하지요. 또한 "빅브라더를 사랑하느냐?"라고 묻는 오브라이언에게 "나는 빅브라더를 증오합니다."라고도 대답하지요.

하지만 상상도 할 수 없는 끔찍한 고문에 의해 육체적·정신적으로 완전히 망가진 윈스턴은 101호실로 끌려가 그가 가장 두려워하는 쥐에게 뜯어 먹히는 고문을 받게 되자 결국 줄리아를 배반합니다. 그가 간직했던 마지막 인간성마저 버린 것이지요. 그리고 나서야 재교육이 끝나고 '완치된 자'로 판정받고 석방됩니다. 작가는 주인공이 도달한 이 비참한 결말을 "애정성으로 돌아가 모든 것을 용서받고, 그 영혼을 눈처럼 깨끗하게 했다."라고 표현했지요.

'전쟁은 평화', '자유는 예속', '2+2=5', '신은 권력'과 같은 명백한 오류를 진리로 인정하게끔 철저하게 세뇌된 윈스턴은 빅브라더의 커다란 얼굴을 올려다보며, 40년 동안이나 그의 존재와 사랑을 의심하고 오해했던 것을 후회하며 눈물을 흘립니다. 소설은 다음과 같은 문장으로 끝납니다. "모든 것은 잘되었다. 싸움이 끝난 것이다. 그는 자신과의 싸움에서 승리한 것이다. 그는 빅브라더를 사랑했다."

오웰은 《1984년》을 통해 그 시대의 전체주의, 곧 파시즘과 공산주의 사회가 지닌 악몽이 얼마나 가공할 만한 것인가를 생생히 묘사하고 있지요. 그리고 기회가 주어지는 대로 "언제라도 그런 상황이 닥칠 수 있다. 이런 일이 벌어지도록 내버려두지 말라. 그것은 그대들에게 달려 있는 문제다."라고 경고도 했습니다.

빅브라더가 당신을 지켜보고 있다:

오웰이 남긴 경고를 크게 '감시사회'의 문제와 '전체주의 사회'의 문제, 이 두 가지로 나누어 살펴볼 수 있습니다. 우선, 감시사회의 문제이지요. 《1984년》에 등장하는 사회는 전체가 텔레스크린이라는 감시시스템이 완벽하게 가동되고 있는 거대한 '일망감시시설(一望監視施設)'이기 때문입니다. 그 누구도 그 무엇도 여기에서 벗어날 수 없지요.

"텔레스크린은 송신과 수신을 동시에 하고 있었다. 윈스턴이 내는 소리는 아무리 낮은 소리라 해도 다 기계에 걸려든다. 뿐만 아니라 그가 이 금속판의 시계(視界) 안에 들어 있는 한, 그의 일거수일투족은 다 들리고 보인다. 그러나 언제 감시를 받는지는 알 수 없다."

이 말 안에 '일망감시시설'의 특징이 잘 나타나 있습니다. 일망감시시설이란 영국의 공리주의 철학자 제러미 벤담(Jeremy Bentham, 1748~1832)이 설계하고 '팬옵티콘'이라고 이름 붙인 감옥시설이지요. 영어로 '팬옵티콘'이라고 부르는 그리스어 '파놉티콘(Panopticon)'은 본래 '다 본다(all seeing)'라는 뜻을 갖고 있습니다.

벤담의 설계에 따르면 팬옵티콘은 원형으로 된 거대한 감옥인데, 바깥쪽으로는 죄수들을 가두는 방이 있고 중앙에 죄수들을 감시하는 원형의 중앙감시탑이 있지요. 죄수들의 방과 중앙감시탑의 사이에는 창이 있는 데다 죄수들의 방은 언제나 밝게 되어 있기 때문에 간수들은 죄수들의 일거수일투족을 다 볼 수 있습니다. 하지만 중앙감시탑은 내부가 항상 어두워 간수를 보기는커녕 간수가 자신을 감시하고 있는지조차 알 길이 없지요. 그럼으로써 벤담 자신이 강조한 대로 '죄수들이 항상 감시받고 있다고 생각' 하게 만드는 것이 팬옵티콘의 핵심 구조입니다. 이러한 곳에서 죄수들이 갖는 '감시의 환영'에 대해 오웰은《1984년》에 이렇게 표현했지요.

"사상경찰이 한 개인에 대한 감시를 어떤 계통으로, 또 얼마나 자주 행하는지는 그저 추측할 수밖에 없다. 모든 사람들을 언제나 감시하고 있다고 볼 수도 있다. 아무튼 그들이 하고 싶으면 언제라도 감시할 수 있다. 그래서 사람들은 입 밖에 내는 소리는 모두 들리고 캄캄할 때를 제외하고는 자신의 모든 동작이 감시받고 있을 거라는 생각을 하며 살아가야 했고 또 그것이 본능처럼 습관화되어버렸다."

푸코는 1975년 출간되어 세계적인 베스트셀러가 된 그의 저서 《감시와 처벌》에서 오웰이 말하는 본능처럼 된 '습관화'를 규율권력의 '내면화'라고 표현했습니다. 그가 말하는 규율권력(disciplinary power)이란 개개인의 몸을 정해진 규율을 통해 길들여서 효율적이고 경제적인 통제시스템을 운용하는 권력을 말하지요. 푸코가 보기에, 팬옵티콘에 수감된 죄수는 보이지 않는 곳에서 항상 자신을 감시하고 있을 시선 때문에 처음에는 규율에서 벗어나는 행동을 하지 못하다가, 점차 이 규율권력을 '내면화'하여 스스로 자신을 감시하게 된다는 겁니다. '요컨대 감금된 자가 스스로 그 유지자가 되는 어떤 권력적 상황 속으로 편입되는 것'이지요. 같은 말을 오웰은 "자신의 모든 동작이 감시받고 있을 거라는 생각을 하며 살아가야 했고 또 그것이 본능처럼 습관화되어버렸다."라고 표현한 거지요.

그런데 푸코가 주목한 것은 근대사회에서는 이러한 '습관화' 내지 규율권력의 '내면화'가 단지 감옥에서만 일어나는 것이 아니고, 군대, 병원, 공장, 학교에서까지 똑같이 발생한다는 것입니다. 그런 의미에서 그는 "감옥이 공장이나 학교, 군대나 병원과 흡사하고, 이러한 모든 기관이 다시 감옥과 닮았다고 해서 무엇이 놀랍겠는가?"라고 물었지요. 그가 염려하고 고발한 것은 바로 근대사회 전반의 팬옵티콘화였던 겁니다. 벤담이 단지 효율적인 감옥시설을 위해 고안했던 팬옵티콘을 푸코는 규율권력이 사회 곳곳에서 '프로크루스테스의 침대'로 작동하는 근대사회의 상징으로 분석한 거지요.

푸코가 보기에 인간은 규율권력에 의해 '제조'됩니다. 이 근대적 '프로크루스테스의 침대'는 우선 학생시절에는 학교에서 '학생'이라는 신분에 알맞게, 학교를 졸업하면 공장에서 '노동자'라는 신분에 걸맞게 사람들을 '잡아 늘이거나 다리를 잘라내어' 제조한다는 거지요. 그러다 간혹 이 규율에 저항하거나 벗어나면 곧바로 감옥으로 보내져서 '죄수'라는 신분에 적합하게 다시 제조되고, 만일 여기에서마저 적응하지 못하면, 정신병원으로 보내져 '근대적 이성'을 되찾는 프로그램을 밟게 됩니다. 비록 극화되긴 했지만, 《1984년》에서 주인공 윈스턴이 밟았던 길이 바로 이 길이었던 거지요.

18, 19세기의 근대사회에 대한 푸코의 이러한 분석이 20세기 후반에 와 지식인들뿐 아니라 대중에게도 커다란 영향을 미치게 된 이유는 급속히 진행된 정보화와 관련이 있습니다. 20세기 말부터 불기 시작한 정보화에 의해 컴퓨터 데이터베이스, 폐쇄회로 TV, 각종 전자카드에 의한 전자결제 등을 이용한 다양한 감시와 통제 방법들이 개발되고 사용됨에 따라, 사람들이 점점 민감해진 거지요. 오웰의 《1984년》이 다시 주목을 받게 된 이유도 사실은 여기에 있는 겁니다.

그런데 프랑스 철학자 들뢰즈(Gilles Deleuze, 1925~1995)는 그의 저서 《통제사회에 대하여》에서 푸코가 파악한 '규율사회(disciplinary society)'는 증기기관과 공장이 지배하고 요란한 구호에 의해 통제되는 18, 19세기 사회이기 때문에, 컴퓨터와 기업이 지배하고 숫자와 코드에 의해 통제되는 오늘날의 사회는 그와 다르다는 것을 주장했습니다. 그리고 이 새로운 형태의 감시사회를 '통제사회(control society)'라

293

고 불러야 한다고 주장했지요. 푸코가 말하는 규율사회가 팬옵티콘이라면, 들뢰즈가 언급한 통제사회는 전자 팬옵티콘이라는 거지요.

둘 모두 '감시사회'이자 '처벌사회'라는 점에서는 같지만 다른 점이 있다면, 감시와 통제가 더 일반적이고 보편적이며 더 강화되었다는 겁니다. 오늘날 우리가 사는 통제사회에서는 컴퓨터 데이터베이스, 폐쇄회로 TV, 전자결제 등에 의해서 비단 군대, 병원, 공장, 학교에서뿐만 아니라 사람이 있는 곳이면 어디에서나, 언제나, 그리고 더욱 철저하게 감시·통제되고 있다는 겁니다. 마치 오웰의 《1984년》에서처럼 말이지요.

실제로 우리는 폐쇄회로 TV가 이미 거의 모든 공공장소와 거리, 심지어는 사적 공간까지도 침투하고 있고, 첩보위성은 이미 극히 작은 물체들의 세밀한 움직임까지도 추적하고 있으며, 각종 도청장치나 심지어는 핸드폰까지도 감시체제의 수단으로 이용되는 사회에 살고 있습니다. 뿐만 아니라 각종 전자결제는 신용, 건강, 학력, 직업, 취미, 소비 취향, 가족관계 등을 노출시키고, 인터넷 브라우저를 통해 웹페이지로 전송되는 쿠키파일들은 인터넷 쇼핑몰이나 웹페이지의 방문수를 알려주며, 사내 중앙컴퓨터에 연결되어 있는 PC는 업무 시간, 작업 과정, 작업량, 성과 등을 상관에게 전해주는 시대에 살고 있지요. 그럼으로써 타의에 의해 또는 자발적으로 감시받고 통제되고 있는 겁니다.

들뢰즈는 바로 이러한 사회를 통제사회라고 불렀는데, 언제나 어디서나 "텔레스크린은 송신과 수신을 동시에 하고 있었다."라고 오웰이 《1984년》에 그린 사회가 바로 그렇지요. 그런데 바로 이러한 감시와 처벌의 사회에는 전체주의라는 또 다른 문제가 도사리고 있다는 것이 오웰이 남긴 경고입니다. 감시와 처벌이 전체주의 사회를 구축하는 중요한 골격이기 때문이지요. 알고 보면 전체주의란 이상사회 건설을 빌미로 국가가 감시와 처벌을 극단적으로 행사하는 사회공학인 겁니다.

전체주의에 감춰진 '프로크루스테스의 침대' :
전체주의(totalitarianism)라는 용어는 1925년 6월 22일에 행한 연설에서 무솔리니가 '강력한 전체주의적 의지'라는 말을 처음 함으로써 사용되기 시작했다고 합니다. 그는 이 연설에서 '국가 안에 모두가 있고 국가 밖에는 아무도 없으며, 국가에 반대하는 자는 존재하지 않을 것'이라고 주장했지요. 오웰의 《1984년》에서는 같은 말이 윈스턴을 가혹하게 고문하고 세뇌시키는 오브라이언의 입을 통해 수없이 반복됩니다. 윈스턴과 오브라이언이 애정성 고문실에서 나눈 대화가 그 단적인 예이지요.

"빅브라더는 정말 존재합니까?"
"물론이지. 그분은 존재하고 있네. 당도 존재하지. 빅브라더는 당의 화신이야."
"그분은 내가 존재하는 것과 마찬가지로 존재합니까?"
"자네는 존재하지 않아."

이 대화에서 오브라이언의 말은 전체주의의 본질, 곧 국가가 개인보다 우월하며, 개인의 의미는 국가 안에서 부여된다는 것을 의미합니다. 뿐만 아니라 그는 세계의 의미 역시 국가에서 부여한다고 합니다. 오브라이언은 이 말을 "우리가 못할 건 없어. 눈에 보이지 않게 할 수도, 공중에 날게도 할 수 있어. (…) 당이 원치 않으니까 내가 안 할 뿐이지. (…) 지구의 나이는 우리와 같아. 더 오래되지 않았어. 어떻게 더 오래될 수가 있어? 인간의 의식을 통하지 않고는 어떤 것도 존재할 수 없어."라고 표현합니다.

그런데 이러한 말들의 뜻을 전혀 이해하지 못하는 윈스턴은 "나는 내가 존재하고 있다고 생각해요."라고 대답함으로써, 결국 "당은 지구가 평평하다고 말한다.", "당은 얼음이 물보다 무겁다고 말한다."와 같은 명제들을 무조건 인정하게끔 하는 소위 '죄 중단 훈련'을 받게 됩니다. 개인적으로는, 이때 윈스턴이 가졌을 심정을 다음 시들을 통해 어림잡아봅니다.

"날아가던 돌이 문득 공중에 멈추었다. / 공중에 떠 있다. / 일설에는 그 돌이 정치적이라고 한다. / 그 소리의 化石의 연대는 애매하다. / (…) / 다만 철제 프로파갠더를 매일 / 독약처럼 조금씩 먹는다."

"내 몸이 자꾸 무거워지는 것은 / 공포 때문이다. / 나는 내 그림자로부터 도망친다. / 떨리는 손으로 그림자를 떼어 버린다. / (…) / 그림자를 잃고 공중에 뜬 실체는 말한다 / 나는 내가 아니오 / 나는 내가 아니오."(정현종,〈공중에 떠 있는 것들 1, 2〉중에서)

한나 아렌트(Hannah Arendt, 1906~1975)는 그의 책 《전체주의의 기원》에서, 전체주의의 본질은 이렇듯 인간에게서 인간성을 완전히 약탈하고 전체만이 있을 뿐 개인은 쓸모없다는 것을 우선적으로 증명하여 개인들이 스스로 '소모되어도 좋다는 감정'을 갖게 함으로써 궁극적으로 희생을 이끌어내는 데에 있다고 주장했지요. 물론 이러한 비인간적인 마술을 걸기란 쉬운 것이 아니기 때문에 극단적인 세뇌작업이 필수적으로 요구됩니다. 전체주의적 '프로크루스테스의 침대'라고 할 수 있는 세뇌작업도 교육과 처벌이라는 두 가지 길들이기 작업으로 이루어졌지요.

우선, 전체주의 체제에서는 어떤 유토피아를 정하고, 그것을 교육시키며 대중매체를 통해 대대적으로 선전합니다. 여기에 우상숭배라는, 우스꽝스럽지만 매우 효과적인 연극놀이도 동원하지요. 예를 들자면, 파괴광인 히틀러는 세계의 번영과 평화를 이끌 새로운 독일의 건설자로, 겁쟁이인 데다 허풍선이인 무솔리니는 용감하고 남자다운 인간의 상징으로, 야심 찬 음모꾼인 스탈린은 민족을 사랑하는 아버지로 분장하고 마치 배우들처럼 제스처를 쓰며 등장한 겁니다. 그럼으로써 항상 자신이 무력하고 쓸모없다고 느끼는 개인들은 그가 복종하고 숭배하는 지도자, 국가, 조국에 자신이 가진 모든 힘을 다 바치라는 가르침에 쉽게 열광하게 했지요. 프롬이 지적했듯이 '개인은 자유로부터 새로운 우상숭배로 도피'한 것입니다. 이것이 전체주의적 '프로크루스테스의 침대'에 의한 '잡아 늘이기 작업'이지요.

이러한 세뇌교육을 바탕으로 전체를 위한 개인의 복종과 희생이라는 극히 부자연스러운 행위가 자연스레 진행되는 겁니다. 개인은 체제에 대한 봉사와 희생이 곧 진리와 유토피아의 구현이고 궁극적으로는 자기 자신의 실현과 자신이 속한 집단에 이익이 된다고 굳게 믿게 된 거지요. 전체주의자들은 스스로 날조한 진리와 유토피아를 그들이 실행하고 있는 전체주의 체제의 관변 이데올로기로서 내세우고 선전·교육함으로써, 그들이 행하는 개인에 대한 폭력을 정당화하는 겁니다.

예를 들어 히틀러는 그의 저서 《나의 투쟁》에서 '독일의 세계 지배는 (…) 세계를 보다 높은 문화에 봉사시키는 과중한 짐을 진 국민의 승리의 칼에 의해 세워진 평화로 이끌어 갔을 것'이라고 주장했습니다. 자기 목표는 다만 독일의 번영뿐만이 아니라 인류 문명 전반에 걸쳐 최선의 이익에 봉사하려는 것이라고 위장하여 선동했던 것이지요. 때문에 나치 체제의 독일 국민들은 자신들이 인류 역사 가운데 가장 끔찍한 전쟁에 이용되고 희생된다고 생각하지 않고, 인류 번영에 이바지한다고 믿으며 죽어갔던 겁니다. 마찬가지로 소련과 그 위성국가들의 국민들은 공산주의적 유토피아에 대한 이상을 위해 목숨을 버렸고, 이탈리아 파시스트들은 강력한 세계국가 건설을 목표로 한 민족주의를 이상으로 갖고 자기를 희생했던 거지요.

오웰의 《1984년》에서도 그러한 이상과 세뇌작업이 존재합니다. 오브라이언은 윈스턴에게 그들이 꿈꾸는 이상사회에 대해 이렇게 말합니다.

"자네는 우리가 어떤 세계를 창조하려는지 이제 좀 알겠나? 그것은 옛날의 개혁자들이 상상했던 어리석은 쾌락주의적 유토피아와는 정반대되는 거지.

공포와 배신과 고통의 세계, 짓밟고 짓밟히는 세계, 바로 그것이야. 우리가 창조하는 세계에서의 진전은 고통을 향한 진전이야. 옛날에는 문명이 사랑과 정의 위에 세워졌다고 주장했지. 하지만 우리의 문명은 증오 위에 세워져 있어. 우리의 세계에는 공포와 분노의 승리, 그리고 자기 비하 등의 감정을 제외하고는 어떤 것도 존재하지 않게 될 거야. 그 나머지는 몽땅 우리가 때려 부술 거야. 몽땅."

물론 다음과 같은 세뇌교육도 반드시 병행하지요. 오브라이언의 세뇌교육은 그 내용이나 스타일에서, 만일 전체주의 교범이 있다면 반드시 실릴 만큼 전형적입니다.

"자네는 '자유는 예속'이라는 당의 슬로건을 알고 있지? 그것을 뒤집어서 생각해본 적이 있나? 예속은 자유라고. 혼자는, 즉 자유로운 인간은 늘 패배하지. 모든 인간은 죽게 마련이고, 죽음은 바로 가장 커다란 패배니까. 그러나 인간이 철저하게 완전히 복종을 할 때, 그리하여 자신의 존재를 버리고 스스로 당이 될 만큼 당의 일에 발 벗고 나서게 되면 그는 불멸의 전능한 존재가 되는 거야."

일본 군국주의자들이 가미카제 특공대를 교육시키며 누구보다도 자주 사용했으리라고 생각되는 이 말에 대해 윈스턴은 "당신이 지금 이야기한 그런 세계는 만들어지지 않을 겁니다. 그것은 하나의 꿈에 지나지 않아요. 불가능합니다. (…) 문명을 공포와 증오와 잔인성 위에 세운다는 것은 불가능합니다. 그건 결코 오래가지 않을 거예요."

299

라고 반박하지요. 그래서 오브라이언은 할 수 없이 다음 단계의 세뇌 작업으로 넘어간 겁니다.

전체주의적 세뇌작업의 두 번째 단계는 바로 '프로크루스테스의 침대'에 의한 다리 잘라내기, 곧 고통스런 고문에 의한 세뇌지요. 오브라이언은 윈스턴에게 자기가 행하는 고문의 목적에 대해 이렇게 말합니다.

"아니야! 자백을 받아내려는 것도, 벌을 주려는 것도 아니야. 우리가 왜 자네를 이곳으로 데려왔는지를 알려줄까? 치료해주기 위해서야! 온전한 정신을 되찾아주기 위해서야! 윈스턴, 여기에 들어온 사람은 누구나 완치되지 않고 떠난 자가 없다는 걸 이해할 수 있겠나? 우리는 자네가 저지른 그런 어리석은 범죄에는 관심이 없네. 당은 겉으로 드러난 행위는 관심이 없어. 우리가 다루는 것은 정신뿐이야. 우리는 적을 분쇄할 뿐만 아니라 그들을 개조시키고 있어. 내 말이 의미하는 바를 알겠나?"

전제주의에는 한 가지 미스터리가 따라다니지요. 전체주의는 단적으로 말하자면 일종의 집단이기주의 체제라고 할 수 있습니다. 그런데 대부분의 집단이기주의 체제는 그것이 민중주의든, 보수주의든, 또는 인종주의든 민족주의든 간에 그 집단에 속한 개인들의 이익을 보호하고 그 집단 외의 대상에 대하여 대항합니다. 그런데 전체주의는 그 집단 외의 대상에 앞서 그 집단에 속한 개인들의 희생을 우선적으로 요구하고 폭력을 행사한다는 점에서 매우 특이한 것이지요.

이것이 전체주의 제일의 미스터리인데, 오브라이언의 말이 이 미스터리를 잘 해명하고 있는 겁니다. 전체주의가 개인에게 요구하는 것은 단순한 복종이나 봉사가 아니라 전체를 위해 기꺼이 자신을 희생할 수 있는 정신으로의 개조라는 거지요. 그런데 그것, 곧 자신을 쓸모없는 것으로 여기고 전체만이 값어치 있는 것으로 인정하는 일은 인간의 이기적 본성 때문에 오직 폭력에 의해서만 이루어진다는 겁니다. 바로 이것이 전체주의에 폭력이 필수적으로 요구되는 심리학적 이유이지요. 오브라이언은 이렇게 말합니다.

"그래, 타인을 고통스럽게 함으로써야. 복종으로는 불충분해. 만약 고통스럽게 하지 않는다면, 어떻게 그가 자기 의사가 아닌 내 의사에 복종한다고 확신할 수 있겠는가? 권력은 고통과 모욕을 가하는 데에 있는 거야. 권력은 인간의 마음을 갈기갈기 찢어서 우리가 원하는 새로운 형태로 다시 짜 맞추는 데 있는 거야."

고통을 통한 인간성 말살과 전체를 위해 스스로를 희생하는 인간의 창조, 이것이 전체주의 세뇌교육의 수단이자 목적이지요. 이런 의미에서 아렌트는 전체주의를 이데올로기가 아니라 테러가 지배하는 정치형태로 규정하는 것입니다. 아렌트에 의하면, 전체주의란 '개개인의 모든 생활영역에 대한 영구적 지배'를 목적으로, 이념이 아니라 테러가 그 국가형태의 본질을 이루고, 정당이나 군대가 아니라 비밀경찰이 정치권력의 수행자요, 집행자이며, 수용소가 전체적 지배의 실험실이 되는 정치체제일 뿐이라는 거지요. '테러의 궁극적인 목적은 여러 사람의 복지나 한 사람의 이익이 아니라 인류제조(fabrication of mankind)로서, 종(種)을 위하여 개인을 제거하는 것이며 전체(whole)를 위하여 부분들을 희생시키는 것'이라는 겁니다.

여기에 우리가 꿈꾸는 유토피아가 당면한 문제, 곧 무엇보다도 심각하지만 자칫 잊기 쉬운 문제가 드러납니다. 그것은 유토피아란 그 이상에서뿐만 아니라 그 실현 방법에서도 인간적이어야 한다는 거지요. 아무리 이상적이라고 하더라도 실현방법에서 인간성을 말살하는 유토피아는 디스토피아에 불과하며, 진정한 유토피아는 그 이상뿐만 아니라 실현방법에서까지도 인간의 자유, 존엄성, 사랑과 같은 인류 보편적 가치들이 존중되어야만 한다는 거지요. 바로 이것이 우리가 20세기 역사를 통해 배웠고, 헉슬리가 《멋진 신세계》에서, 그리고 오웰이 《1984년》에서 제시한 사회공학의 제1강령인 것입니다.

인간은 인간이 인간적임을 잊을 수 있는가 :

이제는 우리가 서두에 스스로 던진 문제에 대답할 차례입니다. 어떻게 하면 윈스턴이 겪은 것 같은 악몽이 우리에게 닥치지 않게 할 수 있는가에 대해 말입니다. 앞에서 오웰의 경고를 두 가지 문제로 나누어 살펴보았기에, 대답도 역시 두 가지로 나누어 생각할 수 있지요. 사실인즉 이 두 문제는 모두 하나의 뿌리에서 자라고 있지만 말입니다. 먼저 '전자 팬옵티콘'으로 상징되는 '감시사회'에 대해 널리 알려진 대응책들은 이렇습니다.

우선 '역감시(逆監視)'를 하라는 겁니다. 예를 들어 권력에 의해서 곳곳에 설치된 카메라는 우리의 일거수일투족을 모두 감시하지만, 카메라란 이용하기에 따라서 권력을 감시하는 데에도 사용될 수 있다는 거지요. 마치 몇 년 전 LA에서 흑인 경찰들이 로드니 킹을 집단 구타하는 장면이 우연히 비디오카메라를 갖고 있던 사람에 의해 촬영·공개되어 엄청난 사회적 파장을 몰고 온 것같이 말입니다. 이 밖에도 시민운동에 의한 역감시 강화, 반부패국민연대가 운용하는 '사이버 국민신문고'나 거의 모든 홈페이지에 개설되어 있는 '자유게시판'의 이용과 같은 인터넷의 쌍방성을 이용한 역감시 강화 등이 '감시사회'의 폐단을 줄이거나 시정할 수 있는 장치로 논의되고 있답니다.

그 다음이 언론에 의한 권력 감시, 곧 '시놉티콘(synopticon)'을 강화하라는 거지요. 노르웨이의 범죄학자 토마스 매티슨(Thomas Mathiesen)은 소수가 다수를 감시하는 팬옵티콘이 발달된 19세기에는 다수가 소수의 권력자를 감시할 수 있는 언론과 통신시설들도 발달했다고 주장하면서, 이러한 여론의 권력 감시를 시놉티콘이라 이름 지었습니다. 팬옵티콘과는 달리 시놉티콘은 권력자와 대중이 '동시에(syn)' 서로를 감시하는 시스템이지요. 따라서 언론과 방송의 감시 역할을 강화하라는 거지요. 한마디로 정리하면 "우리는 당신을 지켜보고 있다, 빅브라더!(We are watching you, big brother!)"라고 외치라는 겁니다.

하지만 이런 식의 대응은 모두 한계가 있는 데다, 팬옵티콘이든 전자 팬옵티콘이든, 규율사회든 통제사회든, 모든 감시사회가 가진 순기능도 역시 무시할 수 없다는 난점이 있지요. 예를 들어 19세기 이후에 행해진 국민에 대한 정부의 정보 수집은 관료제를 강화하는 데에도 쓰였지만, 복지 문제와 공민권을 강화하는 데에도 쓰였다는 겁니다. 마찬가지로 20세기 이후 작업장이나 기업 조직에서 이루어지는 전자적 감시 역시 노동자나 직원을 통제하는 기능도 갖고 있지만, 작업을 합리적으로 조정하는 기능도 수행한다는 거지요. 사회학자 데이비드 라이언(David lyon)이 지적한 대로, 감시는 '야누스의 두 얼굴'을 갖고 있는 겁니다.

그렇다면 푸코가 고발한 규율사회이든, 들뢰즈가 지적한 통제사회이든, 모든 감시사회의 문제는 단순히 사회제도만의 문제로 볼 수는 없지요. 물은 독사가 마시면 독이 되지만, 젖소가 마시면 우유가 된다는 옛말을 감안해본다면, 팬옵티콘이든, 전자 팬옵티콘이든, 그것을 대하는 사람들의 태도에 따라 달라질 수가 있다는 겁니다. 즉 우리는 분명 사회가 가진 '프로크루스테스의 침대'에 의해서 제조되는 존재이지만, 동시에 우리 스스로 어떠한 삶의 태도를 갖느냐에 따라 사회를 변화시킬 수도 있는 존재라는 거지요. 바로 여기에서 감시사회의 문제는 더욱 복잡한 전체주의의 문제로 넘어갑니다. 아렌트가 이미 지적했듯이, 전체주의는 어떤 이유에서든 대중 스스로의 극단적 '자기포기(self-abandonment)'와 함께 강력한 정치조직을 열망하게 된 곳에서만 가능해지는 현상이기 때문입니다.

그래서 에리히 프롬(E. Fromm, 1900~1980)은 그의 저서 《자유로부터의 도피》에서 전체주의의 메커니즘을 사디즘(sadism)과 마조히즘(masochism)이라는 병리적 현상으로 파악했지요. 사디즘은 다른 사람들에게 파괴적이고 무제한적인 권력을 행사함으로써 쾌감을 느끼는 병리이고, 반면 마조히즘은 자기 자신을 강한 권력 속에 용해시켜 그런 힘과 영광에 참여함으로써 쾌감을 느끼는 질환입니다. 이 두 병리적 경향은 외견상으로는 서로 반대지만, 내면적으로는 자기 자신에 대한 무력감이 자리 잡고 있기 때문에 그것을 극복하기 위해 공생관계를 맺고 있는데, 바로 이것이 전체주의의 본질이라는 것이지요.

따라서 프롬은 '인간의 정신이 수용할 수 있는 가장 강력한 신념, 즉 삶과 진리에 대한 신념, 그리고 개인적 자아의 적극적이고 자발적인 실현으로서의 자유에 대한 신념을 모든 사람에게 고취시킬 수 있을 때에만' 비로소 전체주의로 향하는 허무주의의 힘을 이겨낼 수 있다는 겁니다.

우리가 만일 아렌트의 경고와 프롬의 충고를 받아들인다면, 감시사회와 전체주의의 문제를 포함하고 있는 유토피아를 향한 우리의 사회공학이 나갈 총체적인 방향이 어느 정도 드러납니다. 그것은 모든 유토피아는 '프로크루스테스의 침대'에 의한 '잡아 늘이기'와 '다리 잘라내기'에 기초해서가 아니라, 개인의 적극적이고 자발적인 실현을 기반으로 설계되고 추진되어야 한다는 것이지요.

헉슬리의 《멋진 신세계》에서는 인공적 과학기술에 의한 인간 생산과 강압적 교육을 통해, 오웰의 《1984년》에서는 감시와 통제, 고문과 세뇌를 통해 이상사회를 건설하거나 유지하려고 시도합니다. 그러나 이러한 비인간적 수단에 의한 유토피아는 단지 디스토피아임을 작가들은 고발하고 있는 거지요. 프롬은 《《1984년》과 부정적 유토피아에 대해서》에서 아래와 같이 쓰고 있습니다. 조금 길지만 충분히 참고 읽어볼 만한 말입니다.

"자미아틴(E. Zamyatin)의 소설 《우리》와 헉슬리(A. Huxley)의 《멋진 신세계》

그리고 조지 오웰(G. Orwell)의 《1984년》은 여러 면에서 차이가 있다. 그러나 이들 세 부정적 유토피아 소설에는 공통된 한 가지 질문이 있다. 그것은 철학적, 인류학적 그리고 심리학적 또한 아마도 종교적인 것이다. 그것은 이렇다. 인간의 자유, 존엄성, 성실, 사랑에의 갈망을 잊어버릴 정도로 인간이 변할 수 있는가? 다시 말하자면 인간은 인간이 인간적임을 잊을 수 있는가? 혹은 이러한 근원적 욕구의 강탈을 통해 인간적 사회를 비인간적 사회로 만들 역동성을 인간 본성은 갖고 있는가?

여기에서 세 작가들은 오늘날 많은 사회과학자들이 견지하고 있는 심리적 상대주의라는 단순한 입장을 취하지 않고 있음을 주목해야 한다. 세 작가들은 인간의 본성 같은 것은 존재하지 않는다는, 인간에게 본질적 자질 같은 것은 없다는, 그래서 인간은 주어진 어떤 사회에서라도 교범적으로 맞추어 살 수 있는 흰 종이와 같은 것에 불과하다는 전제에서 출발하지 않는다. 이들은 인간은 사랑과 정의, 진리와 연대성을 향한 치열한 정열을 지니고 있다고 전제하고 있는데, 바로 이 점에서 사회과학자들과 전혀 다른 것이다.

이들은 그것을 증명하기 위해서 (이들이 소설에서 제시하는 다양한 인공적) 수단들로 인간 본성의 힘과 치열성을 오히려 강조한다. 자미아틴의 《우리》에서는 인간 본성에서 인간적 욕구를 제거하기 위해 뇌엽 절제와 같은 뇌수술이 필요해진다. 헉슬리의 《멋진 신세계》에서는 인공적 인간의 생산과 '소마'라는 환각제의 투약이 필요해지며, 오웰의 《1984년》에서는 그것이 고문과 세뇌의 무제한적 사용이 된다. 이들 세 작가는 그 누구도 인간 내부의 인간성 파괴가 용이하다는 생각은 결코 용납하지 않았다. 그러나 이들 모두는 같은 결론에 도달하는데 오늘날 공동의 수단이 된 지식과 기술이 그것을 가능하게 했다는 것이다.

《1984년》의 세계가 이 지구상에서 지배적인 삶의 형태로 전개된다면, 그것은 미친 사람들의 세계이며, 인간이 살 수 있는 세계가 못 된다. 나는 오웰도 헉슬리나 자미아틴도 이런 정신 이상의 세계가 닥쳐오리라고 주장하고 싶어 하지 않았다고 확신한다. 그와 반대로 그들의 의도는 분명히, 우리가 서방 문화의 바른 뿌리가 되는 휴머니즘과 인간 존엄성의 정신을 부활시키지 못한다면 어디로 향할 것인가를 보여줌으로써, 하나의 경고를 울리는 데 있을 것이다. 오웰은 다른 두 작가와 마찬가지로, 인간이 인간처럼 행동하는 기계를 만들고, 그 다음 기계처럼 행동하는 사람으로 전락하는 새로운 형태의 관리 산업주의가 인간을 사물로 변모시키고 생산-소비 과정의 부속물로 만드는 비인간화와 완벽한 인간소외의 시대로 내몬다는 것을 지적하고 있을 뿐이다."

이 글은 결국 우리가 진정 원하는 유토피아는 '인간이 인간으로서 인간적으로 살 수 있는 사회'이어야 한다는 거지요. 그것이 아무리 이상적이라고 하더라도 인간성 자체를 변형시키거나 파괴함으로써 만들어질 수는 없다는 겁니다. 이 점에서는 헉슬리가 그의 《멋진 신세계》에서 도달한 결론과도 일치합니다.

그렇다면 이상사회를 향한 어떤 사회공학도 설계도를 미리 확정하고, 인간을 그것에 맞추려 해서는 안 되겠지요. 사회공학은 오히려 우리가 숱한 시행착오를 거치면서 획득하고 지켜온 인간성, 곧 자유, 평등, 사랑, 고통과 폭력의 감소, 존엄성과 같은 인류 보편적 가치들을 향한 갈망에 합당한 설계도를 만들고 추진하는 방향으로 나가야만 한다는 말입니다. 어떠세요? 그럴 것 같지 않으세요? 아니면 더 나은 방법이 있을까요?

"언제라도 그런 상황이 닥칠 수 있다. 이런 일이 벌어지도록 내버려두지 말라. 그것은 그대들에게 달려 있는 문제다."라는 오웰의 경고를 떠올리면서 한번 생각해보시죠.

> 인류는 과학과 예술을 창조할 지혜를 갖고 있다.
> 그런데 어째서 인간은 정의의 세계, 형제애의 세계,
> 평화의 세계는 이룩하지 못하는가?
>
> : 레옹 블룸

마르셀 프루스트의 《잃어버린 시간을 찾아서》: '회상'의 의미
나를 찾는 시간여행, 회상

사랑은 가고 옛날은 남는 것 :

　가을이 오면 생각나는 시나 노래가 누구에게나 하나쯤은 있지요. 저 역시 그렇답니다. 그 가운데 시이자 동시에 노래인 작품이 하나 있는데, 이 작품에는 이런 에피소드가 따라다닙니다.
　1956년 이른 봄, 전쟁의 상흔이 아직 다 가시지 않은 명동에서 몇 명의 예술인들이 함께 술을 마시고 있었답니다. 짐작컨대, '한 잔의 술을 마시고 버지니아 울프의 생애와 목마를 타고 떠난 숙녀의 옷자락'에 대해 이야기했겠지요. 술기운이 돌자,

그들은 일행 가운데 끼어 있던 여가수에게 노래를 청했답니다. 그러나 여가수는 노래를 하지 않았다지요. 그때 한 시인이 호주머니에서 종이를 꺼내 시 한 편을 써내려갔답니다. 옆에서 그것을 넘겨보고 있던 어떤 작곡가가 즉석에서 그 시에 맞춰 악보를 그렸다지요. 그리고 여가수가 노래를 불렀답니다.

"지금 그 사람 이름은 잊었지만 / 그 눈동자 입술은 / 내 가슴에 있네 / 바람이 불고 / 비가 올 때도 / 나는 / 그 유리창 밖 가로등 / 그늘의 밤을 잊지 못하지 / 사랑은 가고 옛날은 남는 것 / 여름날의 호숫가 가을의 공원 / 그 벤치 위에 / 나뭇잎은 떨어지고 / 나뭇잎은 흙이 되고 / 나뭇잎에 덮여서 / 우리들 사랑이 / 사라진다 해도"(박인환, 〈세월이 가면〉 중에서)

노래 소릴 듣고 명동을 지나던 사람들이 몰려들었답니다. 낭만적인 풍경, 그리운 사람들이지요. 그 일이 있고 며칠 후, 그 시인은 무엇이 무서웠는지 31살의 젊은 나이로 서둘러 세상을 떠났답니다. "인생은 외롭지도 않고 / 그저 잡지의 표지처럼 통속하거늘 / 한탄할 그 무엇이 무서워서 우리는 떠나는 것일까"(〈목마와 숙녀〉 중에서)라던 사람이 말입니다.

그런데 〈목마와 숙녀〉나 〈세월이 가면〉 외에도, 이 시인의 시에는 '회상'과 관련된 내용이나 구절이 유난히 많지요. 예를 들면 "살아 있는 것이 있다면 / 그것은 너와 나의 죽음보다도 / 더 냉혹하고 절실한 / 회상과 체험일지 모른다"(〈살아 있는 것이 있다면〉 중에서)와 같이 말입니다. 하지만 그 가운데서도 〈세월이 가면〉은 회상을 주제로 한 프루스트의 《잃어버린 시간을 찾아서》와 무척 잘 어울리지요. 적어도 제 생각에는 그렇습니다. 무엇보다도 "지금 그 사람 이름은 잊었지만 / 그 눈동자 입술은 / 내 가슴에 있네" 같은 구절이 말입니다.

> "프루스트는 최후의 위대한 모험가다. 이 소설 이후에 무엇을 더 쓸 수 있겠는가? 그는 영원히 사라져가는 것을 구체적으로, 그것도 이렇게 놀라운 불후의 형식으로 형상화하는 데 성공했다. 우리는 이 책을 손에서 내려놓는 순간, 한숨을 몰아쉴 수밖에 없다."

20세기 초반 유럽 아방가르드 문학을 대표하는 여성작가이자, 〈세월이 가면〉의 시인이 좋아했던 버지니아 울프(Virginia Wolf, 1882~1941)의 말입니다. 같은 작가로서의 시샘과 절망이 함께 섞인 이 말 가운데 언급된 '이 책'이 바로 마르셀 프루스트(Marcel Proust, 1871~1922)의 7부작 장편소설 《잃어버린 시간을 찾아서》이지요.

프루스트는 훈장을 받을 만큼 저명한 의학자인 아드리앵 프루스트 교수의 아들로 태어났지만, 육체적으로 병약하고 정신적으로 예민하여 어머니와 외할머니의 과잉보호 아래 문학사상 유래가 없는 '응석받이'로 자라났다고 합니다. 그리고 젊은 시절에는 물려받은 재산으로 파리의 퇴폐적 상류 사교계나 드나들던 삼류 비평가에 불과했지요. 그래서 그가 언젠가 새로운 소설기법과 심오한 철학사상을 문학에 끌어들여 세계 문학사에 빛날 대작을 남길 줄은 1913년에 첫 권인 《스완네 집 쪽으로》가 자비로 출간되었을 때조차 아무도 몰랐다지요. 1919년에서야 N. R. F 사에서 《스완네 집 쪽으로》가 재출간된 데 뒤이어, 2편 《꽃피는 아가씨들 그늘에》가 새로 발간되고 그해 공쿠르 상을 받음으로써 프루스트는 비로소 세상에 알려지기 시작했답니다. 그러나 안타깝게도 죽음을 불과 3년 앞둔 때였지요.

1905년에 그가 세상에서 가장 의지했던 '엄마'가 세상을 떠나자, 프루스트는 사교계에 발을 끊었답니다. 그리고 일체의 외출을 삼간 채 방 안에만 틀어박혀, 친구들의 추억에 의해 전해지는 '전설적인 삶'을 살기 시작했지요. 바깥에서 들려오는 소음들을 차단하기 위해 코르크로 침실을 도배하고, 천식 때문에 대로변 마로니에에서 풍겨 나오는 향내를 막기 위해 모든 창문을 닫고, 질식할 것 같은 냄새를 풍기는 훈증요법을 하며, 침대에 엎드린 채, 1910년부터 1922년 죽음을 맞이할 때까지 약 13년에 걸쳐 이 대작을 20여 권의 공책에 쓰고, 가필하고, 교정하고 또 교정했다고 합니다. 스스로 "나는 교정을 통해서 새로운 소설을 썼습니다."라고 말할 정도로 말입니다. 총 7부작이지만, 우리나라에서는 그 가운데 두꺼운 것 4권을 상하로 나누어 출간하여 총 11권이나 되지요.

프루스트는 자신의 작품이 역사에 남을 걸작이라는 것과 자신의 죽음이 임박해오고 있다는 것을 이미 알고 있었답니다. 그래서 죽기 전에 집필을 끝낼 수 있을까를 항상 염려했는데, 폐

렴에 걸리기 며칠 전에야 원고의 마지막에 'fin(끝)'이라고 쓸 수 있었다지요. 그러고는 며칠 후, 마치 이 작품만을 위해 태어나 산 사람처럼 세상을 떠났답니다. "어떠한 작가도 이보다 더 뚜렷한 소명의식을 가진 예가 없으며, 어떠한 생애도 이처럼 온전히 한 작품 속에 바쳐졌던 예가 일찍이 없었다."라는 앙드레 모루아(André Maurois)의 말은 그래서 나온 거지요.

"오래전부터 나는 일찍 잠자리에 들었다."라는 짧은 문장으로 시작하는 이 1인칭 소설은 우선 섬세하고 세련된 문장들로 높이 평가받고 있습니다. 그 중 가장 긴 것은 무려 522개의 단어로 이루어져 있어, 이 문장을 종이테이프에 쓸 경우 길이가 약 4미터에 이른다고 하지요. 프루스트는 타고난 감수성으로 보고 듣고 느낀 것을 마치 '현미경으로 들여다보는 것과 같이' 세밀한 언어를 사용하여 보통 사람들로서는 보지도 듣지도 느끼지도 못할 우아하고 아름다운 세계를 자신의 소설 안에 펼쳐놓았습니다.

바닷가 산책, 소나타의 울림, 꽃의 향기, 마들렌 케이크와 따뜻한 보리수꽃차, 아몬드와 함께 구운 송어, 풀 한 포기, 나무 한 그루, 나비 한 마리, 아무리 사소한 것까지도 생생하게 그려내는 그의 솜씨는 세상의 모든 독자들을 가차 없이 두 부류로 나누어놓지요. 처음 300쪽 이전에 책장을 덮는 사람과 3000쪽을 마치 중독된 것처럼 읽어내는 사람으로 말입니다.

하지만 단지 섬세하고 세련된 문장들이 이 작품을 불멸의 고전 반열에 올려놓은 것은 아닙니다. 프루스트의 《잃어버린 시간을 찾아서》에는 우리의 기억에 관한 놀라운 성찰, 곧 과거에 대한 '회상(回想)'을 통해 드러나는 새로운 시간, 새로운 공간, 그리고 이것을 통해 이루어지는 진리와 인간의 구원에 대한 통찰이 소중하게 담겨져 있지요. 바로 이것이 이 작품을 위대하게 만든 겁니다. 어디, 그런지 한번 볼까요?

기억과 회상 :

《잃어버린 시간을 찾아서》의 1권 《스완네 집 쪽으로》의 첫 부분에는 다음과 같은 구절이 나옵니다.

"그래서 한밤중에 깨어나면, 나는 내가 어디 있는지를 모르기 때문에 처음 순간에는 내가 누구인지 알지 못하는 경우가 있다. 이때 나는 어떤 동물의 체내에서나 가능한 떨림과도 같은, 그런 단순한 원시적 생존감만을 갖고 있을 뿐이다. 나의 사고는 혈거인(穴居人)의 그것보다 더 빈약하다. 그러나 이러한 때, 기억 — 지금 내가 있는 곳에 대한 기억이 아니고 지난날 내가 산 적이 있는 곳, 또는 가본 적이 있는 것 같은 두세 곳의 기억 — 이 천상의 구원처럼 내게 내려와, 혼자서는 빠져나올 수 없는 허무로부터 나를 건져준다."

프루스트는 이 글을 《잃어버린 시간을 찾아서》를 쓴 13년이라는 기나긴 세월이 막 시작하는 시점에 썼지요. 그럼에도 불구하고 이 글에는 그가 전 작품을 통해 천착한 문제, 곧 인간에게 기억이란 무엇이며, 어떤 일을 하는가가 분명하게 드러나 있습니다. 그리고 알고 보면 바로 이것이 이 놀랍고도 기나긴 소설을 관통하는 주제이지요.

인간에게 기억이란 무엇일까요? 프루스트는 한밤중에 갑자기 잠에서 깨어났을 때를 예로 들었지만, 가령 사고나 마취로 의식을 잃었다가 깨어난 사람의 경우를 한번 생각해보시죠. 그 사람은 깨어났지만, 처음에는 시간에 대해, 장소에 대해, 그리고 자기 자신에 대해 전혀 아는 바가 없는 무지의 상태에 놓이게 됩니다. 여기에서 벗어나기 위해서 그는 우선 주위 사람들에게 시간과 장소를 묻고, 자기가 누구인지를 알려고 사고 이전의 기억을 더듬거리며 찾겠지요. 다행히도 기억을 되찾게 된다면, 그는 곧 자기가 누구인지를 알게 될 것입니다.

이러한 사실은 누구든 자기가 누구인지를 모른다는 것은 곧 자기가 누구였는지를 모르기 때문이라는 것을 말해줍니다. 사람은 자기가 누구였는지를 알게 됨으로써 비로소 자기가 누구인지를 알게 되고, 이어 앞으로 어떻게 행동해야 할지도 알게 된다는 거지요. 이렇듯 흔히 '정체성(Identité)'이라고 말하는 인간의 자기동일성을 확보하게 해주는 것이 곧 기억인 겁니다.

SF영화 〈블레이드 러너〉를 보면, 초반에 인간들 가운데 숨은 인조인간을 색출해내는 장면이 있습니다. 이 영화에서 인조인간은 외모나 행동으로는 인간과 전혀 구분할 수 없기 때문에, 심문관은 '어머니에 대한 기억'을 묻지요. 그러자 기억이 이식된 인조인간은 대답을 포기하고 스스로에게 방아쇠를 당깁니다. 이로써 영화는 인간에게 기억이 무엇인가를 함축적으로 보여주지요. 기억이란 다름 아닌 자기 정체성의 바탕인 거지요. "그 가능성에서 볼 것 같으면 인간은 기억을 소유하고 있지만, 그 본질에서 볼 것 같으면 인간은 기억이다."라는 독일의 철학자 프리드리히 퀴멜(Friedrich Kümmel)의 말이 그래서 나온 겁니다.

그렇다면 인간의 기억은 컴퓨터의 메모리와는 다르지요. 단순히 자료만을 저장하는 장소는 아니라는 말입니다. 인간의 기억에는 자신의 과거와 현재 그리고 미래를 하나로 연결함으로써 자기 자신의 정체성을 확보하게 하는 능력이 함께 있는 겁니다. 일찍이 성 아우구스티누스(St. Augustinus, 354~430)는 인간 영혼의 이러한 능력을 '상기(想起)의 힘(vis memoriae)'이라고 불렀습니다. 신으로부터 부여받은 이 능력을 통해 인간은 과거, 현재, 미래로 우리의 정신을 분산(distendo animae)시키고, 그 결과 삶도 분산시켜 단지 흘러가버리고 마는 것, 그래서 값어치 없는 것으로 만드는 '시간의 끔찍한 파괴성'을 극복할 수 있다는 것이 그의 시간론에 깔린 심오한 사유이지요.

아우구스티누스는 상기의 힘이 하는 이러한 일에 대해 "새로운 여러 가지 상을 지나간 것과 연관시키고, 이렇게 해서 미래의 행위나 사건이나 희망을 구성하게 된다. 그럼으로써 나는 이들 모두가 흡사 현존(現存)하는 것같이 생각하는 것이다."라고 했습니다. 그리고 이러한 작용을 '정신의 집중(extendo animae)'이라 했지요. 정신의 집중을 통해서 시간은 분산되어 흘러가는 것이 아니고 집결된 하나의 통일체가 되는 겁니다. 그 통일성 안에서만이 인간의 삶은 단지 흘러가버리고 마는 것이 아니고 불변하는 것이 되기 때문에 비로소 어떤 의미와 가치를 갖게 된다는 거지요. 그리고 이 불변하는 의미와 가치가 진리와 구원으로 연결되는 거지요.

"기억이 천상의 구원처럼 내게 내려와, 혼자서는 빠져나올 수 없는 허무로부터 나를 건져준다."라는 프루스트의 말이 상기의 힘에 의해 이루어지는 바로 이러한 과정, 즉 우리가 회상이라고 부르는 작업을 통해 도달하게 되는 결과를 한마디로 요약해 보여주고 있는 겁니다. 그렇다면 아우구스티누스의 시간에 대한 심오한 사유가 1500년도 더 지난 다음 프루스트의 대작《잃어버린 시간을 찾아서》의 철학적 기반이 되었다고 볼 수 있지요. 이런 이유에서《잃어버린 시간을 찾아서》에 대해 흥미로운 연구들을 남긴 비평가 조르주 풀레(Georges Poulet, 1902~1991)는 프루스트에 관한 그의《인간적 시간에 대한 연구》에 다음과 같이 썼습니다.

> "따라서 프루스트의 사상에서의 '기억'은 기독교 사상에서 '은총'과 같이 초자연적 역할을 한다. (…) 회상이란 인간이 혼자 힘으로는 빠져나올 수 없는 허무로부터 인간을 구출하기 위해서 찾아온 천상의 구원인 것이다. 그래서 프루스트 작품 가운데서는, 회상은 인간적이면서 동시에 초인적 형상을 띠고 끊임없이 나타난다."

프루스트는 그러나 이러한 사유를 아우구스티누스로부터 직접 물려받은 것은 아닙니다. 차라리 사촌매형뻘이 되며《물질과 기억》을 쓴 철학자 앙리 베르그송(H. Bergson, 1859~1941)의 소르본 대학 강의를 통해 이와 유사한 종류의 사유를 접했을 것이라 짐작됩니다.

베르그송도《물질과 기억》에서 기억이 자기동일성을 확보해준다는 것을 강조했지요. 그는 인간의 의식이 갖는 고유한 시간을 더 이상 분리할 수 없는 시간으로 이해했고, 그것을 '순수지속(pour durée)'이라고 불렀지요. 순수지속에서 과거는 간단히 사라지지 않으며, 마치 아우구스티누스의 시간론에서와 마찬가지로 부단히 현재로 흘러들어 그것을 풍성하게 만듭니다. 이런 연유에서 사람들은 《잃어버린 시간을 찾아서》를 '베르그송적 소설'이라고 부르지요.

하지만 나중에 보겠지만, 프루스트가 회상을 단지 자기 정체성의 회복에 그치지 않고 구원에까지도 연결시키고 있는 것을 감안한다면, 이 작품은 오히려 '아우구스티누스적 소설'이라 해야 옳을 것입니다. 물론 그 구원이 아우구스티누스에서는 신앙을 통해, 프루스트에서는 예술을 통해 이루어진다는 차이는 있지만 말입니다.

시간의 병치, 과거·현재·미래의 공존:

'시간의 병치(倂置)', 곧 과거나 미래를 현재와 나란히 겹쳐서 놓는다는 개념은 아우구스티누스의 시간론을 구성하는 핵심 개념입니다. 아리스토텔레스가 철학적으로 파악한, 그리고 우리가 일상에서 시계로 재는 시간은 과거에서 현재를 거쳐 미래로 나뉘어 끊임없이 흘러가버리는 물리적이고 자연적인 것이지요. 이 시간은 자기 자식을 낳는 대로 잡아먹는 크로노스(cronos)처럼 우리의 삶이 가진 모든 것들, 즉 육체, 정신 그리고 삶의 의미와 가치까지 송두리째 파괴해버리지요. 그래서 크로노스라고도 부릅니다. 크로노스 안에서 우리의 삶은 단지 흘러가버리고 마는 것, 그래서 값어치 없는 것, 또한 그래서 허무하기 짝이 없는 것이 되지요. 베르길리우스가 그의 《전원시》에서 "시간은 모든 것을 가져간다. 심지어 마음까지도"라고 한탄했던 것처럼 말입니다. 프루스트가 말하는 '잃어버린 시간'이 바로 크로노스의 산물이지요.

그러나 아우구스티누스에게 시간은 상기의 힘에 의해서 과거, 현재, 미래가 우리의 마음〔靈魂〕안에서 나란히 겹쳐 놓여짐으로써 하나의 통일체를 이루는 심리적이고 초자연적인 시간이지요. 프루스트가 '합치된 시간'이라고도 표현한 이 시간은 흘러가버린 모든 것, 사라져버린 모든 것, 잃어버린 모든 것, 그리고 심지어는 아직 다가오지 않은 모든 것들까지 불러 모아 하나의 통일체를 만듭니다. 그럼으로써 진리를 드러내고 우리의 삶이 가진 의미와 가치를 되찾아주지요. 보통 카이로스(kairos)라고 부릅니다. 프루스트가 말하는 '되찾은 시간'이 바로 이 카이로스의 산물이지요. 아우구스티누스는 그의 《고백록》에 이렇게 썼습니다.

"그러므로 과거와 현재와 미래라는 세 가지 시간이 있다고 말하는 것은 옳지 못합니다. 차라리 과거의 현재, 현재의 현재, 미래의 현재, 이와 같은 세 가지의 때가 있다고 말하는 편이 옳을 것입니다. 이 셋은 영혼 안에 있습니다. 그렇지 않으면 내가 그것을 알 수 없기 때문입니다. 과거의 현재는 기억이고, 현재의 현재는 직관이며 미래의 현재는 기대입니다. (…) 미래 일들이 아직 존재하지 않음을 누가 부정하는가? 그러나 마음속에는 여전히 미래의 것들에 대한 기대가 존재한다. 과거의 일들이 더 이상 존재하지 않음을 누가 부정하는가? 그러나 여전히 마음속에는 과거의 일들에 대한 기억이 있다. 현재의 일들이 한순간 사라지므로 길이를 가지고 있지 않음을 누가 부정하겠는가? 하지만 우리의 정신은 연속성을 갖고 있고, 이것을 통하여 현재 있는 것은 없는 것이 될 수 없다."

이처럼 과거에서 현재를 거쳐 미래로 부단히 흘러가는 자연적 시간을 과거의 현재, 현재의 현재, 미래의 현재로, 모두 현재 안에 나란히 겹쳐 놓음으로써, 크로노스의 무참한 파괴성을 극복하고 우리의 삶이 가진 의미와 가치를 되찾게 하는 일을 하는 것이 바로 아우구스티누스가 말하는 상기의 힘이지요.

주목해야 할 것은 바로 이러한 일이 프루스트의 《잃어버린 시간을 찾아서》에서는 회상을 통해 이루어진다는 겁니다. 즉, 회상이 '잃어버린 시간'을 '되찾은 시간'으로 만드는 일을 한다는 거지요. 그리고 이 긴 소설은 단지 그 일이 일어나는 과정을 서술한 것에 불과하지요. 그런데 특이한 것은, 프루스트의 소설에서 회상은 언제나 현재의 감각과 과거의 어떤 기억이 '우연한' 사건의 일치에 의해서 일어난다는 겁니다. 그래서 '무의지적 기억(mémoire involontaire)'이라고도 하지요. 《스완네 집 쪽으로》에 나오는 유명한 '마들렌 에피소드'가 그 대표적인 예입니다.

어느 겨울날 마르셀의 어머니는 추위에 떨고 있는 마르셀에게 따뜻한 보리수꽃차와 '마들렌'이라는 조그만 케이크 한 개를 권합니다. 그는 마들렌 한 조각을 차에 담근 뒤 차를 마시는데, 마들렌 부스러기가 뒤섞인 차 한 모금이 입천장에 닿는 순간 일찍이 느껴보지 못한 '강렬한 쾌감'에 빠집니다. 이 쾌감을 매개로 그는 오랫동안 잊었던 콩브레(Combray; 이 소설의 배경)에서의 일요일 아침을 회상하게 되지요. 차에 섞인 마들렌 부스러기가 입천장에 닿는 순간 느꼈던 감각이, 오래전 레오니 숙모에게 아침 인사를 하러 갔을 때 그녀가 따뜻한 차에 마들렌 한 조각을 담아 주었던 일을 기억하게 하고, 이어서 그 당시 콩브레에서 일어났던 모든 기억들을 연이어 상기시켜준 겁니다.

그런데 프랑스의 철학자 폴 리쾨르(Paul Ricoeur, 1913~)가 그의 저서 《시간과 이야기》에서 날카롭게 간파한 바대로, 주인공이 느낀 이 강렬한 쾌감이 단지 옛날의 기억들을 상기시켜주는 일을 하는 데 그친다면 《잃어버린 시간을 찾아서》는 100페이지도 지나지 않아 그 목적을 달성한 것이 됩니다. 그래서 프루스트는 이 대목에서 괄호를 열고 오직 주의 깊고 예민한 독자들에게만 전하는 메시지를 슬며시 써놓았지요. 바로 "(왜 그 기억이 나를 그토록 행복하게 했는지를 아직은 모르고, 그 이유의 발견도 한참 후 일로 미루지 않으면 안 되었으나)"이라고 말입니다.

프루스트가 '한참 후'라고 뒤로 미루어놓은 '그 이유'를 여기에서 미리 살펴보지요. '무의지적 기억'이 강렬한 쾌감으로 이어지는 이유는, 그것이 단지 잊었던 기억들을 떠올려주는 것으로 끝나지 않고 잃어버린 시간, 잃어버린 자기 자신, 잃어버린 삶의 의미와 가치를 되찾아주기 때문입니다. 그렇지 않고 만일 회상이 단순히 잊었던 기억, 곧 망각을 회복시켜주기만 한다면, 이 작품의 제목은 '잃어버린 시간을 찾아서'가 아니라 '잊어버린 시간을 찾아서'가 되었겠지요.

한마디로, 무의지적 기억은 '잃어버린 시간'을 '되찾은 시간'으로 만드는 위대한 역할을 합니다. 이러한 사실은 이 소설의 맨 마지막 권인 《되찾은 시간》에서야 비로소 분명하게 드러나지요. 그래서 리쾨르는 《잃어버린 시간을 찾아서》를 읽을 때, 최소한 두 번 읽거나 아니면 《되찾은 시간》을 맨 먼저 읽고 다시 1권부터 읽기 시작하기를 권하기도 했습니다. 아무튼 프루스트에게 회상은, 아우구스티누스의 상기의 힘과 마찬가지로 과거와 현재를 나란히 겹쳐 놓음으로써 시간에 의해서 분산된 여러 가지 상들을 모아 그때까지는 감추어졌던 또는 잃어버렸던 삶의 진실을 드러내 보여주는 일을 합니다. 앙드레 모루아는 회상의 이러한 역할에 대해 입체경(立體鏡)이라는 환상적이고도 참신한 예를 들어 다음과 같이 설명했습니다.

> "이때 시간의 영역에서 일어나는 일들을 정확하게 이해하고자 한다면, 소위 입체경이라고 불리는 기구가 공간의 영역에서 어떻게 작동하는가를 생각해보면 될 것이다. 이 장치에는 두 장의 영상이 나타나는데 이 두 영상은 같은 대상에 대한 영상임에도 불구하고 완전히 동일한 영상이 아니다. 왜냐하면 두 개의 영상들은 각각 한 눈에 맞춰져 있고, 서로 동일하지 않다는 바로 이 이유 때문에 두 개의 영상은 우리에게 뚜렷한 입체감을 주게 되는 것이다. 사실적 입체감을 갖는 하나의 대상은 우리의 양 눈에 각각 다른 영상을 제공해 주기 때문이다. (…) 입체경을 만들어내는 공간적 입체상의 환각은 바로 여기에 기인한다. 프루스트는 입체경이 공간 속에서 만들어낸 것과 동일한 현상이 시간 속에서 '현재의 감각과 과거에의 상기(Sensation Présente-Souvenir Absent)'의 일치로 일어난다는 것을 발견했다. 이 일치가 시간적 입체상의 환각을 창조하고, 이로 인해 시간을 재발견하고, 또 느끼게 해주는 것이다."

입체경이 같은 대상의 상이한 두 영상을 겹치게 하여 새로운 공간을 만들고 그 속에 '공간적 입체상'을 만들어내는 것처럼, 회상은 상이한 두 시간, 곧 과거와 현재를 겹치게 하여 새로운 시간을 만들고, 이 시간 안에서 '시간적 입체상'을 '재발견하고 또 느끼게' 한다는 말입니다. 그리고 프루스트가 '되찾은 시간'이라고 이름 지은 이 '시간적 입체상'을 통해 삶의 진실에 대한 이해가 생긴다는 거지요. 바로 이런 의미에서 회상이 잃어버린 시간을 찾는 작업이자 감추어졌던 진실을 발견하는 일이고, 그에 의한 구원을 이루는 힘이라는 겁니다.

여기에서 떠오르는 우리 문학작품 몇이 있습니다. 그 가운데 문순태의 〈철쭉제〉가 있지요. 내용은 대강 이렇습니다. 사법고시에 합격하고 검사가 된 '나'는 6.25 전쟁 때 아버지를 죽인 머슴 박판돌에게 복수하려고 고향으로 내려가지요. 그리고 이제는 사료공장 사장이 된 박판돌을 데리고 아버지의 유골을 수습하러 지리산으로 갑니다. 그가 아버지 유골이 묻힌 위치를 알고 있기 때문입니다.

그런데 아버지의 유골을 찾고 나서 '나'는 박판돌에게 충격적인 이야기를 듣게 되지요. 아버지가 박판돌의 손에 죽으면서 도리어 용서를 청했다는 겁니다. 그것은 아버지가 박판돌의 아버지 박쇠를 죽였기 때문이었습니다. 사연인즉, 이렇습니다. 지주였던 '나'의 할아버지 박참봉은 노비인 박쇠가 사냥을 나간 틈을 타 그의 아내, 곧 박판돌의 어머니를 범했는데, 그것을 박쇠에게 들키자 자기 아들을 시켜 죽였다는 거지요. 비록 제3자인 박판돌의 회상을 통해서지만, 3대에 걸친 진실이 '나'에게 '시간적 입체상'으로 만들어져 드러난 겁니다. 그럼으로써 '나'는 박판돌에 대한 원한을 잊고 오히려 용서를 빌고 싶은 마음으로 철쭉꽃을 건네며 악수를 합니다. 그럼으로써 구원을 얻은 거지요.

공간의 병치, 회상이 만들어낸 초시간적 공간 :

'공간의 병치'라는 말은 우리의 의식에 의해서 전혀 다른 두 개 또는 그 이상의 공간이 나란히 놓이는 것을 뜻하는 베르그송의 용어입니다. 베르그송은 그의 《의식에 직접 주어진 것들에 관한 시론》에서 "우리는 자신도 모르게 공간을 (…) 의식의 상태를 동시에 파악할 수 있는 방식, 즉 하나가 다른 것 속에 있는 것이 아니라 하나의 옆에 다른 것이 있는 방식으로 병치한다. 간단히 말해서 우리는 시간을 공간에 투사하고, 지속을 연장으로 표현한다."라고 주장했지요.

예를 들면, 양치기가 양들을 셀 때, 그는 수의 연쇄적 증가가 사실인즉 시간의 지속에 의해 일어나고 있음에도 불구하고 마치 양들을 한 줄로 나란히 늘어놓는 것 같은 공간의 병치에 의해서 일어나고 있는 것으로 잘못 생각한다는 겁니다. "그러나 몇몇 철학적 문제들이 일으키는 극복할 수 없는 난관들은 전혀 공간을 차지하지 않는 현상들을 공간 위에 병치시키려고 고집하는 데서 오는 것이 아닐까?"라며 베르그송은 의식의 순수한 지속을 위해서 이러한 공간의 병치를 파괴해야 할 필요성을 강조했습니다.

하지만 프루스트는 전혀 반대의 입장을 취하지요. 이 점에서도 《잃어버린 시간을 찾아서》는 일부 프랑스 평론가들이 애써 주장하는 것과는 달리 '베르그송적 소설'이 아닌 겁니다. 1912년에 쓴 한 편지에서 프루스트 자신도 자기 소설이 '베르그송의 철학에서 나온 것이 아니며 심지어는 그의 철학과 모순관계'에 있다고 밝혔지요. 프루스트가 《잃어버린 시간을 찾아서》의 4권 《소돔과 고모라》를 베르그송에게 보내며 쓴 헌사 가운데에 "라이프니츠 이후 가장 위대한 형이상학자께 (…) 사람들이 이유도 없이, 또 운율도 맞지 않게 '베르그송적 소설'이라 부르는 작품을 쓴 한 경탄자가."라는 구절이 들어 있는 것도 이러한 사실들을 확인합니다.

프루스트에게 회상에 의한 현재의 감각과 과거의 기억들의 일치, 곧 시간의 병치에 의해서 만들어진 시간의 입체상이 은폐된 삶의 진실을 '재발견하고, 또 느끼게' 해주듯이, 회상에 의한 공간의 병치도 똑같은 일을 하지요. 예를 들어, 마지막 권인 《되찾은 시간》의 끝부분에서 주인공은 게르망트 대공의 집에서 빳빳하게 풀 먹인 냅킨으로 입을 닦다가, 그 풀 먹인 냅킨을 통해 곧바로 발베크 해안의 한 식당을 회상하게 됩니다. 그리고 두 공간이 나란히 병치되면서 "견고한 게르망트 저택을 흔들어놓으려 했다."라고 주인공은 말하지요.

이 같은 방식으로 프루스트에게 회상은 단순히 서로 다른 두 시간을 겹쳐 놓는 것뿐만 아니라, 서로 다른 두 장소도 나란히 겹쳐 놓는 역할을 합니다. 그럼으로써 하나의 '초자연적 공간'을 만들지요. 이에 관해 풀레는 "기억에 힘입어, 시간은 상실되지 않는다. 시간이 상실되지 않는다면 공간도 상실되지 않는다. 되찾은 시간과 함께 되찾은 공간도 있는 것이다."라고 설명했습니다.

그러나 프루스트에게서 볼 수 있는 공간의 병치가 마치 미술관에 걸린 다양한 그림들과 같이 이질적인 공간들을 단순히 나열하는 것을 뜻하지는 않습니다. 오히려 하나의 모자이크처럼 각각 서로 다른 조각이 통일된 이미지와 의미를 만들어내는 일을 하지요. 우리는 한 탁월한 예를 《스완네 집 쪽으로》에서 찾을 수 있습니다.

"어느 해인가, 부활절 휴가를 우리 가족끼리 피렌체와 베네치아에 가서 보내기로 아버지가 결정했을 때, 피렌체라는 이름에는, 평소 도시를 구성하는 여러 요소를 삽입할 수 있는 자리가 없었다. 그래서 나는, (…), 하나의 초자연적인 도시를 낳게 하지 않을 수 없었다. (…) 마치 지오또의 어떤 그림들 자체가 동일한 인물을 행동이 상이한 두 시점에서 묘사하여, 한쪽에서는 침대에 누워 있는가 하면, 다른 한쪽에는 말을 타려고 하는 모습을 보여주듯이, 피렌체라는 이름은 나에게 고작 두 구획으로 나뉘어져 있을 뿐이었다. 그 중의 하나에서 나는 건물의 원형 천장 밑에서, 프레스코화를 감상하는가 하면 (…) 다른 하나에서는, 황수선, 수선화, 아네모네 등이 만발한 베끼오 다리를 (…) 재빨리 건너가기도 했다."

프루스트는 이 글에서 피렌체라는 이름 아래, 한편에는 프레스코화를 감상하는 자신의 모습과 다른 한편에는 봄꽃들이 만발한 베끼오 다리를 건너가는 자신의 모습을 병치시키지요. 다시 말해 주인공은 상기의 힘에 의해 피렌체라는 공간을 가장 자기다운, 곧 자신의 정체성에 적합한 하나의 초자연적 공간으로 재구성한 것입니다. 이에 대해 풀레는 "프루스트의 창조적 사고는 그것이 창조하거나 상기하는 것에 형체를 부여하기 위해서, 극히 본능적으로, 두 개 내지 여러 개의 화면을 하나로 조립하는 형식을 채용하고 있는 것이다."라고 설명했지요.

이렇듯 회상에 의해 만들어진 공간은 자연적 공간이 아니며, 그렇다고 여기저기 분산된 공간을 무의미하게 모아놓은 것이 아닙니다. 그것은 자기의 정체성에 합당한 각각의 서로 다른 공간들이 모여 마치 모자이크처럼 하나의 통일된 이미지를 완성하기 때문에, 이러한 공간 안에서 인간은 비로소 불변하는 자기 자신을 되찾게 되는 거지요. 이 같은 의미에서 프루스트는 "장소는 사람이다."라는 말도 했답니다.

그런데 공간의 병치를 프루스트와 똑같은 의미로 사용한 영화감독이 있습니다. 러시아의 천재적 영화감독 안드레이 타르코프스키(Andrei Tarkovsky, 1932~1986)이지요. 그는 자신의 여섯 번째 작품인 《노스탤지어》에서 이 기법을 효과적으로 사용하여 아름답고도 신비로운 화면을 만들어냈습니다. 이 영화의 마지막에서 이탈리아 토스카나 성당을 배경으로 러시아 시골 농가 풍경이 펼쳐지고 그 안에 그가 사랑하는 사람들이 모두 함께 모여 있는 장면이 그것이지요.

이곳은 주인공 고르차코프가 언제나 그리워하는 고향도 아니고, 그가 그토록 사랑하는 이탈리아의 토스카나 지방도 아닌 전혀 새로운 초자연적 공간이지요. 그러나 그곳은 그에게 전혀 낯설지 않은 곳으로 그의 영혼 안에 언제나 함께 있었고 그가 항상 그리던 곳이며, 더 없이 사랑하는 사람들만이 있는 공간, 바로 그의 영혼의 고향[本鄕]인 겁니다. 영화는 주인공이 서서히 그 안으로 들어가 자리하고 앉으면서 끝납니다. 평안 그리고 안식! 이어 하늘에서 내리는 것은 순백의 눈, 곧 구원이지요.

그렇다면 프루스트가 말하는 '회상', 이것은 '잃어버린 시간'을 찾는 방법이자, '잃어버린 공간'을 찾는 방법이고, 궁극적으로는 '잃어버린 자기 자신'을 찾는 방법인 거지요. 그리고 그렇게 해서 되찾은 것이 바로 '진실한 시간', '진실한 공간', '진실한 자기', 곧 시간의 파괴성에도 불구하고 여전히 존재하는 영원불변하는 진리라는 겁니다. 이 점에서 프루스트의 회상은 아우구스티누스의 '상기의 힘'과 다름이 전혀 없지요.

프랑스의 철학자 질 들뢰즈(Gilles Deleuze, 1925~1995)는 그의《프루스트와 기호들》에서 일반적인 통념을 깨고《잃어버린 시간을 찾아서》의 주제는 시간이 아니라 진리라고 주장했습니다. "프루스트의 작품은 기억의 진열이 아니라 기호들을—사교생활의 기호, 사랑의 기호, 감성적 기호, 예술의 기호—체득하는 것에 그 토대를 두고 있다."는 거지요. 그럼에도 이 작품의 가장 주된 쟁점이 "잃어버린 시간을 되찾기라면, 그것은 진리가 시간과 본질적인 관계를 맺고 있기 때문이라고 말할 수 있다."는 겁니다. 들뢰즈의 이러한 주장은 프루스트의 회상이 시간의 파괴성을 극복하고 진리를 드러내는 아우구스티누스의 '상기의 힘'과 전혀 다름이 없다는 우리의 전제 아래서만 타당하지요.

되찾은 시간, 되찾은 공간, 되찾은 나 :

《잃어버린 시간을 찾아서》의 마지막 권인《되찾은 시간》에는 1권에 나온 '마들렌 에피소드'에 비할 만큼 중대한 의미를 갖는 사건이 다시 한 번 나옵니다. 샤를뤼스 대공의 초청으로 대공의 저택 안마당에 들어가던 중 주인공은 어쩌다 울퉁불퉁한 포석(鋪石; 길에 까는 돌)에 발부리가 부딪히지요. 그때까지 자신의 문학적 재능이 고갈되었다는 생각으로 실망에 빠져 있었던 그는 발부리에서 느껴지는 반듯하지 못한 포석의 감각이 베네치아의 산마르코 성당 영세소의 포석의 감각으로 이어지며 갑자기 강렬한 쾌감을 맛보게 됩니다. 마들렌에 의한 콩브레 체험과 모든 점에서 비슷한 일련의 체험들이 그동안에도 없었던 것은 아니지만, 주인공은 이번에야말로 그 이유 모를 강렬한 쾌감의 원인을 찾고야 말겠다고 결심을 하지요.

그리고 '주방에 인접한 작은 서재'에서 사색에 잠기는데, 그 사색을 통해 밝혀지는 것이 '되찾은 시간'입니다. 하지만 그것은 '잃었다가 되찾는다'는 의미에서, 즉 단순히 '과거의 기억을 되살린다'는 의미에서 되찾은 시간이 결코 아닙니다. '잃어버린 시간'이 '잊어버린 시간'이 아니듯, '되찾은 시간'도 잊었던 것이 '기억난 시간'이 아니라는 거지요. 프루스트가 말하는 '되찾은 시간'이란 과거와 현재, 공간과 공간이 겹치면서 만들어진 시간적·공간적 입체상을 통해 삶의 진실이 드러나는 시간인 겁니다.

《잃어버린 시간을 찾아서》의 주인공이 되찾은 삶의 진실은 소설을 쓰는 겁니다. 그런데 이 글쓰기는 개인의 상상력에서 나온 단순한 창작이 아니지요. 되찾은 시간, 곧 초자연적인 시간과 공간의 입체상에 대한 글쓰기는, 리쾨르가 지적한 대로 '말을 다듬는 장인의 산물'이 아니고, '우리에 앞서 이미 존재하는 것'을 찾아내는 작업이라는 겁니다. 일찍이 앙드레 모루아가 '시간적 입체상'이라고 이름 붙인 '되찾은 시간'을 프루스트는 '초시간적 존재'라고도 불렀고, 리쾨르는 '시간마저도 유예시키는 영원성'이라고 표현한 이유가 여기에 있지요.

그런데 초자연적인 시간과 공간의 입체상, 곧 우리에 앞서 이미 존재하는 '초시간적 존재'는 마치 '사라지기 쉬운 명상의 순간'처럼 항구적이지 않기 때문에 그것을 작품 속에 잡아두기 위해 글을 쓴다는 것이지요. 이런 의미에서의 글쓰기는 창작이 아니라 진리 또는 삶의 진실을 '번역하는 것'이라는 겁니다. 맞는 말이지요! '초시간적 존재'나 '시간마저도 유예시키는 영원성'이라는 말에는 플라톤·아우구스티누스적 의미에서의 진리라는 뜻이 분명 담겨 있기 때문입니다. 이들이 말하는 진리란 모든 것을 과거, 현재, 미래로 분산시켜 흘러가 버리게 하는 물리적 시간, 곧 크로노스의 파괴성에서 해방된 어떤 것이지요. 《되찾은 시간》에는 다음과 같은 구절이 나옵니다.

> "그때 자아의 내면에서 그러한 인상을 음미하고 있던 인간은 옛날의 어느 하루와 현재 속에서 그 인상이 가지고 있는 공통의 영역에서, 즉 그 인상이 갖는 초자연적 시간의 영역에서 그 인상을 음미하고 있었던 것이며, 그런 인간은 오로지 현재와 과거의 일종의 동일성에 의해서, (…) 다시 말하자면 시간의 밖에 존재할 수 있을 때만, 그 모습을 드러내는 것이다. (…) 시간의 질서에서 해방된 어느 한순간이 그 순간을 느낄 수 있을 만큼 시간의 질서에서 해방된 인간을 우리들의 내면에 재창조한 것이다."

따라서 이때 프루스트가 말하는 '시간의 질서에서 해방된 인간'은 회상의 의해 '잃어버린 시간', '잃어버린 공간', 그리고 '잃어버린 자기 자신'을 되찾은 인간이지요. 한마디로, 구원받은 인간인 겁니다. 이 사람은 이제 더 이상 '자신을 열등한 존재, 우발적이고, 죽게 마련인 존재라고 느끼는' 존재가 아니지요. 또한 '결코 글을 쓸 수 없을 것'이라고 느끼는 존재도 아닙니다.

회상을 통해 드러난 시간적·공간적 입체상에 의해 새롭게 만들어진 인간의 자아는 '나의 (필연적인) 죽음에 대한 불안'을 초월하여 '미래의 삶의 (우연적인) 흥망에 대해서도 무심한' 존재인 거지요. 풀레의 표현을 빌려 말하자면 '내용이 없는 시간과 죽음에 떠맡겨진 현재의 자아'가 아니고 '본질적 자아, 시간과 우발성에서 해방된 자아, 근원적이면서도 항구적인 존재, 자기 자신의 창조자'인 겁니다.

프루스트는 그가 '무의식적 추억'이라고도 부른 회상이 가진 이러한 메커니즘을 켈트족의 신앙에서 배웠답니다. 켈트족들은 죽은 이들의 혼들이 나무나 돌 또는 짐승들 안에 들어가 사로잡혀 있다가, 어떤 사람이 우연히 그것에 손을 대거나 하면 깨어나서 그 사람을 부르는데 그 사람이 그 목소리를 알아들으면 해방되어 죽음을 정복하고 다시 살아난다는 신앙을 갖고 있다지요. 프루스트는 회상에 의해서 다시 깨어나는 '진실한 시간', '진실한 공간', '진실한 자기'가 바로 그렇다는 겁니다. 그래서 한 편지에 다음과 같이 썼지요.

"우리는 인생이 아름답다고 믿지 않습니다. 그것은 우리가 그것을 상기할 수 없기 때문입니다. 그러나 우연히 옛날의 어떤 냄새를 맡게 되면, 우리는 갑자기 도취되고 맙니다. 마찬가지로 우리는 죽은 사람들을 이미 사랑하지 않는다고 생각하지만 그것은 그들을 상기하지 않기 때문입니다. 문득 고인의 낡은 장갑 한 짝을 보기라도 하면, 우리는 눈물이 쏟아져 나옵니다. 일종의 은총, 무의식적 추억(réminiscence)이라고 하는 한 묶음의 꽃다발에 의해서 말입니다."

회상이 인생을 아름답게 만들 은총임을 말하고 있는 겁니다. 부단히 흘러가며 우리의 삶을 무의미하게 만드는 시간의 파괴성을 극복하는 길이라는 거지요. 그래서 풀레도 프루스트의 '무의식적 추억'은 기독교의 은총 같은 것으로 프루스트의 표현대로 삶의 '기반'이고, '깊은 광맥'이며, '아직도 의지하고 있는 견고한 지반'이며 '구원'이라고 강조하지요.

하지만 바로 이러한 사실을 거꾸로 생각해보면, 우리의 과거란 언젠가 회상에 의해서 시간의 입체상으로 다시 만들어지기를 바라고 기다리는 미완성의 시간인 것입니다. 그래서 프루스트는 《게르망트 쪽》에 이렇게 쓰고 있지요.

> "우리는 우리의 생활을 거의 유익하게 이용하지 않는다. 그래서 여름날의 황혼이나, 겨울의 때 이른 밤에는, 평화나 기쁨이 언제까지 깃들여 있을 것같이 생각되는 시간이 '미완성'인 채 남아 있다. 그러나 우리는 그러한 시간을 결코 잃어버리고 만 것은 아니다. 미구에 다시 새로운 쾌락의 순간이 노래할 때면, 그 순간 또한 마찬가지로 가느다란 선이 되어 사라지겠지만, 미완성의 시간은 거기에 풍요한 오케스트라를 만들어낼 수 있는 근거를 가져다주는 것이다."

결국, 인간의 삶은 회상에 의해서 언젠가 그 진실한 모습이 드러나기를 기다리고 있는 미완성의 어떤 것이라는 겁니다. 과거는 현재의 어느 시점에서 드러날 진실을 기다리고 있는 어떤 것이고, 현재는 미래의 어느 시점에서 완성될 진실을 기다리고 있는 어떤 것이라는 거지요.

　그렇다면 말입니다, 우리는 이제부터라도 회상을 통해 미완성으로 남아 기다리고 있는 시간들의 아름답고 소중한 것들을 발견해내야 하지 않을까요? 잃어버린 시간과 공간을 되찾아 삶의 풍요한 오케스트라를 만들어야지 않을까요? 그럼으로써 모든 것을 허무로 빠트리는 시간의 파괴성에서 해방된 항구적 자아를 창조해야 하지 않을까요? 삶이 품고 있는 숱한 절망에도 불구하고 결코 무릎 꿇지 않는 존재에의 용기도 가져야 하지 않을까요? 한번 생각해보시죠.

　　　　회상이란 인간이 혼자 힘으로는 빠져나올 수 없는 허무로부터
　　　　인간을 구출하기 위해서 찾아온 '천상의 구원'인 것이다.
　　　　　　　　　　　　　　　　　　　　　　　: 조르주 풀레

철학카페에서 문학 읽기

초판 1쇄 발행 2006년 11월 13일
초판 68쇄 발행 2023년 6월 16일

지은이 김용규

발행인 이재진 **단행본사업본부장** 신동해
편집장 김경림 **디자인** 이석운 박금순
마케팅 최혜진 이은미 **홍보** 반여진 허지호 정지연
국제업무 김은정 김지민 **제작** 정석훈

브랜드 웅진지식하우스
주소 경기도 파주시 회동길 20
문의전화 031-956-7430(편집) 02-3670-1123(마케팅)
홈페이지 www.wjbooks.co.kr
인스타그램 www.instagram.com/woongjin_readers
페이스북 https://www.facebook.com/woongjinreaders
블로그 blog.naver.com/wj_booking

발행처 ㈜웅진씽크빅
출판신고 1980년 3월 29일 제406-2007-000046호

ⓒ 김용규, 2006
ISBN 978-89-01-06125-2 03100

웅진지식하우스는 ㈜웅진씽크빅 단행본사업본부의 브랜드입니다.
이 책은 저작권법에 따라 보호받는 저작물이므로 무단전재와 무단복제를 금지하며,
이 책의 전부 또는 일부를 이용하려면 반드시 저작권자와 ㈜웅진씽크빅의 서면 동의를 받아야 합니다.

• 책값은 뒤표지에 있습니다.
• 잘못된 책은 구입하신 곳에서 바꾸어 드립니다.